基金项目
广西高校人文社会科学重点研究基地“区域社会治理创新研究中心”资助出版
教育部人文社会科学研究基金项目“公众参与农村水环境治理的激励机制研究”（批准号：21XJA630007）成果

中国历代治水经验的公共管理学解读

徐莺 著

ZHONGGUO LIDAI
ZHISHUI JINGYAN DE
GONGGONG GUANLIXUE
JIEDU

GUANGXI NORMAL UNIVERSITY PRESS
广西师范大学出版社
·桂林·

图书在版编目（CIP）数据

中国历代治水经验的公共管理学解读 / 徐莺著. -- 桂林：广西师范大学出版社，2024.12
ISBN 978-7-5598-6747-6

Ⅰ. ①中… Ⅱ. ①徐… Ⅲ. ①水利建设－研究－中国－古代 Ⅳ. ①F426.9

中国国家版本馆 CIP 数据核字（2024）第 026970 号

广西师范大学出版社出版发行
（广西桂林市五里店路 9 号　邮政编码：541004
网址：http://www.bbtpress.com）
出版人：黄轩庄
全国新华书店经销
广西广大印务有限责任公司印刷
（桂林市临桂区秧塘工业园西城大道北侧广西师范大学出版社集团有限公司创意产业园内　邮政编码：541199）
开本：787 mm × 1 092 mm　1/16
印张：18.25　　字数：308 千
2024 年 12 月第 1 版　　2024 年 12 月第 1 次印刷
定价：60.00 元

前言

自从2016年12月中共中央办公厅和国务院办公厅联合印发《关于全面推行河长制的意见》以来，治水成为引人注目的公共管理事业。到2018年底，全国各地各级政府已全面推行河长制，而治水过程中出现的众多问题表明，对我国历代治水经验教训进行总结和反思，是当前治水工作的现实需要，但相关书籍缺乏。本书的出版，回应了“河长制”文化建设的需要，可为河流治理和水资源管理提供历史借鉴，也可以作为治水以及水资源管理方面论著写作的参考资料。

我国治水历史悠久，治水经验积累丰富，针对这些治水经验的现代研究虽然也很多，但成果较为零散。本书基于公共管理学的角度，精选我国历代典型治水资料案例和水资源管理问题36种，按照先秦、秦代、汉朝、魏晋南北朝、隋唐五代、宋朝、元朝、明朝、清朝、民国的时间顺序，全面展现我国历代治水所取得的主要成就、所面对的关键问题和所形成的治理特色，并分析中国历代政权对于河流治理和水资源利用的国家立场、技术思想和价值观念。

全书分为十个部分：“第一章 先秦时期的治水经验”“第二章 秦代的治水经验”“第三章 汉代的治水经验”“第四章 魏晋南北朝时期的治水经验”“第五章 隋唐五代时期的治水经验”“第六章 宋代治水情况与特点”“第七章 元代治水情况与特点”“第八章 明代治水情况与特点”“第九章 清代治水情况与特点”“第十章 民国时期治水情况与特点”。各章的设立，按照惯常的历史分期及其顺序断代，以展现蕴含在我国治水经验发展历程中的公共管理脉络。每章之内，既有对整个时代治水经验的整体观照，也有对治水案例和治水问题的具体论述，通过宏观、微观分析的结合，并基于公共管理学视角审视各个时代治水经验所反映的公共管理问题。

本书采取“一例一析”的体例，每种治水案例或水资源管理问题的选析，包括治水事例、背景资料、得失评价、现代意义等方面的内容。关于治水事例的陈述,尽量选择原始文献,或者是权威表述,如果是文言文,适当加以注释。关于背景资料,主要介绍所选治水事例出现的原因,以及治水过程中出现的对治水结果产生直接影响的例外情况。关于得失评价,尽量援引学术界已有观点,发掘所选治水事例的借鉴意义。对于这些治水案例和水资源问题的分析,主要基于公共管理学理论,发掘所选案例对现代治水工作的启示意义。

本书通过对1949年以前我国治水经验的考察,发现了一个基本发展趋势:"治水就是政治"→"治水以维护政治"→"治水服务于社会"。即,治水事业的政治性不断消减,其社会性不断增强,而推动这一趋势形成的关键要素,就是治水观念的进步,以及治水技术不断提高与普及。由此可以看出,理念与技术的革新,对于公共管理提升质量而言,是不可或缺的关键因素。

目录

第一章 先秦时期的治水经验

第二章 秦代的治水经验

第三章 汉代的治水经验

第四章　魏晋南北朝时期的治水经验

第五章　隋唐五代时期的治水经验

第六章　宋代治水情况与特点

第七章　元代治水情况与特点

第八章 明代治水情况与特点

第九章 清代治水情况与特点

第十章 民国时期治水情况与特点

第一章

先秦时期的治水经验

第一节
先秦时期治水彰显公共性

虽然先秦时期彰显公共性的治水史料不多，但从远古至周代，中华大地上治水事业不断发展，并最终成为重要的公共管理领域，这一脉络是清晰明了的。

一、远古时代的神话及传说反映当时治水公共性不足

远古洪荒，先民经受水患，虽有治水的迫切需求，但由于生产力低下，缺乏治水的能力。女娲炼石补天的神话，就在一定程度上反映了远古时期人们消弭水患的愿望。但直到炎帝主导的部落联盟时期，治水能力低下的情况仍未改变。《山海经·北次三经》记载有精卫填海的神话：

> 炎帝之少女，名曰女娃。女娃游于东海，溺而不返，故为精卫，常衔西山之木石，以堙于东海。①

女娃溺水而亡，化为精卫鸟，隐喻对水患灾难的控诉。她衔木石去填海的幼稚行为，则反映当时治水能力低下，人们面对水患时徒劳无力。在一定程度上可以说，精卫鸟所展示的治理水患的强烈愿望，代表了远古时期先民共同的诉求，成为中国治水原初的精神动力。而这也提示一个问题：治水是公共事业，需要复杂的社会结构和高超的技术水平作为支撑，绝非单个部族就可以展开。

黄帝至尧这一时期，部落联盟作为权力机构，其公共管理职能有长足进步。而共工部族兴水利、解水患，在当时的公共领域内发挥了重要作用，如

① ［清］郝懿行：《山海经笺疏》，沈海波校点，上海：上海古籍出版社2019年版，第94页。

《史记·律书》记载:“颛顼有共工之阵,以平水害。”《左传·昭公十七年》云:“共工氏以水纪,故为水师,而水名。”根据相关史籍记载,到尧的时候,共工部族的首领因为争夺部落联盟的最高领导权,懈怠了治水事业。在权力斗争失败后,他率领部族成员故意在筑堤拦水之后,决堤泄洪为害:

昔共工弃此道也,虞于湛乐,淫失其身,欲壅防百川,堕高堙庳,以害天下。皇天弗福,庶民弗助,祸乱并兴,共工用灭。——《国语·周语》

舜之时,共工振滔洪水,以薄空桑。龙门未开,吕梁未发,江淮遍流,四海溟涬。民皆上邱陵,赴树木。——《淮南子·本经训》

共工部族的作为,损害了治水事业兴利除害的公益性,使其失去了其他部族的信任。这位首领受到流放的处分,而共工部族也因此无法在部落联盟这一公共领域内继续承担治水领导者的角色。共工部族在治水方面的成就与悲情结局说明,当时治水事业已在一定程度上具有公共性内涵,但某一部族长期垄断治水事业,最终可能导致其行私欲而侵害公权。

共工部族首领退出公共治水领域之后,部落联盟最高权力机构经过政治协商,在权衡了鲧为人的优缺点之后,推举他主持治水工作,以解决当时最大的民生难题——水患。《史记·夏本纪》记载:

当帝尧之时,鸿水滔天,浩浩怀山襄陵,下民其忧。尧求能治水者,群臣四岳皆曰鲧可。尧曰:“鲧为人负命毁族,不可。”四岳曰:“等之未有贤于鲧者,愿帝试之。”于是尧听四岳,用鲧治水。九年而水不息,功用不成。于是帝尧乃求人,更得舜。舜登用,摄行天子之政,巡狩。行视鲧之治水无状,乃殛鲧于羽山以死。天下皆以舜之诛为是。于是舜举鲧子禹,而使续鲧之业。①

根据相关研究,鲧应该是在共工部族首领泄洪淹没部落联盟权力中心所在地之后,主持修建了具有良好防洪排洪功能的新都城,对兴修水利和防治水害的业务较为熟悉,所以被四岳的部落首领视作最为合适的贤能者加以举

① [西汉]司马迁:《史记》,北京:中华书局1959年版,第50页。

荐。[1] 根据上述引文的意思，尧提出异议的理由，是因为鲧刚愎自用，曾经不听劝告，作为报复的手段，他同样以决堤泄洪的方式，淹杀了共工部族的民众。但最终尧服从协商的结果，鲧得以任命。就现存史料所记载的情况而言，中国政治史上第一次重要的协商民主就与治水事务有关。这次协商达成的共识为：要求被任命者全身心地按照公共利益的要求去履行治水的职责。但鲧领命治水之后，犯了两大错误：一是偏用“堵”的治水策略，牺牲弱小部族，保护强大部族，如有典籍记载祝融部族对此不满而发动战乱；二是当时尧年纪老迈，正在寻找接班人，鲧志在必得，在权力斗争中花费了更多的时间和精力，在治水业务上比较懈怠，如《国语·周语下》所评价的：“遂共工之过。”由于私心自用，不能站在公共立场上考虑问题，鲧不仅未能完成治水的任务，而且也没有实现其政治抱负。但正如前人所述而如今考古成果也能证实的，鲧九年治水颇有业绩，这为后来大禹治水成功奠定了基础。[2]

我国远古时期治水事业尚处在摸索期，但其经验教训已经提示出几大根本方向：一是治水事业要在以复杂社会结构为基础的公共权力领域内展开，才会有效。二是治水人才和治水技术不能为部族或群体垄断，否则会对公共权力形成威胁。三是治水的领导者应当有公德，即愿意牺牲自己成就公共利益。

二、大禹治水具有充分的公共性

对于大禹之父鲧的结局，自古以来大致有两种不同的理解：一种认为是被舜派人杀死在羽山，一种认为是被舜流放幽囚在羽山。从政治权力运作的角度看，杀掉鲧而将治水的大任托付给他的儿子禹，这是不合逻辑的，也是犯忌讳的。司马迁对鲧的结局，措辞比较谨慎：“殛鲧于羽山以死。”如果按照正常理解，“殛”就是杀死的意思，那么“以死”两个字就是多余的，想必司马迁不会如此辞费。所以“殛鲧于羽山以死”这一句，应该理解为：舜将鲧流放幽囚在羽山，定为死罪而不执行。舜以此作为条件和鲧的部族约定：由鲧的儿子禹继承其治水事业，如果治水成功，不仅鲧可以免除死罪，鲧所在的部族也可

① 徐日辉：《〈史记〉载述伯鲧治水史迹的考察》，渭南：《渭南师范学院学报》2020年第6期，第16–26页。

② 徐锦博：《〈左传〉中鲧形象与鲧禹连称问题探讨》，淄博：《管子学刊》2019年第4期，第101–108页。

以保留甚至提升既有的政治权力空间。所以,大禹治水是部族领袖在当时最高公共权力领域内政治协商的结果。禹的治水,要对部族联盟、自身所在部族和经受水患的生民负责,没有私心自用的余地。鲧在幽囚流放期间因自身原因死亡,但难能可贵的是,禹并未因此与部落联盟权力机构毁约,而是继续奋斗,完成了治水事业。

在治水人才和治水技术的运用上,禹并未强调自己所在部族的势力,而是以开放态度兼收并蓄。禹治水有两个重要的助手——伯益和后稷,如《史记·夏本纪》所载:"令益予众庶稻,可种卑湿。命后稷予众庶难得之食。"①禹与这两位来自其他部族的才俊密切合作,与他们分享治水权力,给予他们最大的信任,让他们发挥才干。在治水事业成功后,伯益和后稷也都成为最高权力机构的核心成员。在治水技能上,共工部族具有悠久的稻田耕作与灌溉的历史,在疏导水流以利百姓方面具有成熟的经验和技术。鲧的治水风格是善于垒土筑成高堤堵塞水流,对于共工部族"疏导"的治水方法有抵触和抗拒心理,因而在治水策略上弃而不用。禹深明父亲鲧以"堵法"治水的利弊,而明智地利用了共工部族"疏导水流"的思路,最终形成"堵疏结合"的治水良策。此外,禹在治水时,也没有局限于就事论事,而是对与治水有关的事宜进行了统一管理,如《史记·夏本纪》记载:"食少,调有馀相给,以均诸侯。"②显然,大禹治水能够跳出部族利益立场,而自觉地站在公共管理的高度上。这种治水的视野和胸襟,不是共工部族和鲧所能比拟的。

禹以高度的自我牺牲精神经营治水事业,取得了巨大成功,也展示了致力于服务社会的公共道德。《孟子·离娄下》说:"禹、稷当平世,三过其门而不入。"③《史记·夏本纪》记载:"禹伤先人父鲧之不成受诛,乃劳身焦思,居外十三年,过家门不敢入。"④"三过其门而不入"演化为著名故事流传,说明其中所包含的公而忘私精神,堪为公共领域的精神典范,得到了当时及后代民众的广泛认可。《史记·夏本纪》记载了禹在治水过程中的实干形象:

薄衣食,致孝于鬼神。卑宫室,致费于沟淢。陆行乘车,水行乘船,泥行

① [西汉]司马迁:《史记》,北京:中华书局1959年版,第51页。
② [西汉]司马迁:《史记》,北京:中华书局1959年版,第51页。
③ [清]焦循:《孟子正义》,北京:中华书局1987年版,第597页。
④ [西汉]司马迁:《史记》,北京:中华书局1959年版,第51页。

乘橇，山行乘檋。左准绳，右规矩，载四时，以开九州，通九道，陂九泽，度九山。[①]

禹在治水时，其实是将公共责任与自己的人生价值有机地融合在一起，所以在使用公共权力时谨慎务实，从而树立了良好的公共道德形象。按照典籍的相关记载，大禹治水所承担的任务，主要是对黄河中下游一带的洪水进行治理。但大禹胸怀全局，本着对百姓负责的态度，以孜孜不倦的精神，完成了对长江、黄河的全流域治理。而大禹"为天下苍生发奋治水"的公共道德形象，也随着他的治水事业，产生了广泛而深刻的社会影响。

大禹成功治水之后，社会生产能力得到大幅度提升，科学技术水平得到发展，行政区划得以确立，出现了有效的行政组织方式，而禹以其"惠泽天下"的英雄形象成为公共信仰的对象。大禹以从事治水这一公益事业而被拥戴为最高权力的执掌者，既没有经过武装斗争，也没有争议，这是中国历史上的新鲜事，也意味着政权形态的转型。在禹之后，国家政权的建立呼之欲出，或者说已经成为历史发展的必然趋势。

三、周代治水确立了社会共同体

虽然夏朝以大禹治水的功绩作为政权合法性的基础，并且夏朝建立后也设有水官，如商朝天子的先祖冥就曾担任此职，但后代典籍记述夏朝有不少失德之君而无勤德之君，可见大禹治水"勤勉为民"的德治精神在夏朝未得到体现。而《尚书·汤誓》记载："我后不恤我众，舍我穑事。"[②]这是商朝第一个天子汤在讨伐夏桀时列举的罪行，其大致可以说明大禹治水最重要的事业——开垦田地养育生民，在夏朝的最高政权层面未得到足够的重视。

商朝的甲骨文中有"囲"这个字，说明以修建沟洫等水利工程为基础的农业生产已广泛展开。根据《尚书》等历史资料，终商一代，统治阶层都盛行饮酒之风，这说明当时粮食作物丰足。商朝虽然被周武王所灭，但最后一位天子纣在位时，朝廷仍然是富强的。由此可以推断，商代围绕着井田制而展开的水利治理事业是相当成功的。不过，都城建设必须靠近江河以获得取水之

① ［西汉］司马迁：《史记》，北京：中华书局1959年版，第51页。
② 李民、王健：《尚书译注》，上海：上海古籍出版社2004年版，第105页。

便，但同时要经受防洪排涝的风险。商代频繁迁都，其中一个重要原因就是为了避开水患，这说明当时黄河流域的洪水经常改道泛滥，而商代统治者在江河水道治理方面是乏善可陈的。

根据《诗经·大雅》中天子追思祖先的系列诗歌，《生民》所歌颂的后稷是周朝发祥的始祖。后稷以擅长种植作物而成为尧舜禹时期主管农业的大臣，而且是辅佐大禹成功治水的主要助手之一，《史记·夏本纪》记载：

禹乃遂与益、后稷奉帝命，命诸侯百姓兴人徒以傅土，行山表木，定高山大川。

命后稷予众庶难得之食。食少，调有馀相给，以均诸侯。①

众所周知，粮食作物的种植管理，始终与水利兴修和维护密切关联。司马迁认为，周族作为天子之族，在家族发展史上出现了两个中兴人物——公刘和公亶父，他们得以振兴家族的原因都是"复修后稷之业"，即能成功地兴修水利，通过发展农业生产养育百姓。从政治文化传统延续的角度看，周朝奉祀始祖后稷，其实就是有意去继承和发扬大禹治水时代的政治传统，且以"积德行义"作为社会治理的宗旨。

虽然周代存在或不存在井田制尚未定论，但井田耕作是周代农业生产的基本形态，这一点向来是没有异议的。分析"井"的字形，是东西向与南北向路径形成的土地构架。按照一般理解，"井"字形中间那块是公田，而周围八块是私人耕地。实际上，井田耕作模式最重要的支撑，是完善的水利系统，如《周礼·冬官·考工记》所说：

匠人为沟洫，耜广五寸，二耜为耦；一耦之伐，广尺深尺，谓之甽。田首倍之，广二尺，深二尺，谓之遂。九夫为井，井间广四尺，深四尺，谓之沟。方十里为成，成间广八尺，深八尺，谓之洫。方百里为同，同间广二寻，深二仞，谓之浍。专达于川，各载其名。②

每块耕地显然都会修建蓄水的池塘，以供耕民饮食休息之用。后世提到

---

① ［西汉］司马迁：《史记》，北京：中华书局1959年版，第51页。

② 陈戍国点校：《周礼·仪礼·礼记》，长沙：岳麓书社1989年版，第130页。

"井",往往自然地将其与水体联系在一起,足以说明这也是一个水利概念。可以说,大禹治水之后,只有周朝开始真正地将水利演化为普遍存在的基层社会形态。

周朝还通过兴修水利,依邑建城,将井田耕作有机地纳入城邑的管理体系之中。根据对周原遗址考古成就的研究,周族的统治者充分利用岐山山前洪积扇坳陷区的淤积水域进行水利工程建设,让周人摆脱了对溪流河沟等自然水源的依赖,①在大型人群聚落周原上,建设了一个稳定存在且持续发展的政治中心。在周朝建立之后,这样的水利规划设计又带动了其他区域城市的建设,使各大邑地出现了不同等次的政治中心。正如张荫麟在《周代的封建社会》里所说的:

人民聚居的地方通称曰邑。邑可分为两大类,有城垣的和没有城垣的。有城垣的邑又可分为三类,一是周王的和列国的都城,二是畿内和列国的小封君的首邑,三是平常的城邑。②

可以说,周人正是由于擅长治水,才能以水利为基础,将城邑与井田耕作有效连接,实现了经济基础与上层建筑的有机结合。周代的封邦建国制度,包括等级观念、公私概念、赋税模式等,因此得以确立。

四、小结

远古时期先民在克服洪水灾患的过程中,出现了"大禹治水"的丰功伟绩,将中国社会的公共性推向一个高点。但在夏、商时期,受气候因素和不同执政理念等复杂因素的影响,"大禹治水"的精神并未得到很好继承和发展。周朝弘扬"大禹治水"的政治文化传统,构建了以水利为依托的经济基础和上层建筑,成为封建制度的最有力保障。到春秋战国时期,秦国之外的治水事业,如西门豹为治水将巫觋投河破除迷信,也都体现了对治水公共性价值的认同和维护。

---

① 张煜珧:《周原西周水资源利用的初步认识》,北京:《中国国家博物馆馆刊》2019 年第 1 期,第 60-68 页。

② 张荫麟:《周代的封建社会》,北平:《清华大学学报(自然科学版)》1935 年第 4 期,第 812 页。

第二节
鲧治水反映了上古禅让时代的公共治理原则

鲧治水是中国上古禅让时代的著名故事。《山海经》是先秦时期的重要古籍，保存了不少脍炙人口的远古传说和寓言故事，鲧治水就是其中之一：

洪水滔天。鲧窃帝之息壤以堙洪水，不待帝命。帝令祝融杀鲧于羽郊。①

由于“息壤”习惯上被理解为“能自我生长的土壤”，功能玄虚难以实证，所以后人喜欢将这一故事当作神话加以陈说。

吕不韦是政治权谋家，在他主持编纂的《吕氏春秋》里，鲧的失败被杀是因为参加对抗尧舜的权力斗争：

尧以天下让舜，鲧为诸侯，怒于尧曰：“得天之道者为帝，为帝之道者为三公。今我得地之道，而不以我为三公。”以尧为失论，欲得三公。怒甚猛兽，欲以为乱。比兽之角，能以为城；举其尾，能以为旌。召之不来，仿佯于野，以患帝。舜于是殛之于羽山，副之以吴刀。②

鲧是诸侯，对于尧选择平民身份的舜继承天子之位，曾公开表示反对：“孰以天下而传之于匹夫乎？”根据《韩非子》一书的记述，鲧治水不成功，并非其被杀的原因。

鲧治水也见载于《史记·夏本纪》。显然，司马迁认为鲧治水影响到夏朝的建立，而将其当作可信的历史大事件加以记述：

---

① ［清］郝懿行：《山海经笺疏》，沈海波校点，上海：上海古籍出版社 2019 年版，第 321-322 页。
② 陈奇猷：《吕氏春秋新校释》，上海：上海古籍出版社 2002 年版，第 1398 页。

当帝尧之时，鸿水滔天，浩浩怀山襄陵，下民其忧。尧求能治水者，群臣四岳皆曰鲧可。尧曰："鲧为人负命毁族，不可。"四岳曰："等之未有贤于鲧者，愿帝试之。"于是尧听四岳，用鲧治水。九年而水不息，功用不成。于是帝尧乃求人，更得舜。舜登用，摄行天子之政，巡狩。行视鲧之治水无状，乃殛鲧于羽山以死。天下皆以舜之诛为是。①

《史记》虽然也提到尧与鲧之间的矛盾，但没有渲染鲧与舜之间的权力斗争，而强调鲧在政治上的失败，源于他治水的不成功。

鲧治水事件其实蕴含了上古禅让时代的公共治理原则，而上述三种古籍记载虽各有倾向，对此却都未予发明。《尚书》是孔子编定的经典，所记载的都是史实，解读其中有关鲧治水的记载，可以勾勒出当时的一些公共治理原则：

帝曰："咨！四岳，汤汤洪水方割，荡荡怀山襄陵，浩浩滔天。下民其咨，有能俾乂？"②

根据近代气象学、地质学、古生物学等领域的研究成果，在距今 8 000—3 000年之间，冰河期结束，地球转暖，气温上升，冰雪融化，河水泛滥。尧舜时期，大致在距今 4 600—4 000 年之间，当时江河频繁改道，水患严重，治水是最重要的公共事务。尧以"下民其咨"为理由召集各地部族首领商议治水，说明"民情""民意"是当时公共治理的基本出发点。

佥曰："於，鲧哉！"帝曰："吁，咈哉！方命圮族。"岳曰："异哉！试可乃已。"帝曰："往，钦哉！"九载绩用弗成。③

部落首领一致推荐鲧，因为鲧长期主持建城工作，精通土木工程。尧不愿任命鲧，是考虑到其德行不够端正。可见，有德有能，已是当时选拔公共事务管理者的标准。这次治水工作领导者的任命很重要，因为谁能解决治理水

① ［西汉］司马迁：《史记》，北京：中华书局 1959 年版，第 50 页。
② 李民、王健：《尚书译注》，上海：上海古籍出版社 2004 年版，第 7 页。
③ 李民、王健：《尚书译注》，上海：上海古籍出版社 2004 年版，第 7-8 页。

患这么重要的公共问题，就会成为尧的接班人。这次任命采用的方式是共同协商，鲧得到治水任命，是按照少数服从多数原则形成的决定。《尚书·洪范》记载：

鲧堙洪水，汩陈其五行。帝乃震怒，不畀洪范九畴，彝伦攸斁。①

鲧治水不成功，主要不是因为技术路线选择的问题，而是触犯了政治忌讳。一是对自己在意的重点区域，构筑坚固的堤坝甚至围墙建城加以有效防护，由此造成另外一些地方民众遭受更深的水患，而他却不甚在意。鲧按照性格偏好去治水，不能全面兼顾多方需要，这违反了公共治理原则。二是轩辕氏取代神农氏，称黄帝，以土德作为祥瑞，这是一直延续到尧舜时期的共同政治信仰。鲧窃取代表政权祥瑞的信物"息壤"撒入洪水，属于以歪门邪道治水，毁坏了政治信物，破坏了共同的政治基础，所以尧震怒。《尚书·舜典》记载：

（舜）流共工于幽州，放驩兜于崇山，窜三苗于三危，殛鲧于羽山，四罪而天下咸服。②

鲧治水不成功，要接受问责，其既然达不到"选贤任能"的要求，就无法成为尧的继承人，但并未到治罪的地步。舜摄政之后，鲧采取激烈对抗的态度。舜就以鲧在治水过程中的"窃取息壤"（破坏政治信仰）定罪，将其放逐到羽山。鲧治水的结局说明，在上古禅让时代，只有那些能够解决公共治理难题、在公共事务治理方面做出重大贡献的人，才有可能继承大位。

① 李民、王健：《尚书译注》，上海：上海古籍出版社 2004 年版，第 217 页。

② 李民、王健：《尚书译注》，上海：上海古籍出版社 2004 年版，第 14 页。

第三节
大禹通过治水成功地将社会组织起来

根据《尚书》《史记》的相关记载，鲧失败之后，其子禹被举荐，并得到舜的认可，仍然掌管治水工作。任命禹的根据在于：一则禹是黄帝—颛顼的直系后裔，血统高贵，作为鲧所在部族的法定继承人，其在政权中占有要职，是理所当然的；二则上古时期很多行业及其技术是部族垄断的，鲧虽遭受责罚，但仍然要从他所在的部族里寻找治水工作的领导者。

一方面，禹从鲧的政治失败中得到教训，不敢以血统高贵自居，而特别注意个人的品德修养，如《史记·夏本纪》所载：

禹为人敏给克勤；其德不违，其仁可亲，其言可信；声为律，身为度，称以出；亹亹穆穆，为纲为纪。①

另一方面，禹治水注重实地考察，能体恤民情，始终以朴素务实的精神站在治水的第一线，如《史记·夏本纪》所载：

薄衣食，致孝于鬼神。卑宫室，致费于沟淢。陆行乘车，水行乘船，泥行乘橇，山行乘檋。左准绳，右规矩，载四时，以开九州，通九道，陂九泽，度九山。②

禹治水的成功，树立了中国古代公共治理的典范形象：一是为解决公共问题，不计个人得失无私奉献；二是放下架子，深入基层，与民众一起研究问题、解决问题；三是治水不仅是为了防止水患，融合民情、利益民生也是其价

① ［西汉］司马迁：《史记》，北京：中华书局1959年版，第51页。
② ［西汉］司马迁：《史记》，北京：中华书局1959年版，第51页。

值内涵。

在治水策略上，禹总结鲧的经验教训，做了重大调整。鲧治水的思路是躲避水患，即堆出高地，围墙造城，大水来临，民众避入城中即可免难。但是，这种设计有严重缺陷。第一，围墙造城是系统复杂的工程，以当时低下的社会生产力，难以大面积推广，所以受益人群较少，导致治水的公共性不足。第二，虽然所造之城处于高地，但面积并不很大的高地周围，仍然是洪水环绕。民众尽管能够借墙城避免水患，但高地提供的生存空间极为有限，缺衣乏食的生计问题没法解决，也无法实现公共治理的目标。这是鲧治水未能成功的主要原因。作为鲧的法定继承人，禹长期跟随鲧治水，其对于鲧治水思路的利弊，无疑是深有体会的。

禹在治水时，仍然保留了“用土堆出高地”的做法，实践证明，这是“救民于洪水”的良策。从“卑宫室”推断，禹放弃了围墙造城的做法，而将治水的重点转为开挖沟洫，即堆出高地后，疏导周围的洪水流走，使土地大面积地呈现出来，这样民众的生存空间就得以拓展。据《史记·夏本纪》所载，禹治水时要求益、后稷随行辅佐：

令益予众庶稻，可种卑湿。命后稷予众庶难得之食。食少，调有馀相给，以均诸侯。①

益、后稷负责教百姓种植和耕作，以保证土地出产粮食、瓜果、蔬菜，这样百姓就可以定居，发展生产，积累财富。而“调有馀相给，以均诸侯”的食粮统筹，表明各部族能够服从共同的治理规则，结成稳定的社会。大禹治水对于中国历史进程的重要贡献，不仅在于摸索出了“疏导洪流”的治水方案，而且在于其为上古中国基层社会的成长与发展提供了良好的物质条件和制度安排。

禹将洪水导入大海，开拓出九个区域的大片土地，修建了九条与舜为天子的政权中心所在地相连接的大道，整治出九个用于蓄水的大湖泊，还在大山连接处开掘了九个大峡谷以便洪水外泄，由此华夏政治大一统的地理格局基本形成。禹还将九州土地区分为上中下三等，按照各地的出产，要求诸侯

① ［西汉］司马迁：《史记》，北京：中华书局1959年版，第51页。

向以舜为天子的最高政权机构进贡。① 同时,禹根据各地与天子都城所在地的距离远近,规定诸侯应该担负的义务和责任。自此之后,华夏政权系统的行政格局初步形成,"中央""朝廷""王朝"等概念逐渐形成,这为中国历史上"国家"的形成奠定了制度基础,划定了大致发展方向。

禹治水不仅解除了困扰全民的大水患,而且成功地将民众组织起来进行生产建设,造就了新的社会形态,构建了系统的行政格局,在治水的过程中同时完成了社会建设和政治建设的任务。从公共管理学的角度看,这就是全面治理。1960 年,英国学者李约瑟在《现代中国的古代传统》一文中说:

> 关于中国官僚封建主义的起源,有一个非常著名的论点,认为那和中国古代水利工程超越一切的重要性是有关系的。我认为这种说法很有道理。②

大禹治水,正是中国传统政治主体形态的原点,中华几千年的社会发展和政治演变,基本都可以追根溯源到这里。

---

① [西汉]司马迁:《史记》,北京:中华书局 1959 年版,第 52-65 页。
② [英]李约瑟:《四海之内》,劳陇译,北京:生活·读书·新知三联书店 1987 年版,第 35 页。

第四节 周代完善的农耕水利建设

从大禹治水开始，中国古代政治与治水事业就密切相关，如古训所说："治国先治水，治水即治国。"按照史学界的一般看法，周朝的经济基础是围绕着井田制建立起来的，而井田制又是以完善的水利系统作为支撑的。可以说，"治水"也是周朝最为重要的政治。

一、周朝农田水利建设传统渊源于大禹治水

据《史记·夏本纪》记载，周天子的祖先后稷是大禹治水的两个最为重要的辅佐人物之一。大禹治水时，曾"卑宫室，致费于沟淢"，而且能够"左准绳，右规矩"，说明当时已经掌握了沟渠设计、度量和测算方面的系统知识，已经掌握了原始沟渠灌溉工程的基本技术。后稷擅长农耕，其辅佐大禹治水，主要是教导民众种植瓜果、蔬菜、杂粮等，丰富民众的食物体系。后稷既然要教民众种植，自然也会带领民众修筑水利系统和掌握灌溉技术。后稷在耕田灌溉系统的设计、修筑与管理方面，显然有着当时一般人难以企及的技术水平。后稷和他的儿子不窋，曾是夏朝主管农业的最高长官，并形成了擅长经营管理农耕水利事业的家族传统。其后裔公刘、公亶父一直到周文王姬昌，也都是靠接续并不断发展家族善于经营管理农耕水利的优秀传统，变得富有而能惠民，最终这个家族依靠先进的农耕文明而得到普遍拥护，进而建立了自己的王朝。

二、公刘和公亶父引领了周朝家族善用水利的传统

《诗经·大雅·公刘》记述公刘的业绩说：

笃公刘，既溥既长，既景乃冈，相其阴阳，观其流泉，其军三单，度其隰原，彻田为粮。①

公刘在豳地开荒垦田种粮，是经过精细的测算和系统的规划的。“既景乃冈”，是说对周围山体的日照情况进行了观测，确定其适合居住。“观其流泉”，说的是经过勘察后，确定这里有农耕所需要的稳定水源，能建成可靠的灌溉系统。有了土地和水利资源，公刘组织军队分成三班，一部分建房屋，一部分开荒为田，一部分修筑水利设施。

《诗经·大雅·皇矣》记述公亶父的业绩说：

我泉我池，度其鲜原。居岐之阳，在渭之将。②

公亶父为了躲避来自西北面戎狄的侵扰，率部族从豳地迁到岐山下，并开辟了广阔的田园，建立了都城。从“我泉我池”看，周家族定居于岐山之后，大量修建池塘蓄水。从山上接来的池水，用于生活所需；从渭水引来的塘水，用于灌溉田园。为沟渠系统大量增修蓄水池塘，这是农耕文明的一大进步。到了西周，池塘修筑的规模进一步扩大。《诗经·陈风·泽陂》里有句子说：

彼泽之陂，有蒲有荷。③

泽指面积广阔的水体，陂指人工修筑的堤岸，这其实就是筑坝蓄水的大型工程。近岸水边种植蒲荷，既有观赏价值，又有经济价值，说明水体建设的综合效益得到提升。《诗经·小雅·白华》中又有句子说：

滮池北流，浸彼稻田。④

滮池在西周都城丰、镐附近，系汇聚渭水支流滮水而成。水体既然命名

① ［宋］朱熹注：《诗经集传》，北京：中国书店1994年版，第206页。
② ［宋］朱熹注：《诗经集传》，北京：中国书店1994年版，第194页。
③ ［宋］朱熹注：《诗经集传》，北京：中国书店1994年版，第87页。
④ ［宋］朱熹注：《诗经集传》，北京：中国书店1994年版，第178页。

为池，显然是都城辖区内著名的景观。而“浸彼稻田”很清楚地表明，滮池属于为稻田供水的大型人工水库。结合这两点看，滮池是周朝有代表性的综合性水利建设项目。

三、周朝奠定了中国几千年农业水文的基本格局

在周代，有以修建沟渠为职业的技术人员群体，《周礼·考工记·匠人》记载了修建沟渠的一些基本原理：

凡天下之地势，两山之间，必有川焉。大川之上，必有涂焉。凡沟逆地防，谓之不行。水属不理孙，谓之不行。梢沟三十里而广倍。凡行奠水，磬折以参伍。欲为渊则句于矩。凡沟必因水势，防必因地势。善沟者，水漱之。善防者，水淫之。凡为防，广与崇方，其杀三分去一。大防外杀。凡沟防，必一日先深之以为式。里为式然后可以傅众力。①

这段文字提示了当时人们所掌握的治水要点：(1)人工开挖沟渠，要以自然形成的、流水量充足的大川作为稳定的水源。(2)开挖沟渠要理解和利用水的流势和地的形势，因势导引。(3)所挖沟渠从上游到下游要逐渐加宽，至下游三十里处宽度当增加一倍。(4)若想成功疏导积水，要顺应地势曲直交错地分水。(5)要想积水成渊，沟渠的弯曲度就要大于直角。(6)利用水势冲荡障碍物，利用水中淤积的泥土增厚堤防。(7)建筑堤防，下基宽度与上堤高度相等，上堤的宽度渐减至下基宽度的三分之一。大的堤防因下基增厚，外侧向上减薄的比例增大。这里讲到了修建渠道要考虑水流速度、水面比降和泥沙处置等问题，治水思维已很全面。

沟渠的流水，经过导引后加以合理安排，形成了周代的农耕水利系统。如《周礼·稻人》所记载：

稻人，掌稼下地。以潴蓄水，以防止水，以沟荡水，以遂均水，以列舍水，以浍泻水。②

① 陈戍国点校：《周礼·仪礼·礼记》，长沙：岳麓书社 1989 年版，第 130 页。
② 陈戍国点校：《周礼·仪礼·礼记》，长沙：岳麓书社 1989 年版，第 44–45 页。

这里提出，管理农业的官员要做好灌溉水源的储备工作和防洪排涝的准备工作，要组织人力对灌溉排水渠道进行修整疏通。文中提及的潴、防、沟、遂、列、浍等，是渠系中被用来引水、排水、配水的各级渠道，类似于现在渠系中的干渠、支渠、斗渠、毛渠，这其实已经形成了集蓄水、灌水与排水功能于一体的渠道系统，奠定了之后中国两三千年的农田水利基本面貌。

四、周朝制定了较为完善的农田水利管理制度

根据《周礼·冬官·考工记》，我们可以了解到周代农业灌溉系统里各级沟渠的基本规制：

匠人为沟洫，耜广五寸，二耜为耦；一耦之伐，广尺深尺，谓之甽。田首倍之，广二尺，深二尺，谓之遂。九夫为井，井间广四尺，深四尺，谓之沟。方十里为成，成间广八尺，深八尺，谓之洫。方百里为同，同间广二寻，深二仞，谓之浍。专达于川，各载其名。①

即，每一亩农田，有宽一尺深一尺的流水经过。在各家耕种的百亩农田之间，有宽二尺深二尺的流水为界。九家十家的千亩形成井田，井田与井田之间有宽四尺深四尺的流水为界。万亩农田称作“成”，成与成之间有宽八尺深八尺的流水为界。十万亩农田称作“同”，同与同之间有宽十六尺深十六尺的流水为界。这些流水经过的沟渠，由周朝认定的专业技术人员修建，并由周朝认定的监督人员进行验收。

周朝行政管理、交通运输和人民居住的格局，基本上以农田水利布局为基础而形成，由此形成“十家聚居为村落”的体制，并按照“十夫制”进行农业生产，组织缴纳赋税。如《周礼·遂人》所载：

凡治野，夫间有遂，遂上有径；十夫有沟，沟上有畛；百夫有洫，洫上有涂；千夫有浍，浍上有道；万夫有川，川上有路；以达于畿。②

---

① 陈戍国点校：《周礼·仪礼·礼记》，长沙：岳麓书社1989年版，第130页。

② 陈戍国点校：《周礼·仪礼·礼记》，长沙：岳麓书社1989年版，第42页。

即，前述农田水利体系中大小沟渠的堤岸，被匠人们修筑为规制不同的道路，四通八达。狭窄的有可资步行的田间小道，宽阔的有通向京城的马路。可以说，周朝人民是逐水而居的，不过他们安居乐业所依赖的农业生产水资源，是通过国家制度进行系统规划和建设的。《荀子·王制篇》曾评价过周代农田水利制度的优越性：

修堤梁，通沟浍，行水潦，安水臧，以时决塞，岁虽凶败水旱，使民有所耘艾。①

相对完善的农田水利建设，使得周朝民众能够获得基本生活保障，实现普天之下安居乐业的治理效果。所以，农田水利不仅是人们经济生活的一部分，也是国家治理的重要手段，为周朝封建制奠定了坚实的政治基础。

① ［战国］荀况：《荀子》，［唐］杨倞注，耿芸标校，上海：上海古籍出版社 2014 年版，第 100 页。

第五节
西门豹邺地治水

西门豹在邺地组织修建的“引漳十二渠”，是战国时期较早成功开发的大型水利工程。西门豹是具有法家思想的政治家，他的治水工作也体现出战国时期的法家精神：“严法律，信人力，务实利。”

一、以唯物主义态度对待水患

邺地处于漳水河道变动的关节点，虽然原野土地富饶，但漳水经常泛滥造成水患，当地百姓深受其苦，难以安居乐业。由于生产力落后，社会文明程度低，当地人普遍迷信鬼神，巫风因此盛行并产生了恶劣的社会问题。其中“河伯娶妻”，害人女子，是邺地积习成弊的恶劣风俗，反映了人们面对自然灾害的无奈感。而邺地的官吏、豪强与巫祝相互勾结，利用这个陋俗搜刮钱财，民众怨声载道，许多家庭宁愿流离在外。西门豹深知巫祝之风盛行的危害，必须移风易俗。而移风易俗，要从“河伯娶妻”这一影响最大、危害最大的恶劣风俗下手。

而对来自漳河的水患，西门豹深知民众之所以膜拜河伯，是一些人用神秘主义思想愚弄百姓。所以西门豹基于法家唯物主义的立场，用以其人之道还治其人之身的方法来破除人们的迷信。正如《史记·滑稽列传·西门豹治邺》（褚少孙增补）所载：

西门豹曰：“呼河伯妇来，视其好丑。”即将女出帷中，来至前。豹视之，顾谓三老、巫祝、父老曰：“是女子不好，烦大巫妪为入报河伯，得更求好女，后日送之。”即使吏卒共抱大巫妪投之河中。有顷，曰：“巫妪何久也？弟子趣之！”复以弟子一人投河中。有顷，曰：“弟子何久也？复使一人趣之！”复投一弟子河中。凡投三弟子。西门豹曰：“巫妪、弟子，是女子也，不能白事。烦三老为入白之。”复投三老河中。西门豹簪笔磬折，向河立待良久。长老、吏、傍观者皆惊恐。西门豹曰：“巫妪、三老不来还，奈之何？”欲复使廷掾与豪长者一人入趣之。皆叩头，叩头且破，额血流地，色如死灰。[1]

西门豹通过老巫、三弟子、三老入河而不能返回的事实，现场揭示不存在什么神灵“河伯”，也不存在什么“人神相互交通”，而迫使“廷掾与豪长者”叩头认罪，彻底揭穿了这些人利用迷信行骗的伎俩。

在治理水患方面，西门豹奉行的是法家学者基本上都认同的“人定胜天”思想。首先，他颁布法令，确立“不别亲疏，不殊贵贱，一断于法”的基本原则，通过法律保证政令通达，使人民遵纪守法，使民心稳固，使民力集聚，为治水做好了充分的组织准备。其次，西门豹聘请高水平水工，与他们一起勘测河道和地形，精心设计出引漳十二渠水利工程。由于兴修水利劳役繁重，且开始几年难以见到功效，所以在施工过程中，被征用的民工也曾牢骚满腹，由此产生民怨，为忌恨的豪强所利用，西门豹因此承受了巨大的社会压力和行政阻力。但西门豹抱着“人定胜天”的信念，坚持将引漳十二渠修建完成，使得邺地出现大片良田，农业生产得到大发展，成为富庶之地。[2] 西门豹通过治理漳河，解决水患，使人民安居乐业，充分展示了法家思想在治国方面的成效与优势。

二、以实事求是态度进行治水

引漳十二渠是我国古代最早的多首制大型水利灌溉工程。具体地说，就是以漳河作为水源，根据河流、地形、地势等实际情况，在漳河内设十二道拦河堤坝，形成十二区低溢流堰。在各堰区的上游南岸开引水口，设置引水闸，挖掘十二条渠道，形成大型引水灌溉渠系。引漳十二渠的修建，体现了实事求是的治水态度。

漳河发源于太行山脉，自西向东流淌，上游在崇山峻岭间曲折穿行，冲出高山后进入邺地平原地带漫流，天长日久，沉淀的泥沙就形成了扇形冲积平原。泥沙由于富含有机物质，适宜农作物生长，因此形成富饶之地。但洪水

① ［西汉］司马迁：《史记》，北京：中华书局1959年版，第3212页。
② 佚名：《践行法家思想的西门豹》，太原：《前进》2018年第8期，第63-64页。

经常泛滥,毁坏庄稼,冲击房屋,使人民不能安居乐业。土地富饶和水患频发,形成突出的矛盾。在邺地治水,显然是很有难度的,不然不需要等到西门豹来修渠。

西门豹修建引漳十二渠之所以能成功,原因在于他能集合能工巧匠根据邺地的地形和水情,实事求是地进行设计,“发民凿十二渠,引河水灌民田”。大致的施工方法如前人所载:

二十里中,作十二墱,墱相去三百步,令互相灌注,一源分为十二流,皆悬水门。①

具体地说,工程建在漳河出山处冲积扇的上端。漳河多泥沙,泥沙淤积常使河道主流摆动迁移。西门豹组织水工根据这一实际问题,采取了多首制引水的方法。在流经邺地的二十里漳水河段上,修建十二道低堰,呈梯级层层拦截流水。这样即使主流部分淤塞,也总有渠口能对接引水,同时清淤修护工作也比较好做。而在每道堰的上游均开引水口,计十二个。又沿着所开水口各凿水渠,计十二条,逐次引水灌溉邺地的农田。引水口均开在漳河南岸,南岸地势高,土质坚硬,河床稳定,便于控制整个冲积扇灌区,可以形成自流灌溉。在河与渠之间,设置闸门调节流向渠中的水量。十二道低堰拦截水流,能使堰内水容量保持在恒定的水平上,这样即使在枯水期,也能向渠道供给足够的水。若逢洪水,水流会因堰坝的层层拦截而自然变缓,如此则分散洪流的水势,保证了渠道不致被冲毁。

西门豹修建引漳十二渠充分证明,以实事求是的态度治水,能比较容易地取得创新性成就。

三、西门豹邺地治水成功的历史影响

西门豹治邺是法家治理的成功典范。法家治国以功利为取向,以富强为目标。在战国时期,富的主要标志,就是农业生产发展充分,粮食布帛储备丰足。以此为基础,再发展军事力量,达到强的状态。西门豹在邺地治水,与大

① [北魏]郦道元:《水经注》卷十《浊漳水　清漳水》,谭属春、陈爱平校点,长沙:岳麓书社 1995 年版,第 158 页。

禹治水一样，同时发挥了疏导洪水与发展农业生产的功用。所以邺地粮食布帛出产丰盛，人民安居乐业。以此为基础，西门豹实施“寓兵于农，藏粮于民”的政策，使邺地民富兵强，堪为典范，显示了魏国的强盛和繁荣，以至于魏文侯将邺城当作魏国的“陪都”。

对于魏国而言，邺城地处东北边陲，夹在赵国、齐国之间，时常受到两国的军事威胁，地理位置极其敏感。就整个战国时期的地理形势而言，邺城位于今河北临漳县和河南安阳县交接处，是中原地区进出华北平原的咽喉，有“天下之腰膂，河北之襟喉”之说，历来为兵家必争之地。西门豹以成功治水为基础实现富民强兵，不仅解除了来自邻国的军事威胁，还成为其他各国纷纷效仿的例子，推进了战国时期的整体治理水平。其中秦国通过兴修大型水利实现了富国强兵的目标，在一定程度上可以看作对西门豹治水事业的继承与发展。

自西门豹治水之后，邺城一直是中原地区繁华、富庶的大城市。邺城在东汉末年，为冀州治所，是河北平原的统治中心。建安年间，曹操以邺地作为根据地，整修西门豹修建的引漳十二渠，改名为“开井堰”。曹操以邺城为中心经营河北，政治实力和军事实力都变得强大起来。往下还有后赵、冉魏、前燕、东魏、北齐先后在邺地建都，从根本上说，也都是得西门豹引漳十二渠之恩赐。

第六节
先秦时期治水经验的公共管理学解读

上古时期大禹治水成功，增强了人们的公共意识，拓展了社会公共领域，形成了更有凝聚力的社会共同体，为部落联盟转型为国家政权奠定了坚实的社会基础。而商周时期以井田水利为基础的农业耕作，在明确私属农耕水利范畴的基础上，界定了不同层次和不同性质的公地，围绕着这些公地农耕水利而确立的权利、义务和责任成为王朝统治的意识形态基础。大禹治水和商周井田水利耕作由于公共属性明确合理，成为先秦时期公共治理的代表作。

一般来说，公共治理是指在公共领域展开的用以解决社会问题的行为，包括两个相互配合的必要条件：一是组织者要具有开放的治理立场，二是真正做到公众广泛参与。公共治理具有治理主体多元化、治理依据多样化、治理方式多样化等典型特征。

大禹治水，一是改变过去的部族垄断性和排他性，在治理立场上高度开放与包容，将其他部落的才俊如后稷、皋陶等，都提拔为自己的得力助手；二是基本上实行全民动员，全民参与治水。治理主体的多元化体现在分工的立体化，如有人领导开山伐木，有人治理河流，有人兴修水利、教导农耕。治理依据多样化体现为既避水患，又兴水利；既满足都邑的建设要求，也为百姓的生计考虑。大禹治水的成功，基于当时精英人物的优秀品质和牺牲精神及群策群力的社会激情，超越了工具理性和价值理性的追求，是中国古代社会公共治理的典范。

商周时期的井田农耕水利，领地之主虽将千亩之地按照百亩每块的标准区分为十块——八块私田、一块公田、一块居地，但公田水利耕作需要八块私田上的农民集体完成，人力不足的情况下也可邀请其他千亩地块上的农民参与。而千亩之内的私田耕作，实际上也存在互助互济的义务，这在治理立场上是适度开放的，在治理实践上也是群体参与的。治理主体是多元的，有私人、群体、集体、地主,以及王朝派遣的巡察人员。治理依据多样化包括王朝的制度规定、领地之主的特殊要求以及农民对于生产生活的基本诉求。治理方式多样化表现为:水利基本形态由王朝统一规定;耕种何种作物以及采用何种耕作方式,公地由领土之主决定,私地由农民自行决定。井田水利耕作是能够平衡工具理性和价值理性的善治,也是对后世农耕产生了深远影响的公共治理形态。

大禹治水时,国家政权尚未确立,谈不上有政府施政行为;其时生产力不发达,也谈不上有统一的市场运作机制。井田水利耕作的商周时期,属于诸侯分封制,虽有朝廷,但无强政府。其时生产力虽有发展,但市场化程度很低。大禹治水和井田水利耕作,是弱政府、弱市场时代背景下成功的公共治理。其得以成功,主要凭借"承诺约定—道德约束—技术进步"这一机制。先秦治水经验中的"承诺约定""道德约束"相对于现代社会的"制度规定""经济惩罚",具有柔和的特性,在现代公共治理过程中还是有可取之处的。

到西门豹在邺地治水时,虽然当地市场化的程度仍然较低,但西门豹投数人入河,又强制性地大兴劳役兴修水利,已经展现了强势行政的特点。

第二章

秦代的治水经验

第一节
功利性：秦国治水的价值取向

在中国历史上，秦朝是一个重要的转型时期，存在时间较短。虽然秦的治水事业主要是在战国时期完成的，但其治水的性质、形态和方式，都呈现出有别于春秋战国时期其他诸侯国的不同特点，所以这一章主要讨论秦国的治水问题。

根据《史记·秦本纪》的记载，秦国统治者的先祖大费"与禹平水土"，立下了很大的功劳。[①] 这表明，秦国统治者发家的渊源，其实跟治水事业也有一定关系。秦孝公任用商鞅进行变法，是秦国实现富强的一件大事，而农耕被置于支柱地位。虽然典籍中对此不直接明说，但由于农业生产与水利兴修密切关联，因此重视农耕也意味着治水事业需要大发展。与秦国同时竞争的其他诸侯国如魏国，在治水技术上更为领先，但在治水宗旨上是西周的余脉，公益性仍然是主导的方向。而秦国的治水事业，强调的是功利性，展现了全新的思路。

一、秦国治水具有富国强兵的性质

秦国自商鞅变法以后，坚持耕作为本、耕作为先的基本国策，以此为基础强兵兴战，称王称霸，如《商君书》所言："国之所以兴者，农战也。""境内之民莫不先务耕战，而后得其所乐；故地少粟多，民少兵强。能行二者于境内，则霸王之道毕矣。"[②]秦国的治水，也服务于富国强兵的政治目标。

《史记·河渠书》记载："于蜀，蜀守冰凿离碓，辟沫水之害，穿二江成都之中；此渠皆可行舟，有余则用溉浸，百姓飨其利。"[③]结合《蜀王本纪》《华阳国

① ［西汉］司马迁：《史记》，北京：中华书局1959年版，第173页。
② 石磊译注：《商君书》，北京：中华书局2009年版，第31页、198页。
③ ［西汉］司马迁：《史记》，北京：中华书局1959年版，第1407页。

志》等相关史籍记载可知，都江堰从古蜀国以来就一直在不断建设和完善，而秦国蜀郡太守李冰将之升华为蜀地经典的水利工程。以此为标志，李冰在蜀地全面铺开治水工作。[①] 李冰大约在公元前256年至公元前251年被秦昭王任命为蜀郡太守，他在蜀地的治水，客观上产生了惠益民众的效果。从主观上看，李冰主要是服从秦国借耕战以富强的政治目标，完成自己的行政任务。具体地说，汉中与蜀地，在秦国与楚国的争夺战中，处于决定胜负的战略地位。[②] 秦国夺取蜀地将其纳入行政版图之后，就以蜀地作为根据地，利用蜀地的人力、财力与物力，从西部对楚国进行蚕食鲸吞。在秦昭王时期，由于蜀地未能治水安流，后勤保障不够及时充分，所以秦楚在黔中一带的争夺战处于反复不定的状态。李冰在蜀郡治水取得成效之后，蜀地水利完善通畅，不仅粮食富足、兵丁兴旺，如宋人郭允蹈说，“置守张若而定黔中，继用李冰而始平水害，蜀自是安宁”[③]，而且蜀地的兵员、粮食和其他战争物资，也都能通过水运顺利地送到战争前线。或者说，富国强兵，服务战争，是李冰治水的主要宗旨。

按照现代观念来理解，郑国渠的修建，从一开始就是国家层面的政治事件。《史记·河渠书》记载：“韩闻秦之好兴事，欲罢之，毋令东伐，乃使水工郑国间说秦，令凿泾水自中山西邸瓠口为渠，并北山东注洛三百余里，欲以溉田。”[④]正如学界所指出的，“间说秦”，实际上是韩国推出的“疲秦之计”，即通过兴修水利巨量消耗秦国的人力、物力、财力。但计划执行者郑国是职业素养良好的水利专家，在修渠事业上是认真而成功的，所以即使秦国统治者中途发现了韩国派遣郑国的计谋，也未终止修渠的事业。这里就涉及秦国的治水理念：不管郑国出于什么动机来修渠，只要能兑现当初游说的承诺将渠修好，有助于国更富、兵更强，有助于秦国完成霸业，就是可取的。在秦国目标管理体制的主导下，郑国完成了治水工作，在功利性上实现了“治水目标三合一”：(1)韩国确实因为郑国渠的修建而获得了十余年的喘息时机。(2)秦国关中上千平方千米的盐碱地因为有充足的水源灌溉而变成了肥沃的原野，这为秦国最终实现统一奠定了更为坚实的物质基础。(3)郑国作为主持该工程

① 李翊：《对李冰创建都江堰的不同认识》，北京：《中国水利》2018年第23期，第59-60页。

② 刘蓬春：《战国秦蜀楚巴对汉中、黔中的争夺》，成都：《成都大学学报(社会科学版)》1998年第1期，第24-29页。

③ [宋]郭允蹈撰，赵炳清校注：《〈蜀鉴〉校注》，北京：国家图书馆出版社2010年版，第5页。

④ [西汉]司马迁：《史记》，北京：中华书局1959年版，第1408页。

的水工领袖，留下了万世不朽之名。所以郑国渠的修建，其实也是聚合协调多种功利诉求而成就政治事业的目标管理典范案例。

秦国还曾将治水当作直接的军事手段。在与楚国进行战争时，鄢城易守难攻，坚不可摧，于是白起就组织秦军开挖长渠，以洪水灌城。正如《水经注·沔水》所记载："白起攻楚，引西山长谷水……灌城……水溃城东北角，百姓随水流死于城东者数十万，城东皆臭，因名其陂为臭池。"[①]秦国从昭襄王时期开始，就发动剿灭魏国的战争，但魏国都城防守坚固，秦国三次围攻都没有成功。公元前225年，王贲改用水攻发起灭魏战役，部署秦军筑堤引鸿沟之水灌大梁城，历时三个月，最后大梁城沦陷，魏国灭亡。这是两个典型的事例，说明秦国在治水方面，为实现功利目标可以完全抛弃公益性。

二、秦国治水具有大一统的价值取向

"废井田，开阡陌"，是商鞅变法最重要的措施之一，实际上打破了以百亩为单位的家庭零散耕作格局，而推行大规模集中统一的耕作模式。与这一变化相适应，秦国提倡兴修大规模的水利工程。以都江堰为例，其修缮之后灌溉十几个县，灌溉面积达300多万亩。以亩产一钟（200斤）计算，都江堰灌溉区域年产粮食可达6亿斤。郑国渠修建之后，灌溉面积约200万亩，以亩产一钟（200斤）计算，郑国渠灌溉区域年产粮食可达4亿斤。以人均年消耗500斤粮食计算，仅都江堰和郑国渠灌溉区域的出产，就能使秦国的五分之一人口（约200万人）丰衣足食。大规模的水利工程，为关中这一经济中心的形成奠定了坚实的物质基础。以此为依托，秦国在咸阳建立了行政中心，得以完成统一六国的雄心壮志。

秦国的大型治水工程，都具有服务于整体战略目标的综合性功能。像李冰修整、完善都江堰水利工程，在经济上造就了"天府之国"，使秦国有了一个出产巨大的粮食基地。在政治上，都江堰平水患，促进农业生产，能安定蜀地百姓，在西南地区发挥了维稳的效用。在军事上，都江堰在秦国与楚国的争夺战上为秦国提供了不可或缺的后勤保障。郑国渠的修建，如前所言，不仅形成了经济中心，建立了行政中心，而且在外交上展现了"善用客卿"的开阔

① ［北魏］郦道元：《水经注》卷二十八《沔水》，谭属春、陈爱平校点，长沙：岳麓书社1995年版，第428-429页。

胸襟，秦国也由此建立了其他六国无法企及的政治优势。灵渠的开挖，是服务于秦国征伐岭南百越运兵运粮的军事需要。但秦国统治者也一定考虑到，占领岭南并设立郡县之后，为保持长治久安，需要有一条沟通珠江流域与长江流域的通道。因此，灵渠的修建，在交通上具有沟通南北水上航运的意义指向。

秦国还通过治水的大手笔，弘扬一统天下的宏伟气象。这里举秦始皇时期的两个例证。一是在都城咸阳（渭城）的扩建过程中注重水体建设。秦都城咸阳主城区在渭河北岸，秦始皇下令在渭河南岸建设上林苑，这样流经的渭水就成了咸阳城的内河。据《三辅旧事》记载："渭水贯都，以象天汉，横桥南渡，以法牵牛。"[①]《三辅旧事》又记载："秦造横桥，汉承秦制，广六丈三百八十步。"经折算，架在渭河上的横桥宽 13.9 米，长 526.7 米。[②] 显然，秦始皇是想形塑流经都城的渭河以象征银河，烘托自己天帝的威严。二是修建大型湖泊景区兰池。宋敏求《长安志》对《三秦记》所载兰池作了注引与考证："始皇引渭水为长池，东西二百里，南北三十里，筑为蓬莱山，刻石为鲸鱼，长二百丈；亦曰兰池陂。"[③]建设这么大规模的园林风景区，其实是为了营造之前统治者无法逾越的享乐环境。

秦始皇还表现出了治海的强烈愿望。秦始皇统一六国之后，五次远出巡视，根据《史记》的相关记载，其中四次曾到达海滨，并且间断性地沿着渤海、黄海到东海的海岸线航行。[④] 可以推断，当时沿海各地为了秦始皇的海巡，必然要对沿岸海道做勘查与适当修整，在秦始皇船只入海和靠岸的地方建设港口，由此自然会形成东海—黄海—渤海这样一条贯通南北的海上航线的雏形，这已经算是治海的具体实践了。而兰池虽然是引渭水形成的内湖园林，但秦始皇其实是"仿海而建"的：不仅兰池水面浩大、一望无际，而且秦始皇命人在其中垒石状如蓬莱仙山，并放置长达二百丈的石鲸等，这些都反映了秦始皇治海的企图。至于史籍记载秦始皇派徐福率领童男童女一千多人入海求长生不老之药，虽然体现了怕死迷信的思想，但未尝不可以解读为试图开辟海上航线、探索治海路径的一种努力。这些无疑也是秦始皇"以经营天下

---

① 何清谷：《三辅黄图校释》，北京：中华书局 2005 年版，第 22 页。

② 林源：《秦、汉复道、阁道与甬道建筑考》，北京：《建筑师》2012 年第 3 期，第 70 页。

③ ［宋］宋敏求：《长安志》，［清］毕沅校证，台北：台北成文出版社有限公司，1970 年版，第 67 页。

④ 朱思红：《秦水资源利用之研究》，郑州：2006 年郑州大学博士学位论文，第 37-39 页。

为己任”这一王霸之志的具体表现。

三、秦国治水在组织方式上体现了法治化、行政化、军事化的深刻影响

推行法治是秦国的取胜之道，而秦国治水事业也同样深受法治精神的影响。秦孝公起用商鞅推行变法之后，秦国各项事业在状态和性质上都发生了巨大变化。《史记·商君列传》记载：“行之十年，秦民大悦；道不拾遗，山无盗贼，家给人足；民勇于公战，怯于私斗，乡邑大治。”[①]商鞅治国的要点，就在于通过律令确立具体的行为规范，严格施行，赏罚分明。从现在的角度看，这其实就是成功的绩效管理。正如学界所指出的，秦国由于刑法严苛，律令繁多，民众动辄犯法违律，于是出现了大量有过错记录在案的居家罪徒和直接被拘管在牢狱的刑徒。[②] 当秦国要兴建大型治水工程时，就会组织这些罪徒与刑徒投身建设，让他们提供劳役服务，为公共事业做贡献，以此抵消罪过，减免在狱或戴罪的时间。大量运用受法律惩罚之人参与治水工程，产生了良好的建设效果，这是中国历史上的特殊现象，也是秦国成功推行法治的重要表现之一。这种“以参与公务抵销罪罚”的组织方式在秦国施行顺利，但为什么在以后历代的大型治水工程中却基本上没有被采用，这是一个值得深思的问题。

西周时期推行封邦建国制度，土地被切分成大小不同的地块，分封给不同层次的封建主。与此相适应，当时治水也以“各自经营”为主要形态：一是封建主对所辖土地上的治水问题，各自组织家奴、农奴或雇用平民解决。封建主所辖土地交界部分邻合水域的治理，则通过相互协商合作解决。二是属于公共领域的大江大河的治理，由周王朝的水官统一规划安排，通过命令和协商的方式，将任务摊派给相关的封建主，由他们各自组织人员去完成。战国时期大多数诸侯国实际上也还是采取这种组织方式治水。秦国在推行变法之后，为加强中央集权，实行彻底的郡县制，瓦解了封建制度，使占地食利的封建主阶层势力式微，因而由政府直接组织民众治水，并以统一规范的行

① [西汉]司马迁：《史记》，北京：中华书局1959年版，第2231页。

② 曹旅宁：《释“徒隶”兼论秦刑徒的身份及刑期问题》，上海：《上海师范大学学报(哲学社会科学版)》2008年第5期，第61-65页。丁义娟：《“刑徒”与“徒刑”——兼论秦及汉初刑罚的种类》，兰州：《兰州学刊》2012年第6期，第183-188页。孙晓舟：《秦及汉初刑徒社会身份问题探析》，南京：《江苏社会科学》2017年第4期，第150-160页。

政方式进行管理。韩国派水工郑国给秦国治渠，想借此消耗秦国的战斗力。这足以说明，郑国渠的修建，于秦而言是通过行政干预实施的大型国家工程，人力、财力、物力均由秦行政部门统一支配。如果采用封建主分摊任务的组织方式，那么一则治水工程体量就不可能太大，二则想通过治渠消减秦国国力的间谍计划自然无从谈起。

秦国治水的组织方式，有明显的军事化管理的特征。第一，秦国后期以耕战为国策，绝大多数的劳动力都具有双重身份：耕时为民，战时为兵，即使在平居的情况下也组织军事训练。秦国组织实施大型治水工程，实际上是按照服兵役的要求征发劳动者的。而其为了提升工作效率，对治水人员采取类军事化管理是可想而知的。第二，如前所言，秦国为赢得战争，经常采用水攻，如白起为征服鄢城治渠，王贲为攻破魏国都城治渠。这种类型的治水，属于国家军事行动的有机组成部分，往往并不方便杂用役夫，而应该直接由现役士兵组成类似于今天的工程兵队伍去完成任务。对这些人员采取严格的军事化管理是不言而喻的。至于王翦获得秦始皇封赏之后，在关中封地上发展农业，也很有可能直接动用了士兵进行大规模修渠。第三，秦国的大型治水工程，也难免要在被征服的土地上展开，如蜀地的都江堰系列水利工程。这时用的当地劳动力，可能就不像秦地民众那样训练有素和有国家认同感。从孟姜女哭倒长城的故事看，秦国对被征服土地上的役夫其实并不信赖，而是实行严酷的军事监管制度，以保证工作效率。虽然没有明确的史料记载，但可以推断，秦国使用被征服土地上的役夫进行治水时，应该会动用军队对其进行严格的军事监管。

第二节 都江堰水利工程

众所周知,都江堰是中国历史上著名的集防洪、灌溉、航运等多种效益于一体的综合性水利工程,是世界迄今为止年代最久、唯一留存、仍在使用、以无坝引水为特征的大型水利工程。

一、都江堰的修建历程

都江堰的修建,大致可以分为四个历史时段。

(一)渊源期:大禹治水时期疏导岷江

大禹治水涉及九州地域,《尚书·禹贡》记载:

岷山导江,东别为沱,又东至于澧;过九江,至于东陵,东迤北,会于汇;东为中江,入于海。①

"岷山导江"的大致意思是说,大禹对长江水系的疏导是从岷山一带的水流开始的。疏导的结果,就是形成了一条水量丰富、水势强劲的大江,即后来岷江的上游部分。大禹治岷山之水,汇而成岷江,而都江堰处于岷江的中游,所以都江堰工程的渊源定为大禹治水较为妥当。"东别为沱"的意思是说,为了使岷江上游的水流在成都平原一带能够得到缓冲,就别开一条通道引一部分水流往东,与另外一些水流汇合,形成后来的沱江。至于大禹别开的水流通道是否就在后来的都江堰宝瓶口一带,学术界有不同看法,至今未形成定论。② 无论如何,"东别为沱"的治水经验,是后来都江堰工程分流思路的实践

---

① 李民、王健:《尚书译注》,上海:上海古籍出版社2004年版,第78页。

② 纪国泰:《大禹"岷山导江"与"开明决玉垒"传说的历史观照》,成都:《西华大学学报(哲学社会科学版)》2010年第5期,第73-79页。

基础。

（二）定型期：鳖灵凿通玉垒山疏导洪水

根据扬雄《蜀王本纪》的记载，在古蜀帝杜宇王朝的末期，由于大禹时期东流沱江的故道堵塞，岷江上游的洪水在玉垒山一带淤积，成都平原大面积被淹没，需要进行疏通：

> 时玉山出水，若尧之洪水。望帝不能治，使鳖灵决玉山，民得陆处。[①]

“玉山”，就是“玉垒山”。这段文字说，鳖灵（当时为古蜀国相）受杜宇之命，凿通玉垒山形成流水通道，使水患得以平息。关于鳖灵治水，常璩《华阳国志》记载：“会有水灾，其相开明决玉垒山以除水害。”[②]而郦道元《水经注·江水》也说：“江水又东别为沱，开明之所凿也。”[③]这些足以说明，都江堰的关键工程宝瓶口是在鳖灵治水过程中创修和定型的。

（三）成功期：李冰父子完成都江堰整体工程

对宝瓶口的修建，李冰父子利用、拓展和完善了鳖灵开凿的玉垒山故道，而分水鱼嘴则是李冰父子的新创。

分水鱼嘴主要解决一个问题：宝瓶口引水工程能够通过分流洪水避免水患，但宝瓶口流向的江东一带地势较高，西边岷江之水在枯水季节难以流入宝瓶口，这就不能保证东边内江的农田灌溉和通航。李冰父子与当地善于治水的人士反复讨论，最后决定在岷江中修筑前端形状貌似鱼头的分水堰，将岷江水一分为二：西边称为外江，直接顺流而下；东边称为内江，流入宝瓶口。在流量的设计上实行“四六分水”，即内江窄而深，外江宽而浅，枯水季节水位较低时有60%的江水流入河床低的内江，保证成都平原的生产生活用水；而当洪水来临时，由于水位较高，于是大部分江水从江面较宽的外江排走。

为了稳定流入宝瓶口的水量，防止灌溉区的水量忽大忽小，李冰又在鱼嘴分水堤的尾部靠着宝瓶口的地方，修建了分洪用的平水槽和飞沙堰溢洪

---

① ［汉］扬雄：《蜀王本纪》，［清］严可均校辑《全上古三代秦汉三国六朝文》（卷五十三），北京：中华书局1958年版，第414页。

② ［晋］常璩著，刘琳校注：《〈华阳国志〉新校注》卷三《蜀志》，成都：四川大学出版社2015年版，第101页。

③ ［北魏］郦道元：《水经注》卷三十三《江水》，谭属春、陈爱平校点，长沙：岳麓书社1995年版，第486页。

道，以确保内江无灾害。溢洪道前修有弯道，使江水形成环流。江水超过堰顶时，内江的激流会将洪水中夹带的泥石冲激到外江，这样便不会淤塞内江和宝瓶口水道，故取名“飞沙堰”。

宝瓶口和分水鱼嘴的修建，保证了都江堰水利工程正常稳定的防洪、灌溉、通航功能。

（四）修补期：完善和修复都江堰

从文献记载看，都江堰在不同历史时期得到多次整治。《新唐书·地理志六》记载：

（导江）有侍郎堰，其东为百丈堰，引江水以溉彭、益田。[①]

侍郎堰即分水鱼嘴，百丈堰即飞沙堰，名称的改变，表明唐代人对都江堰进行过治理。而《宋史·河渠志》记载：

岁作侍郎堰，必以竹为绳，自北引而南，准水则第四以为高下之度。江道既分，水复湍暴，沙石填委，多成滩碛。岁暮水落，筑堤壅水上流，春正月则役工浚治，谓之“穿淘”。[②]

由此可见，宋代时对都江堰内河每年都进行淘沙，保持宝瓶口水道的畅通，对分水鱼嘴和飞沙堰也每年进行巩固和修整。

新中国也不断对都江堰进行修复整治。如宝瓶口岩基，千百年来为飞流急湍所冲击，出现了很大的悬空洞穴。为了加固岩基，1970 年冬，灌区人民堵口截流，抽干深潭，从两岸基础起，共浇注混凝土 8 100 多立方米，给宝瓶口筑起了铜墙铁壁，使这个自动控制内江水量的瓶口更加坚实可靠。

二、李冰与都江堰的修建

在都江堰建设的历史过程中，李冰无疑是最重要的人物。李冰之所以能获得巨大成功，主要因为都江堰修筑工程是秦国统一事业进程中不可或缺的

① ［宋］欧阳修、宋祁：《新唐书》，北京：中华书局 1975 年版，第 1080 页。

② ［元］脱脱等：《宋史》，北京：中华书局 1977 年版，第 2376 页。

政治任务。宏大而明确的建设目标,使这项伟大的水利工程得以建立。

(一)李冰修建都江堰的历史背景

在秦楚纷争之际,司马错"得蜀则得楚"的建议得到秦惠王的采纳。秦昭襄王六年(前 301),蜀地郡守、蜀侯公子煇作乱,反叛秦国,司马错奉命讨伐叛军。司马错诛杀公子煇以及郎中令等 27 人,蜀地之乱平定,彻底归属秦国。秦国占领蜀地之后,攻打黔中之地,使楚国失去西边的门户,就成为秦国灭楚的关键环节。公元前 285 年,蜀地郡守张若率军攻取川南凉山州部分地区,乘胜进军,又夺得了楚国在金沙江以南占领的部分地区,揭开了秦国以武力夺取楚地黔中的序幕。公元前 280 年,司马错率领陇西的军队,"因蜀攻楚黔中,拔之"。但秦国取得胜利立足未稳,即遭到楚国大规模反攻。根据学术界较为一致的看法,此战中司马错的军队大败。这说明,秦军虽能占领楚地黔中,但如果不能从蜀地及时获得援兵,调运足够的物资,战绩就难以长期巩固。李冰修建都江堰,就是为了适应这一战争的需要。

(二)李冰修建都江堰的重点是通航

古蜀之地治水,如大禹、鳖灵等,一向以疏导洪水为重点,而顺带发展农业灌溉,自在情理之中。对于李冰修筑都江堰,学术界有一个误解,认为没有记载表明当时洪水泛滥,所以修筑都江堰主要是为了发展粮食生产。其实在李冰修筑都江堰之前,虽然仍时有水患,但总体而言蜀地农业生产已经发展得很好,供给秦军在数量上已有保障。蜀地出产的木材、冶炼的兵器、制作的衣服,均以质量良好而著名,也为秦军所急需。但由于水路通航能力不足,这些都不能及时送达前线。所以李冰修筑都江堰,主要是为了疏通航道,以便将蜀地的粮食、木材、冶器和衣物等物资便捷地输送给军队。司马迁是司马错的八世孙,又是史官,了解先祖在黔中军事失败的原因,他对李冰修筑都江堰的重点认识得很清楚,所以在论述都江堰关键工程宝瓶口时说:

> 此渠皆可行舟,有余则用溉浸,百姓食其利。①

即,李冰主持的都江堰工程修筑成功之后,首先保证通航,水量首先满足军用物资的运输需要。如果有多余的,则提供给百姓用于农田灌溉。宋代人

① [西汉]司马迁:《史记》,北京:中华书局 1959 年版,第 1407 页。

郭允蹈引常璩《华阳国志》：

其（蜀）国富饶，得其布帛、金银，足给军用。水通于楚，有巴之劲卒，浮大舶船以东向楚，楚地可得。得蜀则得楚，楚亡则天下并矣。[①]

其实蜀地自鳖灵治水以来，水患问题就不是特别严重，因而李冰治水的主要功绩并不在于此，郭允蹈的评论已经看出了这一点。

可以说，李冰在当时的主要功绩，就是通过修筑都江堰向秦军顺畅地输送物资，为张若所率领的秦军固守黔中之地提供可靠的保障，为秦灭楚做出了重要贡献。到了后世，都江堰运送军用物资的功能淡化，其集防洪、灌溉与正常航运于一体的综合效益才得以凸显。

① ［宋］郭允蹈撰，赵炳清校注：《〈蜀鉴〉校注》，北京：国家图书馆出版社2010年版，第3页。

第三节 郑国渠修建的政治寓意

郑国渠是战国时期出现的划时代水利工程，造就了关中的肥沃原野，为秦国积累了巨大物质财富，在秦国统一六国过程中发挥了重要作用。不过郑国渠经历朝历代的改造，至今已全然不同，其基本形态和修建技术无法通过文献资料和考古成果加以确证。甚至在“拦坝截泾水入渠”还是“直接引泾大水漫灌”这个基本问题上，学术界都还没有形成共识。所以，这里仅讨论郑国渠与秦国政治之间的关系，兼论其对之后中国政治发展的影响。

一、修建郑国渠是秦国权臣政治运作的意外收获

修建郑国渠是秦国权臣政治运作的意外收获，不过，这也是秦国完成统一事业的必然选择。正如史料所记载的，郑国渠的修建，最开始是韩国的阴谋——“疲秦计划”①。不过这一阴谋在秦国方面也有合作者，这一点史书未提及。郑国渠从立项到修建，是在秦王嬴政刚即位之际，其时嬴政是十三四岁的少年，大权实际上操纵在国相吕不韦手中。据此可以推断，郑国渠的修建，是吕不韦的主意，而非秦王嬴政的决策。吕不韦当时以客卿身份在秦国弄权，而且秽乱内宫，秦国宗室和世家大族对此耿耿于怀。吕不韦心知肚明，就以运作郑国渠做筹码，借此阐明客卿对于秦国的必要性，以对抗秦国本土的反对势力，并与韩国私下交好，为自己预留政治余地。可以说，修建郑国渠是吕不韦权衡利弊之后的一种现实选择，而水工郑国对“疲秦计划”虽有所了解，但他实际上既不是韩国“疲秦计划”的策划者，也不是“疲秦计划”立场的坚定执行人，而只是韩国方面推荐、为吕不韦接纳和雇佣的“疲秦计划”首席技术人员而已。

① ［西汉］司马迁：《史记》，北京：中华书局1959年版，第1408页。

正如研究者所指出的，在秦国宗室的“逐客风潮”中，郑国首当其冲。秦国世家大族之所以首先挑选郑国作为发难对象，发起驱逐客卿的运动，本质上是为“倒吕”服务，以此加强嬴政的权力。[①] 这场“逐客风潮”的成果，主要是解除了吕不韦的权力，秦王将他驱赶到咸阳以外的地区。绝大多数客卿，在李斯进献了《谏逐客书》之后，都被留在了秦国。而水工郑国在稍作检讨之后，也得到留用，史书记载了郑国的辩解：

始臣为间，然渠成亦秦之利也。臣为韩延数岁之命，而为秦建万世之功。[②]

郑国讲得很诚恳：他并非韩国“疲秦计划”的核心，只是被派遣的一个技术工作人员。他所做的修渠工作，为原来服务的韩国多争取了几年存在的时间，倒也心甘情愿。此外，虽然吕不韦等是为缓解自身政治困境而推行修渠计划，但这也是秦国实现统一大业所需要的。郑国的意思，简单总结就是：他是主管兴修水利的技术工作者，主要关注自己的修渠事业，跟政治关系不大。修渠能为韩国做贡献，也有益于秦国，秦国又有什么好介意的呢？根据郑国的陈说，结合当时的历史背景，在政治层面运作郑国渠的修建，有一箭三雕的目标：一是通过征伐大量劳役参与修渠，缓解韩国不断遭到秦国战争打击的压力。二是吕不韦推行关中大型修渠计划，以证明强大秦国的建设离不开客卿的贡献，为自己解围。三是造出肥沃的关中原野，为秦国统一六国提供坚实的物质基础。从结局看，郑国渠修建的第一个和第三个政治目标都达成了，但吕不韦的第二个算盘落空了。

二、郑国渠彻底颠覆了周代以来的井田制

秦国的富强，主要得益于秦孝公时期实行的商鞅变法。秦惠王虽然族灭商鞅，但不废其法，保证了秦国长期稳定的经济发展。商鞅变法在农业方面的主要贡献，就是受秦孝公之命，在公元前359年颁布《垦草令》：刺激农业生产，提高农业的社会认知度，削弱上层社会的特权，让国内贵族加入农业生产

① 唐郭伟：《〈谏逐客书〉背后的秦国政治斗争》，黄山：《黄山学院学报》2018年第1期，第44-49页。

② ［汉］班固：《汉书》，［唐］颜师古注，北京：中华书局1962年版，第1678页。

中，实行统一的税租制度。商鞅重塑农业社会价值观的重要措施之一，就是改变“不患寡而患不均”的治理原则，废除不符合生产力发展需要的井田制，如《通典·食货典·田制》所说的：

(秦孝公用商鞅)废井田，制阡陌，任其所耕，不限多少。[1]

而《文献通考·田赋考》则解释得更为详细一些：

秦开阡陌，遂得卖买。

至秦人尽废井田，任民所耕，不计多少，而随其所占之田以制赋。[2]

即搞农业发展和粮食生产的竞争制，多劳多得，让一部分聪明勤劳能干的人广占田产，积累财富。另外，取消“力役公田”制度，改为按田亩收取赋税，这就使得秦朝廷可以支配的财富物资大大增加。但是，商鞅变法基本上是以原来的井田为基础进行农业社会改造的，破坏了人们已经习惯的社会关系和利益格局，因而受到从贵族至平民的抵制。商鞅被处死的结局表明，“废井田”的政策是先进完整的，但在实践中难以彻底执行。当时其他诸侯国在商鞅变法前后基本上也都废除了井田制，但同样普遍存在井田制变革不彻底的问题。

郑国渠最大的贡献，就是在没有井田制羁绊的情形下，按照阡陌制新造了极其广阔的原野，使得商鞅所变之法能够完整无碍地得到贯彻，农业生产力得到尽情释放，产生了巨大的社会财富，如《史记·河渠书》所记载的：

渠就，用注填淤之水，溉泽卤之地四万余顷，收皆亩一钟。于是关中为沃野，无凶年，秦以富强，卒并诸侯，因命曰“郑国渠”。[3]

战国时期的井田，基本上都是良田。郑国渠灌溉的，则是“泽卤之地”，说明这些土地上当初人口很少，井田制的社会形态也不明显。由于有郑国渠的

① [唐]杜佑：《通典》卷一，北京：中华书局1988年版，第6页。

② [元]马端临：《文献通考》卷一，杭州：浙江古籍出版社1988年版，第31页。

③ [西汉]司马迁：《史记》，北京：中华书局1959年版，第1408页。

灌溉,近300万亩土地被改造为良田。秦国在这片沃土上,彻底告别对井田制的留恋,按照农田自由转让的原则,采取多劳多得的竞争机制,召集劳动者来从事粮食生产。关中之地迅速发展,每亩平均能出产相当于现在200斤的粮食,富裕起来的人们在这片土地上形成了焕然一新的社会形态。

可以说,商鞅在农业生产方面变法的良好效果,虽早有立竿见影的收益,但只有在郑国渠浇灌的关中沃野上才淋漓尽致地体现出来,这对秦统一六国事业的助益,是根本性的。

郑国渠发挥的灌溉效益,历秦汉两朝,前后有100余年。其引泾水灌溉关中平原的开创性工作,还为后世提供了范例。如汉代白公渠、唐代三白渠,都是引泾灌溉的著名水利工程。引泾灌溉,使得关中以富庶名闻天下。汉代曾有民谣歌颂说:

田于何所?池阳、谷口。郑国在前,白渠起后。举锸为云,决渠为雨。泾水一石,其泥数斗,且溉且粪,长我禾黍。衣食京师,亿万之口。[①]

自郑国渠修建之后,关中富足,人口密集,长安—洛阳这一带自然地成为中国政治经济文化的中心区域。秦代之后的雄汉盛唐也以此定都长安,从而影响了中国古代政治格局的历史走向。这也充分证明了治水对中国古代政治有着关键性的影响。

① [汉]班固:《汉书》,[唐]颜师古注,北京:中华书局1962年版,第1685页。

第四节
本为征战而终成水利的灵渠

灵渠，古称秦凿渠、零渠、陡河、兴安运河、湘桂运河，是世界上最古老的运河之一，体现了古代中国治水的辉煌成就。最初秦始皇下令修建灵渠，主要是为了配合南征百越的军事行动。《史记·平津侯主父列传》记载：

使尉佗、屠睢将楼船之士南攻百越，使监禄凿渠运粮，深入越，越人遁逃。①

《淮南子·人间训》对修建灵渠的相关背景，介绍得更为详细：

又利越之犀角、象齿、翡翠、珠玑，乃使尉屠睢发卒五十万，为五军，一军塞镡城之岭，一军守九疑之塞，一军处番禺之都，一军守南野之界，一军结余干之水。三年不解甲驰弩，使监禄无以转饷。又以卒凿渠而通粮道，以与越人战，杀西呕君译吁宋。②

根据这段文字，可以推断，攻击百越以期控制岭南及其以西地区的秦军，可以沿着海路、江河划船进军，但这种方式并不适合后勤补给特别是军粮的运输。所以，秦军需要一条畅通的水上运粮通道，将北边的粮食源源不断地运到南方，作为行进军队的补给。在沟通岭南、岭北的水路没有开通之前，秦军虽然能够挺进南越之地，但由于缺乏粮食供应，始终不能深入，无法长久占据。灵渠的开掘，就是为了解决这一军事难题。灵渠开凿之后，珠江水系与长江水系连通，北边特别是楚地丰富的粮食出产，就可以沿着湘江运送，而后

① ［西汉］司马迁：《史记》，北京：中华书局1959年版，第2958页。
② 许匡一译注：《淮南子全译》，贵阳：贵州人民出版社1993年版，第1105页。

沿着灵渠进入漓江，便可顺流而下进入西江，转送至南越各地驻军点。灵渠建成行船后，秦兵就能够在军事上深入南越之地，取得决定性的胜利。而且，秦军占据南越之地，设立桂林、象郡、南海三处政府驻地，之后相当长的一段时间，也仍然需要通过灵渠转运来的北方物资作为基本供给。可以说，灵渠的开凿在秦王朝统一进程中具有显著的政治军事意义。

正如许多专家学者所论述的，湘江与漓江属于不同水系，分布在群山两侧，而且漓江水位高于湘江水位，实现治水目标相当困难。灵渠之所以能在不长的时间内修建成功，主要出于以下原因：

一是灵渠修建是军事计划中的一个重要环节，治水目标明确，治水任务单一，治水命令严厉，且由经过组织化训练的军队施工，效率较高。

二是灵渠修建有良好的技术前提，都江堰、郑国渠成功地解决了江水分流、抬升河流水位等关键性难题，这些都可以作为成熟的治水技术加以运用。

三是灵渠由秦始皇亲自下令修建，是以秦国的政治威信来托底支持的，所以这个治水项目可以在全国范围内迅速有效地调配人力、物力、财力。

由于地位重要，灵渠在秦代应该是军事禁区，不会允许民船、商船自由航行。但秦国在南越地区设郡之后，灵渠的政治重要性逐渐下降。随着大肆征伐扩张，加之暴政虐民，男丁多从事征战劳役，土地出产不丰，秦国后来已经很难抽调粮食运送到南越地区。《史记·平津侯主父列传》记载：

旷日持久，粮食绝乏，越人击之，秦兵大败。秦乃使尉佗将卒以戍越。当是时，秦祸北构于胡，南挂于越，宿兵无用之地，进而不得退。①

于是供给策略改为由南越地区的驻军自力更生，《史记·淮南衡山列传》记载岭南赵佗恐生兵变：

使人上书，求女无夫家者三万，以为士卒衣补。秦始皇可其万五千人。②

所谓“以为士卒衣补”，实际上就是派遣女子供士卒婚配，让他们能够在南越地区安居乐业，长期镇守。而秦始皇考虑得更加周到，《史记·秦始皇本

① [西汉]司马迁:《史记》，北京：中华书局1959年版，第2958页。
② [西汉]司马迁:《史记》，北京：中华书局1959年版，第3086页。

纪》记载：

(秦始皇)三十三年，发诸尝逋亡人、赘婿、贾人略取陆梁地，为桂林、象郡、南海，以适遣戍。①

即将一些身份低下、从事各类职业的人迁居到南越地区，让他们去从事农业、手工业和商业，为驻军提供生活上的便利。随着南越驻军和管理机构能够自足，灵渠作为秦国运粮通道的重要性自然降低。

秦国开凿的灵渠，除政治军事功能外，还在后世延伸出多方面的社会功能，成为良好自然生态与丰富人文生态相得益彰的文化之渠：

第一，灵渠是具有代表性的地理标志。一段不长的人工运河，巧妙地连接了长江水系和珠江水系，让北方和南方通过密布的内河水网有机地连通在一起。

第二，灵渠促进了岭南与北方的社会流动。有灵渠贯通南北水系的便利，西汉得以开辟合浦作为重要出海港，从此以后灵渠就成为南来北往的商旅通道，这个功能直到近代开通了公路、铁路才逐渐被取代。

第三，灵渠提供了水利之便。在两千多年的历史时期里，灵渠一直是两岸居民饮水和田地灌溉用水的来源，滋养了成百上千万人口。

第四，灵渠是文化、旅游的胜地。灵渠深厚的历史积淀令人心驰神往，许多名流、文人、骚客曾加以歌咏。灵渠风景优美，令人心旷神怡。现在，灵渠已经是享誉国际的名胜古迹。

灵渠历经 2 000 多年，历朝历代不断修缮，都本着维护和改善灵渠上述社会功能的基本立场，使得灵渠成为水领域公共治理的典范。

---

① [西汉]司马迁：《史记》，北京：中华书局 1959 年版，第 253 页。

第五节
秦代治水经验的公共管理学解读

德国社会学家韦伯曾经提出,可以将理性划分为工具理性和价值理性。工具理性是指行动只由追求功利的动机驱使,行动借助理性达到自己需要的预期目标,行动者纯粹从结果和效益最大化的角度考虑,而漠视人的情感和精神价值。价值理性相信的是一定行为的无条件的价值,强调的是动机的纯正和选择正确的手段去实现自己的目标,重视道德精神和对人的终极关怀。秦国治水是以工具理性为主导的。

秦国治水服从于富国强兵的国家目标。就秦国本身而言,治水以富国强兵为目标,未尝不在一定程度上具有价值理性的管理内涵。但秦国的富国强兵具有征服六国以造就大一统国家的指向,因而都江堰、郑国渠、灵渠的治理成为支持战争杀伐的重要工具和手段。所以秦国的治水,对于其他六国的人民而言,基本上是帮助秦国毁灭他国既有价值,而没有为他国创造和增加福利,这显然是不道德的。即使对于秦国而言,过于功利化的治水工程会大兴劳役,加上管理严苛,这无疑会强制性地压缩参与治水的官民的自由时间甚至要求他们放弃个人的生活享受,从而赋予治水主体以工具性,漠视平民个体的心灵诉求和社会群体的精神需要。从公共管理学的角度看,秦国治水缺失公共价值追求,显然不能算是“善治”。

同时,我们也要认识到,基于工具理性来治水,在西门豹治邺时已经显露端倪。而治邺的成功,说明基于工具理性价值观来治水,不仅是高效的,也有利于创新,是一种历史发展的进步方向。实际上,当时其他六国也都想基于工具理性实施大型治水工程以富国强兵,但只有秦国成功。其原因在于,秦国治水的工具理性由征服他国、统治天下这一长期坚持的政治目标所引领,因而内涵明晰丰富,而其他诸国治水目标则散乱无章。而且,秦国治水的工具理性通过统治阶层推行法治化、行政化、军事化措施,得到完整而充分的表达。法治化淡化了人际关系，而以明确权利、责任、义务为基础，要求社会个体直接为国家政权服务。行政化以行政管理体系取代土地分封割据治理格局，便于政令快速传达和有效实施。军事化能以严苛的要求和有针对性的训练高效完成人事的组织行为，有利于高质量达成任务目标。当时诸侯国中，秦国的治水不仅在规模上为他国望尘莫及，在富国强兵的效益上也最为显著，主要是因为秦国推行法治化、行政化、军事化最为彻底。秦国治水作为一种手段和工具，与治国目标、治国思想保持了高度协同的一致性，也使秦国人民相应地得到物质上和精神上的收获，因而治水能得到民意的支持。

当秦国基本统一六国之后，秦始皇为了炫耀皇帝的威风超过三皇五帝，继续大兴劳役从事兰池陂等大型水利工程的建设，用的仍然是法治化、行政化、军事化的组织方式，所以同样高效。但是，这时治水的目标不再是为了富强，而是为了给统治者营造游玩享乐的环境。治水使用的役工，主要不是秦民，而是来自六国被征服土地上的平民。这些役工对于治水的目标不认同，他们忍受残酷的遭遇，没有物质上和精神上的收获与满足，于是法治化、行政化、军事化的治水方式，不再体现为先进思想和制度优势，而难免成为千夫所指的暴政。秦国治水事业的成功范例表明，在宏大国家目标的引领下，工具理性价值观有利于大型建设项目的完成，但需要以民意认同为基础，并以法治化作为制度保障、以高度行政化甚至军事化的方式进行组织。否则，基于工具理性价值观的治水，就容易导致民怨，成为坏的治理形态。

第三章

汉代的治水经验

第一节
社会性：汉代官方治水的一个重要立场

秦代治理过于强调中央集权和行政管理的权威，社会空间被压缩，社会性衰减。被征服土地上的人民由此形成沉重的心理压力，将其视作“暴秦”，最终揭竿而起推翻了秦朝的统治。汉代统治者汲取这一教训，施政时注意充分发展丰富的社会性。如汉代初期推行休养生息政策，对社会发展的行政干预较少。文景之治期间，最高统治阶层崇尚简朴的生活，认为黄金珠玉饥不可食、寒不可衣，不是治国必要的东西。而粮食和织物，才能满足民生的需要，应该加以重视。与秦代强调通过控制农业生产以实现富国强兵相比，汉代统治者则鼓励基层社会以丰富多元的方式自我发展。这种故意弱化行政权力的治理导向，其实就是在培养社会性。而重视社会性，也是汉代官方治水的一个明显特点。

一、《汉书·沟洫志》的撰写立场

班固编撰的《汉书》在记载治水史迹时，虽然袭用了《史记》的许多内容，但这一部分冠名并不承袭《史记·河渠书》，而是作《沟洫志》，这体现了汉代史学家对当时治水的社会性倾向具有明确认识。司马迁作《史记》，其中有《河渠书》这一部分。河，一般是对自然属性较强的水道的通称。渠，是对人工修整的水道的通称。《史记·河渠书》写的是人力治水的历史轨迹，而黄河、长江、淮河等水道的基本走向，其实也是大禹治水时人工干预的结果，所以《史记》以“河书”来概括相关内容。仔细推敲，这确实有不当之处。至于修“渠”工作，在汉代主要有两条线索：一是关乎统治阶层尊严和地位的都城水道建设，二是除患兴利的农田水道建设。通观《史记·河渠书》，其内容并没有涉及城市水道建设，以“渠书”概括所写部分，显然也不够全面。班固在《汉书》不用“河渠志”冠名相关部分内容，应该有这些考虑。

那么，班固在《汉书》中为什么用“沟洫志”冠名治水之事呢？“沟洫”一词，简单地解释，就是“田间水道”。应劭注解说：“沟广四尺，深四尺；洫广深倍于沟。”①田地为普通民众生计所系，所以“沟洫志”的名称，体现了班固在记述治水史迹时，更加关注治水问题在基层社会的利害。这一点我们通过比较《汉书·沟洫志》和《史记·河渠书》相关材料不难发现。《史记·河渠书》记载：“西门豹引漳水溉邺，以富魏之河内。”②这里强调的是治水对于国家发展的意义。《汉书·沟洫志》记述则颇为翔实：

魏文侯时，西门豹为邺令，有令名。至文侯曾孙襄王时，与群臣饮酒，王为群臣祝曰：“令吾臣皆(如)西门豹之为人臣也！”史起进曰：“魏氏之行田也以百亩，邺独二百亩，是田恶也。漳水在其旁，西门豹不知用，是不智也。知而不兴，是不仁也。仁智豹未之尽，何足法也！”于是以史起为邺令，遂引漳水溉邺，以富魏之河内。民歌之曰：“邺有贤令兮为史公，决漳水兮灌邺旁，终古舄卤兮生稻粱。”③

《汉书·沟洫志》认为《史记·河渠书》“西门豹引漳水溉邺”的记述是错误的，所以花费不少笔墨予以澄清，指出“引漳水溉邺”应归功于史起。《汉书·沟洫志》援引了当时称颂史起的民歌，说明“引漳水溉邺”是大快人心的民生工程。在记述六辅渠、白渠时，《汉书·沟洫志》也援引了民歌：

民得其饶，歌之曰：“田于何所？池阳、谷口。郑国在前，白渠起后。举锸为云，决渠为雨。泾水一石，其泥数斗，且溉且粪，长我禾黍，衣食京师，亿万之口。”④

民歌反映了百姓的心声，班固从民意的角度分析治水的功效，其注重治水社会性的立场明显，而这一立场无疑也是当时主流治水倾向的反映。

---

① ［汉］班固：《汉书》，［唐］颜师古注，北京：中华书局1962年版，第1675页。
② ［西汉］司马迁：《史记》，北京：中华书局1959年版，第1408页。
③ ［汉］班固：《汉书》，［唐］颜师古注，北京：中华书局1962年版，第1677页。
④ ［汉］班固：《汉书》，［唐］颜师古注，北京：中华书局1962年版，第1685页。

二、汉代治水充分利用秦代的成果，拓展其社会功能

现代考古成果表明，我国的海上丝绸之路早在汉代就已经成型，而合浦就是汉代海上丝绸之路的重要港口。合浦地处南海，不是区域政治中心，其所发挥的主要是外贸这一社会功能，正如论者指出的，汉代海上丝绸之路有几个重要特征：一是线路相对固定。从北部湾畔出发，沿岸前行经由马来半岛，抵达今印度和斯里兰卡。二是官方主导，民间参与。由黄门的“译长”率领，也有部分敢于冒险的商人——“应募者”加入。三是主要进行商贸活动。汉使团携带朝廷赏赐的黄金和各类丝织品前往，买回“明珠”“璧流离”和“奇石异物”。四是伴随着国家间的外交活动和文化交流，是和平之路，沿途甚至还出现“蛮夷贾船，转送致之”。汉代合浦不但是岭南九郡之一，而且还是当时汉王朝对外开放的海路桥头堡。合浦与东南亚、南亚开展贸易，并通过这些地区，与西亚、地中海地区进行间接贸易。①

其路线大致为：长安（今西安）⇆南郡（今湖北荆州）⇆长江水道⇆湘江水道⇆灵渠⇆北流河⇆南流江⇆合浦，其中的关键点，就是秦军队开凿的灵渠。在秦朝灭亡之后，灵渠的军事功能消失，汉朝拓展其社会功能，并以此为要点开辟了这条贯通南北、连接海上贸易的交通要道。

六辅渠与白渠也以郑国渠为基础，对其民生功能做进一步的延展。六辅渠的“辅”字，就是辅助的意思，其所辅助的主体水利工程，就是郑国渠，如《汉书·沟洫志》所言：“穿凿六辅渠，以益溉郑国傍高仰之田。”②即郑国渠灌溉区域附近，有一些地势较高的土地，郑国渠的流水灌溉不到，所以汉朝廷官员组织人员另外单独开凿水渠灌溉使其成为良田。建成之后，由于规模不大，因此称为郑国渠的辅助水利工程。根据学术界主流意见，白渠在郑国渠以南，有可能是在郑国渠之外另起的一项农田水利工程，也有可能是对郑国渠南部工程的优化与改造。但不管怎么说，白渠与郑国渠关系密切，所以后世将二者合称为“郑白渠”。六辅渠修于汉武帝元鼎六年（前111）左右，白渠修于汉武帝太始二年（前95）左右。当时正处于“雄汉”的鼎盛时期，修渠只是农事，并不牵涉朝廷政治发展的利害关系。所以六辅渠和白渠的修建，虽然在技术上仿效郑国渠，在地缘上与郑国渠连成一体，但都消解了富国强兵的政治目

---

① 梁旭达、邓兰：《汉代合浦郡与海上丝绸之路》，南宁：《广西民族研究》2001年第3期，第86-91页。

② ［汉］班固：《汉书》，［唐］颜师古注，北京：中华书局1962年版，第1685页。

标，而以发展农业、利益民生的社会目标作为主要宗旨。或者说，郑国渠的修建，是用于“经营天下”的。而六辅渠与白渠的修建，是用来“利益社会”的，落脚点在于“富民”，而不是“强国”。

三、治理黄河成为汉代社会治理的重要问题

黄河的决堤与治理，在汉代成为朝廷关注的重要社会问题，《汉书·沟洫志》记载的重大黄河水患包括：(1)汉文帝时“河决酸枣，东溃金堤”；(2)汉武帝时“河决于瓠子，东南注巨野，通于淮泗”；(3)汉武帝时“河复北决于馆陶”；(4)汉元帝时“河决清河灵鸣犊口”；(5)汉成帝时期“河决于馆陶及东郡金堤”；(6)汉成帝时“河决平原，流入济南、千乘”；(7)汉成帝时“河水溢溢，灌县邑三十一，败官亭民舍四万余所”。其中汉武帝时“河决于瓠子”后，二十余年不得治理，汉武帝曾亲临决河之处，作《瓠子歌》以表达对黄河决口问题无法解决的悲哀之情。而其他几次黄河决口，也都因为灾患严重，成为汉朝廷反复讨论的重要议题。这些黄河决口事件，都没有引起政治动荡，可以说跟政权运作关系不大，其影响局限于社会民生领域。黄河决口导致灾害频发，按照今天的说法，实际上已经成为汉代朝廷层面的社会治理专门领域。从大禹到嬴政，大规模治水在统治阶层那里，一向被视为重要的政治运作。但在汉代，像黄河水患治理这么重要的问题，也只是放到民生层面进行讨论和决策，这是国家行政管理社会性增强的重要表现。

汉代统治阶层明确意识到，河患频发而难以治理，是涉及方方面面的社会问题，其治理要发动社会各界参与。所以河堤使平当上奏“宜博求能浚川疏河者”后，朝廷即下令“举吏民能者”，这可以视作黄河治理的社会动员。虽然没有具有实际治水能力的人才出现，但在这种求贤氛围的鼓励下，贾让写出了著名的“治河三策”。[①] “治河三策”全文 1 400 多字，“民”字出现 19 次之多，说明贾让是基于社会民生的立场建言献策的。作为治水文献，文中“上策”部分提出的“宽缓行河”最具有思想价值。“宽缓行河”论指出：决堤漫溢，是洪水（黄河）的自然属性，从水流的角度看，不能说是水患。黄河决堤之所以被视为水患，是因为人类活动扩张，将社会属性拓展到河流漫溢的水域之内。那么有个问题就需要反省：到底是洪水漫溢的自然属性侵害了人类的社

① ［汉］班固：《汉书》，［唐］颜师古注，北京：中华书局 1962 年版，第 1692-1696 页。

会活动,还是人类的社会活动侵犯了洪水泛滥的自然属性呢?所以贾让认为,人类应该主动避让,给黄河留出几十里宽的行洪余地,这样就可以免除河患。由于汉代人口不多,“宽缓行河”是切实可行的,后来王景就本着这一思路治理河患,取得了比较理想的效果。

四、马臻治水的社会性悖论

马臻在东汉后期担任会稽太守,修建了三百里鉴湖。根据今人测算,马臻修建的鉴湖堤长127里,湖周长358里,上蓄洪水,下拒咸潮,旱则泄湖溉田,使山会平原9 000余顷良田得以旱涝保收。西汉时期的白渠建成之后,也不过灌溉田地4 500顷。所以马臻修建鉴湖,其实是以地方之力,完成了一项国家级的工程。这一丰功伟绩,不仅大大推进了浙江一带的农业发展,惠及当时百姓,而且为浙江后来成为“国之粮仓”“富庶之地”奠定了坚实的基础。从这个角度来看,马臻治水无疑丰富和发展了治理区域内的社会性。但是,马臻在修建鉴湖的过程中,其实也有不少反社会性的表现。

因为完全是举地方之力修建鉴湖,在人力、财力、物力上都不充分,所以马臻在治水工作中采用了比较严苛的行政手段,损害了当地既有的社会生态。其最主要的表现:一则,在会稽郡征发大量人力、财力、物力去修建鉴湖,而且前后连续好几年的时间,让当地百姓节衣缩食,百姓苦于劳役,由此造成误解和民怨,产生了“马臻行暴秦之政”的不良社会舆论。再则,马臻在治水过程中,未经事主同意而淹没了许多人家的祖坟,不仅违反了社会风俗,也触犯了汉朝的法律。三则,马臻为实现修建鉴湖的整体目标,动用行政权力,征收并淹没一些原本富裕地区的田地,引起富户的不满。这些做法,其实是强制要求个人利益和社会利益服从行政利益。虽然长远地看,马臻修建鉴湖是为当地民众谋福利的,但有些富户遭受了无法弥补的利益损害,有些人的宗族信念的完整性被毁坏,这同样是社会不公平。马臻最终被朝廷处以极刑,也不是纯粹由于富族诬告,主要还在于他修建鉴湖时因过度损害社会性而有暴政之嫌,最终触犯了汉朝的政治大忌。

马臻的成功与教训提示中国古代治水的一个悖论:为长远发展社会性而暂时损害社会性。如何权衡得失以处理好这一悖论,是治水的一大难题。

第二节
西汉贾让的“治河三策”

在中国古代著名的治水策略中，西汉贾让的“治河三策”是比较特殊的：它仅仅是献给朝廷的建议，在当时并未得到采纳，或者说根本未曾付诸实施，却被《汉书》载入，名垂千古。所以贾让的“治河三策”，主要以理论价值取胜，表现在以下几个方面。

一、首次以“黄河治理”作为论述对象，提出系统思想和基本主张

在汉代以前，“治理黄河”这个概念不明确。春秋以前人口总量少，土地广袤，人们逐水而居，遇到黄河洪水泛滥，一般选择逃避，另择土地开辟良田，建造房屋，所以不会考虑“黄河治理”这个问题。战国时期，诸侯国纷争，生产力发展，定居在黄河附近的人口增多，黄河水患水利才成为问题，但诸侯国各占黄河一段，只是根据本国面临的水患水利问题需要筑坝开渠，不太会考虑黄河的整体治理问题。秦朝建立后，虽然基本上将黄河纳入版图，但其时未曾发生见诸史书的水患，而且秦王朝一直忙于征战，实行野蛮的军事征服和扩张，黄河即使有水患，也不可能像安定的王朝那样，花费大量的财力、物力和人力去整治。汉代以前，黄河整体治理在实践上没有成为需要，因而“治河”的概念自然也不会出现。

汉朝建立以后，黄河处在大一统的国家版图之内，以整体性形象呈现出来。而通过治水成功发展农业，也是“雄汉”崛起的重要因素。但在西汉前期和中期，治理黄河都不是王朝治水的重点。西汉定都长安之后，统治者重水利而轻水患，注重都城所在地关中地区的灌溉事业。出产丰富的汉水流域与

淮河流域，水利事业发展得比较充分。至于对黄河下游水患的治理，统治者一直不太重视。比如汉武帝初期，黄河在河南一带频繁决溢，汉武帝并不理会人口较少、赋税不多的黄河下游五郡或十郡的安危，只是热衷于兴修六辅渠。汉武帝之后，朝廷的财力和热情衰退，对于水利的兴修和水患的治理都不着力，"治河"也一直不是西汉王朝施政的重点。

西汉末年哀帝即位之初，黄河下游决堤造成巨大灾难，据史书记载，情况极为严重："魏郡以东，北多溢决，水迹难以分明。"[①]民怨沸腾，不能不予回应，于是负责河道的官员平当，上书建议朝廷广开言路，征求治理黄河的意见。但以当时朝廷的财力、物力和人力，大家都知道治河工程不可能实施，只是走个程序，以平息各方面的怨议，所以无人应征：

> 奏请部刺史、三辅、三河、弘农太守举吏民能者，莫有应书。[②]

当然，对于朝廷的征召，总要有人回应。这时还没有正式岗位的待诏贾让，向朝廷进献了"治河三策"。建议自然是没有实施，但他把"黄河治理"当作一个整体有机的概念提出来，并提出了上、中、下三个层次的治理方案，是治水史上的一个创见。

二、"治河三策"体现了道家顺其自然的思想

表现之一是反对大禹的治水思路。众所周知，大禹是中国古代成功治水的典范。大禹治水，治的是水患，也顺便发展了水利，周代的井田制即渊源于此。大禹改造自然的献身精神是儒家崇奉的。但贾让对大禹用人力过度改变水流的自然分布状态颇有微词，认为不是治水的良策，在当代不足以效法：

> 昔大禹治水，山陵当路者毁之，故凿龙门，辟伊阙，析底柱，破碣石，堕断天地之性。此乃人功所造，何足言也！[③]

在西汉初期，王朝一直奉行"黄老之治"，采取与民休养生息的无为之治。

① ［汉］班固：《汉书》，［唐］颜师古注，北京：中华书局1962年版，第1691页。
② ［汉］班固：《汉书》，［唐］颜师古注，北京：中华书局1962年版，第1692页。
③ ［汉］班固：《汉书》，［唐］颜师古注，北京：中华书局1962年版，第1694页。

汉武帝推行“罢黜百家，独尊儒术”的政策，此后黄老无为之治虽在主流政策层面渐趋消歇，但一直作为不可忽视的治理观念为一些官员所重视。贾让反对大禹积极有为的治水策略，就是基于黄老无为的治理观念，这在以奉行儒家思想为主流的朝廷上，是很醒目的一个观点。

表现之二是尊重水流的自然属性。贾让认为，尽量不去筑坝修渠，不轻易建设和改造水道：

夫土之有川，犹人之有口也。治土而防其川，犹止儿啼而塞其口，岂不遽止，然其死可立而待也。故曰：善为川者，决之使道；善为民者，宣之使言。[①]

战国时期西门豹在邺地治水取得成功之后，奠定了中国历史上治水的法家思想基础“人定胜天”，此后一直为有志于治水的政治家奉为圭臬。贾让显然不赞成“人定胜天”，而认为河流的自然属性应该得到尊重，特别是不要和洪水对抗。以拦截洪水的方式防范洪水，在贾让看来事倍功半，后患无穷，不是良策。要注意贾让的“善为川者，决之使道”，主动决堤让洪流自然形成水道，与大禹开挖山川疏导洪水，思路是有差异的。

表现之三是提出人不与水争地的观点。道家思想提倡“齐物”，即人与万物平等，各有本分，可以和谐相处，但不相逾越界限。贾让既然本着道家思想理论，这样看人与水之间的关系，那么他自然会理解到，水为什么会成为患？如果没有人，洪水的泛滥是自然现象，对于山川而言，这不足称为患。因为人侵犯了水的自然属性，人也受到反作用而形成伤害，洪水才能成为患。所以贾让按照老子“不争”的原则，提出人水相离相利的思想：

如出数年治河之费，以业所徙之民，遵古圣之法，定山川之位，使神人各处其所，而不相奸。且以大汉方制万里，岂其与水争咫尺之地哉？[②]

即给河道留出足够宽广的空间，这样正常状态下人可以走入河道中利用水利地利，洪水泛滥时可以远离河道，不会因河水决堤而造成人员、房屋、财产、农作物方面的损失。

---

① ［汉］班固：《汉书》，［唐］颜师古注，北京：中华书局1962年版，第1692页。
② ［汉］班固：《汉书》，［唐］颜师古注，北京：中华书局1962年版，第1694页。

对于贾让的"治河三策",后世褒贬不一。明清时期因黄河水患频发,出现了许多争论。[①] 明代丘濬的《大学衍义补》认为:"古今言治河者,皆莫出贾让三策。"清代夏驷的《经世文编》称赞:"虽使大禹复出于此时,亦未有不徙民而放河北流者,安得不以为上策哉!"明代刘天和的《问水集》指出,贾让的上策和中策,都不可行。清代靳辅的《治河方略》批评说:"有言之甚可听而行之必不能者,贾让之论治河是也。"那么《汉书》为何这么重视贾让的"治河三策"呢?其主要原因在于:一方面,贾让基于道家顺其自然思想提出的治水理论,前所未有,理论价值极高;另一方面,东汉王景利用贾让的治水思想和方案措施,治理黄河取得了世所公认的成绩,同时代的班固印象深刻,证明"治河三策"也是具有实践价值的。

① 梁向明:《汉代治河方略试析——兼评贾让的"治河三策"》,固原:《固原师专学报》1994年第1期,第43页。

附：贾让“治河三策”①

治河有上中下策。古者立国居民，疆理土地，必遗川泽之分，度水势所不及。大川无防，小水得入，陂障卑下，以为污泽，使秋水多，得有所休息，左右游波，宽缓而不迫。夫土之有川，犹人之有口也。治土而防其川，犹止儿啼而塞其口，岂不遽止，然其死可立而待也。故曰：善为川者，决之使道；善为民者，宣之使言。盖堤防之作，近起战国，雍防百川，各以自利。齐与赵、魏，以河为竟。赵、魏濒山，齐地卑下，作堤去河二十五里。河水东抵齐堤，则西泛赵、魏，赵、魏亦为堤去河二十五里。虽非其正，水尚有所游荡。时至而去，则填淤肥美，民耕田之。或久无害，稍筑室宅，遂成聚落。大水时至漂没，则更起堤防以自救，稍去其城郭，排水泽而居之，湛溺自其宜也。今堤防狭者去水数百步，远者数里。近黎阳南故大金堤，从河西西北行，至西山南头，乃折东，与东山相属。民居金堤东，为庐舍，往十余岁更起堤，从东山南头直南与故大堤会。又内黄界中有泽，方数十里，环之有堤，往十余岁太守以赋民，民今起庐舍其中，此臣亲所见者也。东郡白马故大堤亦复数重，民皆居其间。从黎阳北尽魏界，故大堤去河远者数十里，内亦数重，此皆前世所排也。河从河内北至黎阳为石堤，激使东抵东郡平刚；又为石堤，使西北抵黎阳、观下；又为石堤，使东北抵东郡津北；又为石堤，使西北抵魏郡昭阳；又为石堤，激使东北。百余里间，河再西三东，迫厄如此，不得安息。

今行上策，徙冀州之民当水冲者，决黎阳遮害亭，放河使北入海。河西薄大山，东薄金堤，势不能远泛滥，期月自定。难者将曰：若如此，败坏城郭田庐冢墓以万数，百姓怨恨。昔大禹治水，山陵当路者毁之，故凿龙门，辟伊阙，析底柱，破碣石，堕断天地之性。此乃人功所造，何足言也！今濒河十郡治堤岁费且万万，及其大决，所残无数。如出数年治河之费，以业所徙之民，遵古圣之法，定山川之位，使神人各处其所，而不相奸。且以大汉方制万里，岂其与水争咫尺之地哉？此功一立，河定民安，千载无患，故谓之上策。若乃多穿漕渠于冀州地，使民得以溉田，分杀水怒，虽非圣人法，然亦救败术也。难者将曰：河水高于平地，岁增堤防，犹尚决溢，不可以开渠。臣窃按视遮害亭西十

① ［汉］班固：《汉书》，［唐］颜师古注，北京：中华书局 1962 年版，第 1692–1696 页。

八里，至淇水口，乃有金堤，高一丈。自是东，地稍下，堤稍高，至遮害亭，高四五丈。往六七岁，河水大盛，增丈七尺，坏黎阳南郭门，入至堤下。水未逾堤二尺所，从堤上北望，河高出民屋，百姓皆走上山。水留十三日，堤溃二所，吏民塞之。臣循堤上，行视水势，南七十余里，至淇口，水适至堤半，计出地上五尺所。今可从淇口以东为石堤，多张水门。初元中，遮害亭下河去堤足数十步，至今四十余岁，适至堤足。由是言之，其地坚矣。恐议者疑河大川难禁制，荥阳漕渠足以卜之，其水门但用木与土耳，今据坚地作石堤，势必完安。冀州渠首尽当印此水门。治渠非穿地也，但为东方一堤，北行三百余里，入漳水中，其西因山足高地，诸渠皆往往股引取之；旱则开东方下水门溉冀州，水则开西方高门分河流。通渠有三利，不通有三害。民常罢于救水，半失作业，水行地上，凑润上彻，民则病湿气，木皆立枯，卤不生谷；决溢有败，为鱼鳖食：此三害也。若有渠溉，则盐卤下隰，填淤加肥；故种禾麦，更为粳稻，高田五倍，下田十倍，转漕舟船之便：此三利也。今濒河堤吏卒郡数千人，伐买薪石之费岁数千万，足以通渠成水门；又民利其溉灌，相率治渠，虽劳不罢。民田适治，河堤亦成，此诚富国安民，兴利除害，支数百岁，故谓之中策。若乃缮完故堤，增卑倍薄，劳费无已，数逢其害，此最下策也。

第三节 王景的治河成就

在中国水利史上，东汉王景以治理黄河而著名，黄河一带长期流传“王景治河，千载无恙”的说法。王景治河之前，黄河水患频发。但王景治河之后，黄河水患较少，且近千年基本上没有改道。① 所以古代有不少人将王景治水的成就与大禹并排而稍后。但有些学者认为，王景运气好，在其治理之后的千年时间里黄河安流，主要是因为人口少，整个黄河流域生态较好。这种说法显然不能令人信服。根据史书记载，王景治理黄河工程的主要内容是：“筑堤理渠，绝水立门，河、汴分流，复其旧迹。”②下面围绕这些方面阐述王景的治水成就。

一、宽缓行河

王景治理黄河的基本思路，来自西汉后期贾让的“治河三策”，即“宽缓行河”。贾让的治水策略当时虽未付诸实施，到东汉时期却深入人心，王景同时代的长水校尉平陵关曾议论说：

> 河决率常于平原、东郡左右，其地形下而土疏恶。闻禹治河时，本空此地，以为水猥，盛则放溢，少稍自索。③

他的意思很简单，即黄河下游经常溢堤、决堤的平原、东郡一带，地势低，土地贫瘠，出产不丰盛，直接空出来不让居民居住和安置产业，为河道汛期预留几十甚至上百里的行洪区，即宽堤缓洪。

---

① 任红：《从贾让到王景：两汉治河的双子星座》，宜昌：《中国三峡》2009 年第 6 期，第 91 页。

② ［南朝］范晔：《后汉书·王景传》，北京：中华书局 1965 年版（1999 年简化字本），第 79 页。

③ ［汉］班固：《汉书》，［唐］颜师古注，北京：中华书局 1962 年版，第 1696 页。

一方面，按照学术界的观点，因为以往黄河基本上都是在南堤这边决口的，所以王景治河仅筑南堤，与北旧堤相距近百里，南北堤之间没有定居人口，其实就是用大面积的土地来滞洪缓洪。[①] 王景所筑之堤，应主要为外堤，“筑堤”长度，“自荥阳东至千乘海口千余里”，即从今河南荥阳东北到今山东高青东北长达一千多里。算起来可供黄河洪水泛滥的余地有十万平方里。由于河道有泛滥余地，所以防洪压力不大，内外围河堤修筑难度要求也不高，所以王景用了一年左右的时间就完成了工程任务。

另一方面，造成黄河泛滥，不断抬升黄河内围河床高度的原因，是下游河道常年泥沙淤积，最终形成地上悬河，致使内堤河水高出堤外平地，造成内堤漫溢。王景的做法是“别开新道”，选择了一条合理的引河入海路线，新入海路线比原河道距离缩短，河床比降增大，河水流速和输沙能力提高，河床淤积减缓，改变了地上悬河的状况，使黄河主流低于地平面，从而降低了溃决的可能性。经过这次修筑大堤，黄河第二次大改道后形成的新河床得以稳固，之后保持了长期安流的状态。

不过学术界对“王景治河，千载无恙”这一赞誉也有质疑，比如王涌泉等人作了统计，主要看法如下：自东汉永平十二年（69）明帝刘庄令王景、王吴治理黄河，至宋仁宗庆历八年（1048）黄河改道北徙，979 年间黄河有决溢记载的年份计 97 年，决溢 205 处，平均约 10 年即有一年发生两处决溢。这怎能称为“千年无恙”呢？[②]

上述数据是确凿的，但反问不够有力。这里涉及对“恙”字的理解。“无恙”，并非指黄河不决溢，而是指由于河道宽广，即使内堤决溢、洪水泛滥，也会被局限在外堤之内，不至于对沿岸居民造成灾害，也没有成为朝廷和地方棘手的治理问题。

二、设水门以清水冲沙

王景治理黄河的一个重要突破，就是通过分水环流治理黄河泥沙淤积问题，这个技术郑国渠和都江堰虽也有所应用，但都不如王景治水那么典型。所谓的分水环流，就是将汛期含有泥沙的浊水分流到另外一个区域沉淀，等

① 方宗岱：《对东汉王景治河的几点看法》，郑州：《人民黄河》1982 年第 2 期，第 66 页。

② 王涌泉、徐福龄：《王景治河辨》，郑州：《人民黄河》1979 年第 2 期，第 73 页。

汛期结束，再开闸放清水，冲激主水道的泥沙。利用急水的势力和清水的补给，将泥沙冲走，这一基本原理，早在西汉就已经得到确认，《汉书》引大司马史长安张戎所说的：

水性就下，行疾则自刮除成空而稍深。河水重浊，号为一石水而六斗泥。今西方诸郡，以至京师东行，民皆引河、渭山川水溉田。春夏干燥，少水时也，故使河流迟，贮淤而稍浅；雨多水暴至，则溢决。而国家数堤塞之，稍益高于平地，犹筑垣而居水也。可各顺从其性，毋复灌溉，则百川流行，水道自利，无溢决之害矣。①

这说明黄河中上游也存在汛期泥沙淤积的问题，而关中平原一带的水利工程，通过在非汛期时补给清水冲激泥沙，取得了良好的治沙效果。王景的贡献在于，通过大量建设水门，将这种清流激水冲沙的方法用于黄河下游的治理。

其大致做法是，汛期时内堤河水漫溢或被引导至内外堤之间的广阔地带，形成缓流的巨大水面，泥沙会慢慢沉淀下来，水会变得澄清。到非汛期的时候，再将内外堤之间积蓄的清水，通过水门引入内堤约束的河槽，使水势力增大，将黄河主水道汛期淤积的泥沙冲走。这种充分利用河水本身特点进行治沙的方法，省事省力，效果很好，正如清代刘鹗在《治河续说》中所评价的：

放淤之法，其妙无比，后人只间一用之，惟王景用诸全河。王景传云“十里立一水门，令更相洄注，无复溃漏之患”。水门者闸坝也，立水门则浊水入，清水出，水入则作哉以护堤，水出则留淤以厚堰，相洄注则河涨水分，河消水合，水分则盛涨无浸溢之忧，水合则落槽有冲刷之力。②

即在黄河下游一千多里的南边内堤上，每十里设置一个闸门，汛期时分流，非汛期时将外堤的清水放入河槽，这样堤岸不断增高增厚，而河槽泥沙能不断得到冲刷，维持河槽形态稳定，保持河道的深度。而民国时期的著名水

① ［汉］班固：《汉书》，［唐］颜师古注，北京：中华书局1962年版，第1697页。
② ［清］刘鹗：《山东治河续说》，武同举：《再续行水金鉴》，水利委员会1942年版，第4143页。

利专家李仪祉曾撰写《后汉王景理水之探讨》一文，其也特别重视“十里立一水门，令更相洄注，无复溃漏之患”这个方法，认为是王景治河的精彩之笔，值得后人效仿和学习。

三、保证了汴河通畅

西汉时期统治者对黄河下游治理不太重视，是因为当时都城在长安，黄河下游除汴渠之外，在政治、经济、文化、运输方面的地位并不重要。东汉定都洛阳，汴渠是沟通南北的唯一通道，其治理重要性就显现出来。东汉明帝时期，汴渠被黄河洪流侵夺，才有王景治水之事。王景治水的一个重要目标，就是改造汴渠，使之通流顺畅，不致受黄河洪流泛滥的影响。而治河其实是治汴的前提，只有河、汴分流兼治，才能保证汴渠安流。这就是王景对河汴分流而互济思想的简明阐述。汴渠联系黄河、淮河两大水系，在东汉时期是从中原地区通向东南地区漕运的黄金水道。王景本着汴河分流互济的立场率人“商度地势”，最后确定了施工方案：从汴渠渠首开始，汴渠与黄河并行前进，之后汴渠主流在北济河故道通行，至长寿津转入黄河故道（即王莽河道），以下又与黄河相分并行，直至千乘附近注入大海。在济河故道另分一部分水按照原汴渠通道行流，专供漕运之用。由于与黄河分流，所以汴渠就不存在被黄河洪水入侵的问题。

虽然河汴分流，但黄河仍然是汴渠最重要的水源。王景采用了西门豹引漳十二渠的设计布局，在汴渠引黄段的百里范围内，约每十里开凿一个引水口，实行多水口引水，各水口都修有水门（闸门）。通过人工控制水量，根据实际情况开闸引水。渠水不足时，闸口多开或全开。渠水高位时，闸门则少开或全关。按照学术界的看法，这就解决了在多泥沙、善迁徙河流上引水的问题。同时，在汴河引水附近的河道上，“凿山阜，破砥绩，直截沟涧，防遏冲要，疏决壅积”[①]，即清除险滩暗礁，堵塞被洪水冲出的沟涧，在容易决口之处加固河堤，疏浚影响河水入汴的堵塞水段，以确保渠水充足，漕运通畅。

当然，王景的成功，也得益于当时黄河下游一带人口较少，所以在长达一千里的河段中能使南北外堤之间保持百里的宽度。同时，人类活动少，自然

① [南朝]范晔：《后汉书·王景传》，北京：中华书局1965年版（1999年简化字本），第1666页。

环境较好，也有利于水土状态稳定。北宋之后，黄河下游人口大量增加，人们纷纷进入河道内堤外堤之间耕作和居住，这样承接黄河洪水泛滥的余地就大为缩减，河患的问题逐渐变得突出。

第四节 六辅渠和白渠

西汉前期特别是汉武帝时期,重视农业生产,因而大规模兴修水利。汉武帝曾议论:

农,天下之本也。泉流灌浸,所以育五谷也。左、右内史地,名山川原甚众,细民未知其利,故为通沟渎,畜陂泽,所以备旱也。今内史稻田租挈重,不与郡同,其议减。令吏民勉农,尽地利,平繇行水,勿使失时。①

这里说的"左、右内史地",指的是关中平原地区。自郑国渠兴修以来,关中平原良田遍野,人民富庶,所以西汉沿袭秦代,定都于地处关中平原的长安。汉武帝时期,朝廷的物资供应,以及国力的积蓄储备,在很大程度上需要关中平原的出产来支撑,所以在这个地区兴修大型水利工程,其中成效卓著的就有六辅渠和白渠。由于这两种水利工程一直为后世沿用,经过多次改造,又被重新命名,所以六辅渠和白渠的原有迹辙已无可寻证。相应地,相关研究成果也较少,因此这里将二者放在一起进行讨论。

一、倪宽兴修关中六辅渠的三个亮点

(一)修渠引水灌溉高地,与郑国渠相得益彰

汉武帝时期随着人口增加,朝廷开支增多,扩大农业生产成为需要。其时关中平原郑国渠还在使用,泽润良田,但郑国渠沿岸还有许多高出渠水之地,这些土地由于无法得到灌溉而出产不丰。六辅渠就是顺应土地利用这一形势需要而兴修的。这项工程建于汉武帝元鼎六年(前 111),《汉书 · 沟洫

① [汉]班固:《汉书》,[唐]颜师古注,北京:中华书局 1962 年版,第 1685 页。

志》是这样记载的：

穿凿六辅渠，以益溉郑国傍高卬之田。[①]

这里说得很明白，六辅渠并不是从郑国渠引水，而是另外单独开凿的，其功用就是灌溉地势较高、郑国渠流水达不到的农田。唐代以来，一直有六辅渠是郑国渠的分支之说，这是不妥的。由于郑国渠早已出现，且灌溉面积涵盖整个关中平原，而六辅渠相对而言只是一项扩大灌溉面积的工程，属于辅助性工程，与郑国渠相辅相成。六辅渠，既称"辅渠"，又称"六渠"，意味着这项水利工程是由六条渠道构成的，这一点古今学者基本上没有异议。

（二）六辅渠是开创大型引河灌田模式的水利工程

引水灌田，是井田制时期水利建设的标准模式，属于精细化用水思路，但很少直接援引大河的流水灌溉田地。郑国渠采取的是淤灌法，即直接从泾河引入含有泥沙的流水灌溉田地，这是粗放式的灌溉方式，也是关中平原最基本的灌溉形态。井田制精细化的用水形态，战国秦汉时期在南方仍比较常见，主要是通过湖陂池塘等微小型的人工水体，以精细化的方式用水灌溉田地。六辅渠一方面吸收了郑国渠从大河中直接引水的经验，另一方面又借鉴了南方井田制遗留的用水优点，即从大的河流中引入清水，然后在农田间兴修沟渎池塘，按照耕作需要将所用之水分配到户，且按照用水量分摊建渠、修渠所用的劳力。这样就避免了地势较高田地用水的浪费，比如种菜，甚至可以担水瓢浇。可以说，六辅渠是将井田制和淤灌两种水利形态成功结合的典范。六辅渠以浇灌的形式改变了以往关中平原的淤灌局面，而且经过时间推移，浇灌逐渐替代了淤灌，成为关中平原的主要灌溉方式。

（三）倪宽根据六辅渠用水的实际情况，出台了《定水令》

倪宽在主持兴修六辅渠之际，也在水利管理和用水分配制度方面进行探索，出台了《定水令》。《定水令》属于地方行政法规，史书记载很简单，只说他"定水令，以广溉田"，具体内容现在已无从考证。唐代颜师古注解说：

为用水之次具立法，令皆得其所也。[②]

① ［汉］班固：《汉书》，［唐］颜师古注，北京：中华书局1962年版，第1685页。

② ［汉］班固：《汉书》，［唐］颜师古注，北京：中华书局1962年版，第2630页。

早在春秋时期,各诸侯国之间就订立了“无曲防”的条约,但那是政治协定,并非民事管理法规。西汉时期重制度建设,刑律名目繁多。汉武帝时期,朝野争言水事,水利工程普遍展开。相应地,围绕着水利工程出现的权益争斗和民事纠纷也就频繁发生。倪宽兴修六辅渠,又建立了用水管理制度,虽未必是最早的,但从典籍记载情况看,无疑是典范和样本。若干年后召信臣在南阳大兴水利,“为民作均水约束,刻石立于田畔,以防分争”①,应该受到过倪宽《定水令》的影响。

二、白渠是对郑国渠的改造与优化

白渠在六辅渠之后修建。汉武帝太始元年(前96),由赵中大夫白公鼎力主张,西汉政府组织人力、财力、物力引泾河水为渠,建成之后,名曰白渠。史书记载白渠的大致情况为:

首起谷口,尾入栎阳,注渭中,袤二百里,溉田四千五百余顷。②

白渠建于郑国渠约151年之后,同样从泾河引水,但最后流入渭水,水道取径不同。

关于白渠与郑国渠之间的关系,学术界有不同看法。有人认为汉武帝朝廷之所以修建白渠,是因为郑国渠已经堵塞,不堪为用。更多的学者则根据古代有郑白渠之称,认为白渠是以郑国渠为基础而进行的合理改造。民国时期著名水利专家泾惠渠的设计者李仪祉曾议论说:

白公鉴于郑国之失,实事求是,故小其规模。自此以后,迄于唐末,历千余年不败。③

这就是说,白渠是以郑国渠为改造对象的,在取水口、设计思路和水道路线选择方面,要更为科学合理。考虑到郑国修渠时曾有借此延缓秦国进攻韩

---

① [汉]班固:《汉书》,[唐]颜师古注,北京:中华书局1962年版,第3642页。
② [汉]班固:《汉书》,[唐]颜师古注,北京:中华书局1962年版,第1685页。
③ 李仪祉:《陕西之灌溉事业》,西安:《陕西水利季报》1936年第1期,第10页。

国的意图，是渠修到中途才被发现的，所以郑国渠施工图纸故意将工程处理得重、拙、大，在水利工作者看来，这存在显而易见的弊端。白渠修建时，对郑国渠做了大幅度优化设计。可以说，白渠也有郑国渠的成分，但白渠又有独立的构思，因而称为“郑白渠”。

郑白渠干渠长200里，灌溉面积4 500余顷，范围比郑国渠灌溉面积4万余顷范围要小很多。这表明，西汉时期以长安为中心的都城建设占去相当一部分用地，导致关中平原耕地面积缩小。另外，西汉特别是汉武帝时期大兴水利，农耕用水的任务为不同的水利工程所分解承担，呈现为供水多元化的状态。

根据“且溉且粪”这一描述，白渠的灌溉方式，既有放淤的方式，也有浇灌的方式。关于放淤，唐代学者长孙无忌曾说“白渠水带泥淤，灌田益其肥美”[①]，即引浑水灌溉庄稼，渠水用以滋润干旱，泥沙积落于田地增加肥力，改良土壤结构。另外，六辅渠先进的灌溉方式得到推广，从提高用水效率的角度看，白渠也会采用浇灌的方式。

经过优化设计施工的郑白渠，为之后历代所改造沿用。[②] 前秦苻坚等统治时期（357—385），曾发动3万民工对郑白渠进行整修。唐代将郑白渠改造成太白渠、中白渠和南白渠3条干渠，习称三白渠。北宋由于泾水河床下沉，引水困难，于是在大观二年（1108）改建工程，将引水渠口上移，并改称丰利渠，灌溉面积2万余顷。元延祐元年（1314），王琚主持改建，将渠首即取水口再次上移，灌溉面积曾达9 000顷。明代泾渠修治共计10余次，天顺至成化年间（1457—1487）干渠取水口上移1.3里，改称广惠渠。正德十一年（1516），明朝又对干渠的一段进行裁弯取直，完工后称通济渠。民国时期，李仪祉寻查郑白渠历代故道，重新引泾水修渠，建成泾惠渠。中华人民共和国成立后，政府对泾惠渠进行扩建，灌区成为陕西省主要的粮棉生产基地。

① ［唐］杜佑：《通典》卷二，颜品忠等校点，长沙：岳麓书社1995年版，第25页。

② 张曦堃、卜风贤：《关中水利发展历史浅析》，杨凌：《杨凌职业技术学院学报》2011年第4期，第35-36转43页。

第五节
马臻修建鉴湖的是非

鉴湖，又称镜湖、长湖、庆湖，位于东汉会稽郡山阴县境内（今属绍兴市越城区、上虞区）。东汉马臻在担任会稽郡太守时主持兴建鉴湖，在会稽、山阴两县交界处筑塘蓄水。湖建成之后，周围 310 里，溉田 9 000 余顷，是长江以南最大的塘堰工程。鉴湖是中国古代成功的治水实践。

一、马臻修建鉴湖的成功实践

（一）马臻修建鉴湖是为了纾解民困，治水目标正当

马臻在会稽太守任上，经过详细查勘了解到，会稽一带北面临海，南边是群山，平原地区多沼泽湿地，多雨季节山洪暴发或江潮回涌，经常造成水灾。而少雨的时段，就面临旱灾，无水用于灌溉田地。这样农业生产的收获不稳定，多数百姓为贫所困，不少家庭生计艰难。① 于是马臻决定兴修鉴湖，目标是发展农业生产，改善民生，实施这一政策，符合他作为地方主政官员的职责要求。

（二）鉴湖水利系统科学合理，治水设计工作完善

鉴湖工程的规划设计方案以会稽郡城为中心，充分利用山会平原南部原有湖泊堤防，以此为基础筑堤，汇纳会稽、山阴两县 36 处来源之水进行蓄水。利用湖水、农田、海滩逐级递降的地势，在湖堤上设置斗门、闸、堰、阴沟和水牌（水位尺），形成了具有鉴湖特色的排灌体系——“水少则泄湖灌田，水多则闭湖泄田中水入海”。②

① 佚名：《马臻修建人工大湖——鉴湖》，杭州：《浙江水利水电学院学报》2016 年第 6 期，第 90 页。

② 佚名：《马臻修建人工大湖——鉴湖》，杭州：《浙江水利水电学院学报》2016 年第 6 期，第 90 页。

(三)马臻根据实际情况不断调整筑坝建堤措施,具有实事求是的治水态度

马臻对治水有兴趣,总结过历代治水的技术。但山会平原是海潮水位后退而形成的沼泽之地,从地表到几十米深处都有淤泥堆积。开始时情况不明,新筑湖堤常常几日后便沉陷。马臻于是深入基层,走访当地老农和有经验的人士,和他们一起探讨如何解决问题,最后采用松桩强基固本,和以泥土、柴竹,保证了湖堤的坚固稳定。①

(四)鉴湖修建达到预定的工程目标,治水的经济社会效益明显

从直接受益面积角度看,大约有45万亩的农田能够得到正常灌溉。按照学者估计,汉代主粮按今制计算平均正常亩产为140斤②,而鉴湖灌溉的农田,因为得水利之便,平均亩产应可达150斤。而一年两熟的耕作方式早在春秋时期就存在,东汉时期会稽应普遍如此。如此计算,则年亩产可达300斤,每人有5亩农田的正常粮食收入,即可在完成赋税的情况下还能丰衣足食。汉代会稽郡管理范围大,包括20多个县,会稽、山阴是其中的两个县。据《汉书·地理志》记载,西汉末会稽郡26县共有223 038户,1 032 604人③,平均每县约8 578户,折合人口平均每县有40 000人。考虑到汉和帝时期人口状况不同,而会稽、山阴两地是郡治所在地,人口密度会大些,估计两县人口加起来总计也不会超过15万人。这样,即使不考虑两地其他的田地收入,仅仅得鉴湖灌溉便利的农田收入,就能使会稽、山阴两地人民富足。

就影响而言,马臻的治水经验产生了巨大的经济效益,为会稽郡其他地方乃至整个江南地区所效仿。鉴湖经验经历三国东吴、晋代、南朝等历史时期不断推广发展,到唐代就形成了"苏湖熟,天下足"的粮食供给局面。

二、马臻修建鉴湖存在的问题

虽然修建鉴湖效益明显,影响深远,但马臻本人却因此被撤职查办,最终被定为死罪。不少人倾向于认为这是冤案,这一观点还需要进行辨析。

---

① 佚名:《马臻修建人工大湖——鉴湖》,杭州:《浙江水利水电学院学报》2016年第6期,第90页。

② 周国林:《关于汉代亩产的估计》,南京:《中国农史》1987年第3期,第25-28转24页。

③ [汉]班固:《汉书》,[唐]颜师古注,北京:中华书局1962年版,第1590页。

（一）治水兴趣引发执政偏向

会稽当地相传，马臻修建鉴湖，是为了实现自己的梦想。传说马臻早年游历名山大川，来到四川都江堰，为之叹服倾倒。他因为追思李冰修建都江堰的丰功伟绩，不禁产生了追随其后的强烈愿望而慨然感叹："壮哉，大丈夫为官当如此！"[①]据此判断，马臻在会稽太守任上将修建鉴湖当作第一要务，是带有明显兴趣偏好的施政措施，会导致在特定方向上的行政偏执，影响施政的平衡性。

（二）治水导致社会稳定问题

马臻为修建鉴湖，强制淹没了一些土地、房屋和坟冢，涉嫌强暴执政。一是《汉律》水事条文禁止"壅水于人家门首"[②]，马臻强令淹没房屋，触犯了当时的水法。二是马臻不顾反对淹没工程圈定范围内的坟冢，违反了当时的民间信仰和风俗习惯。三是当地不少豪强地主的田产被淹没，而不能得到补偿，利益受到了严重损害。此外，修建鉴湖征用了15万人次劳力，工期安排紧张，造成了民怨。

（三）为治水破坏王朝制度

代朝廷征收赋税并如期缴纳，向皇宫进贡地方优质粮食，这是地方长官的基本职责。鉴湖修筑工程浩大，后来出现人力、财力匮乏的局面，有可能半途而废。在无计可施的情形之下，马臻不顾杀身之祸，动用了当年的赋税和皇粮。作为地方长官，这是冒天下之大不韪的对抗朝廷制度之举，其受到司法部门严惩，是必然的。

马臻的结局提示了封建时代公共治理的一个难题：大型公共治理项目的价值实现具有延迟性，公共治理项目在实施时会伤害到多方面的既得利益，因而主持者难免受责难，有时会因此惹祸遭罪。在公共治理项目完成并产生经济社会效益之后，已时过境迁，人们只有通过纪念对主事者深表愧疚。马臻事迹未能载入正史《后汉书》，而绍兴民间则传说、歌颂他的丰功伟绩，就说明了这一点。

---

① 陈陆：《马臻："功也鉴湖，泪也鉴湖"》，宜昌：《中国三峡》2009年第8期，第82-84页。

② ［东汉］许慎：《说文解字》，北京：九州出版社2006年版，第907页。

第六节
汉代治水经验的公共管理学解读

鉴于秦朝因暴政覆灭的教训，汉代前期减少了对社会发展的行政干预，甚至有意弱化行政职能，积极发展社会集体财富，这种主动不作为的管理倾向也在治水中体现出来。不作为是相对于作为而言的，指权力拥有者能够实施而主动不去实施的治理观念。汉初的不作为，是对秦代过度作为而导致暴政的“反动”，后来成为汉代重要的政治传统。

纵观整个汉代，朝廷没有积极主动地实施国家级的治水工程。这里结合前述汉代治水代表性案例略作分析。六辅渠、白渠的建设，基本上是对郑国渠水利遗产的继承和改造，影响面局限在关中平原，动用的劳役也较少。黄河水患在汉代频繁出现，朝廷尽管表示关注，甚至最高统治者如汉武帝也忧心忡忡，但西汉时期并未大兴劳役去整治河患。面对治河不积极作为的舆论压力，朝廷还采纳了贾让“人不与水争”消极避患的治水理论，以敷衍民意。东汉时期，朝廷虽然派遣王景治河，但王景秉承朝廷旨意，采取“不与水争”“宽缓行河”的方针，腾出大量土地作为河水泛滥的余地，因而在动用较少物资和没有大兴劳役的前提下完成了治河的任务。马臻开掘鉴湖，可以说是积极主动施政的治水行为，但一则其属于地方政府行为，不是国家（朝廷）行为；二则虽然鉴湖整治成功，但是他大兴劳役、大费周章、大量消耗物资钱财的治水方式，无论是在基层社会还是在朝廷层面，都没有得到认可，最终他成为被朝廷判处死刑的悲情英雄。可以说，不以治水劳民伤财疲国，是汉代统治者治理水利水患问题的基本立场。

尽管不积极作为，汉代仍是历史上治水绩效良好的朝代，其原因有三个。一是有秦代治水的丰功伟绩托底，汉代在治水方面无须积极作为。秦代遗留下许多大手笔的治水工程，像都江堰、郑国渠、灵渠等水利工程，在汉代稍作修整或加以改造，就可正常发挥水利功能以满足灌溉、航运等需要，继承前代水利遗产是最优选择。二是人口与土地比低，汉代在治水方面可以不积极作为。汉代土地广袤而人口不多，最多的时候也只有 5 000 多万人，而汉初只有 1 200 多万人。因为没有出现像上古时期那种全域性的大洪水，所以人口迁徙腾挪的余地很大。即人们离开水患发生地到另外的土地上生活，较之整治水患而言，社会成本更低。三是受政治社会生态的影响，汉朝廷在治水方面也很难积极作为。刘邦等最高统治者出身平民，平民社会的兴起是汉代一个突出的现象。汉代影响治理的五种主要力量为皇帝的权威、朝廷官僚体系、分封在地方上的诸侯、执掌郡县权力的地方行政官员、平民阶层。由于权力较为分散，若朝廷官僚体系发起国家级治水工程，首先要皇帝同意，然后需要地方诸侯和郡县的配合，同时还要谨防因为大兴劳役而引发民怨。而诸侯的利益、郡县独立行政的权力、民情民意，任何一方面都是不可以轻易冒犯的。基于以上原因，汉朝廷在治水方面不积极作为，是一种理性选择。

从另一个角度看，汉朝廷在统筹治水事业方面不积极作为，应该意味着将治水权下放。这无疑会促使汉代地方诸侯、郡县和平民阶层基于社会成长和经济发展的需要，在自己的权力或影响力所及的范围内积极主动地治水。虽然由于治水工程规模不大，文献资料对汉代地方治水业绩很少加以记载，但马臻痴心于治理鉴湖并获得成功，正是汉代地方治水积极性较高的一种折射。

第四章 魏晋南北朝时期的治水经验

第一节
功能性：魏晋南北朝时期治水的一种倾向

整体上，魏晋南北朝时期处于军阀混战、政权割据的状态，无论是在割据政权层面，还是在地方政府层面，行政系统都缺乏权威性和规范性，治水呈现出局限于特定地域范围的区域化特点，因而没有出现全面影响政治、经济与社会发展的治水工程。这一时期治水事业的整体社会指向范围缩小，而为特定领域服务的功能性增强。以下从三个方面加以说明。

一、为屯田而兴修水利

屯田制度在西汉时期就已经形成，主要用于解决边疆地区因行政系统松散而导致军队粮草难以保障和输送的问题。东汉后期，由于军阀连年混战，国家行政体系遭到破坏，当时的统治阶层和军阀普遍面临粮食短缺的困境。如初平三年（192），汉献帝朝廷从长安迁回洛阳时，“饥穷稍甚，尚书郎以下自出樵采，或饥死墙壁间”[①]。曹操军队在同吕布方面征战时，军队粮食几乎断绝，无奈之下甚至以人肉干混入餐食。而刘备军队在广陵时，曾一度“饥饿困踧，吏士大小自相啖食”[②]。在这种严峻的形势下，曹操将原边疆地区实施的屯田制用于军队建设，并取得成功。而蜀汉与东吴跟进效仿，也有良好的效果。曹魏屯田分为军屯与民屯两类，蜀汉主要是民屯，东吴主要是军屯。但无论是军屯还是民屯，于这三个割据政权而言，都以服务于军事行动为首要任务。围绕着屯田而展开水利兴修活动，是三国时期治水的重要特点。以下以史载曹魏治水的重点项目做一列表：

---

① ［晋］陈寿：《三国志》魏书董卓传，上海：上海古籍出版社 2009 年版，第 666 页。

② ［晋］陈寿：《三国志》魏书先主传，上海：上海古籍出版社 2009 年版，第 2335 页。

表 4-1 曹魏治水的重点项目

治水项目	相关介绍	功能
新陂、小弋阳陂	《三国志·魏书·贾逵传》:“遏鄢、汝,造新陂;又断山溜长溪水,造小弋阳陂;又通运渠二百余里,所谓贾侯渠者也。”①	陂,基本上属于水库类水体,有为屯田供水的功能
广漕渠	《三国志·魏书·邓艾传》:“(朝廷)时欲广田蓄谷,为灭贼资,使艾行陈、项以东至寿春,艾以为田良水少,不足以尽地利,宜开河渠,可以引水浇溉,大积军粮,又通漕运之道。……正始二年,乃开广漕渠。”②	广漕渠的开凿,“广田蓄谷”即用于屯田是主要目的,漕运在其次
淮阳渠、百尺渠	《晋书·食货志》:“帝(司马懿)因欲广田积谷,为兼并之计,乃使邓艾行陈、项以东,至寿春地。艾以为田良水少……宣帝善之,皆如艾计施行。遂北临淮水……且佃且守。兼修广淮阳、百尺二渠,上引河流,下通淮颍。”③	淮阳、百尺二渠也主要用于屯田,漕运在其次
成国渠	《水经注》:“渭水又东会成国故渠。渠,魏尚书左仆射卫臻征蜀所开也,号成国渠,引以浇田。”④	这是卫臻在汉武帝时期修建渠道的基础上修复拓展而成的大型人工灌溉渠道,用于屯田兴兵伐蜀

① [晋]陈寿:《三国志》,上海:上海古籍出版社 2009 年版,第 1394 页。
② [晋]陈寿:《三国志》,上海:上海古籍出版社 2009 年版,第 2058-2059 页。
③ [唐]房玄龄等:《晋书》,北京:中华书局 1974 年版,第 785 页。
④ [北魏]郦道元:《水经注校证》,陈桥驿校正,北京:中华书局 2007 年版,第 459 页。

续表

治水项目	相关介绍	功能
吴塘堰	亦名吴塘陂,坐落于潜水上游,距离天柱山麓约10千米。建安年间,庐江太守刘馥驻守皖城(今安徽潜山县)屯田,扩建原潜水堰,以灌溉田地。建安十九年(214),吴将吕蒙占领皖城后,很快就将潜水堰改名为吴塘堰①	吴塘堰无论是在曹魏还是在孙吴管辖时期,均用于屯田
七门堰	东汉末年,曹操实行屯田,刘馥驻守淮南,大开稻田。在七门堰,刘馥"循汉羹颉侯故迹","修筑断龙舒水,灌田千五百顷"。《三国志·魏刘馥传》记载:"广屯田,兴治芍陂及茹坡、七门、吴塘诸堨以溉稻田,官民有畜。"②	七门堰就是为响应曹操屯田号召而修整的。"广屯田"是"兴治七门堰"的主要目的
芍陂	三国时期曹魏在淮河流域大规模屯田,多次修治芍陂。建安五年(200),扬州刺史刘馥在淮南屯田,"兴治芍陂以溉稻田",达到"官民有蓄"。建安十四年(209),曹操亲临合肥,亦"开芍陂屯田"。魏正始二年(241),尚书郎邓艾大修芍陂,更有成效,在芍陂附近修建大小陂塘50余处,提高了芍陂的蓄水能力和扩大了其灌溉面积③	"芍陂"又称"芍陂屯",可见曹魏时期多次兴修芍陂水利,均为屯田
白水陂	《舆地纪胜》卷39《淮南东路·楚州·景物下》记载:"白水陂,《元和郡县志》:在宝应县西八十里,邓艾所立。"	邓艾以石鳖城为军事要塞,以兴建白水陂为着力点,实现屯田④

① 李晖:《吴塘陂:一千八百年前的水利工程》,北京:《古今农业》2006年第3期,第38-39页。

② 许芝祥:《芍陂工程的历史演变及其与社会经济的关系》,南京:《中国农史》1984年第4期,第46页。

③ 钮仲勋:《芍陂水利的历史研究》,开封:《史学月刊》1965年第4期,第32-33页。

④ 王鑫义:《邓艾与石鳖屯》,合肥:《安徽大学学报(哲学社会科学报)》1984年第2期,第90-93页。

除表4-1所列举的，曹魏为屯田而开发的水利工程还有茹陂、东兴塘、涂塘、瓦梁塘、石梁塘、穷水（霍邱西湖）等多处。孙吴军队屯田更为彻底，基本上是“以军为农”，并且以适合江南地势和水情的方式，创造了圩田（围田）这样一种有效的军屯模式，代表性的工程有孙吴统治地区的西圩、铜城堰，周泰“将兵屯岑”引水灌溉屯田区域，以及引巴灌区、阳新灌区、江陵屯田区、安陆屯田区的水利工程。蜀汉不仅加强维护和整修都江堰，也在汉中等地屯田兴修水利，其中序溪、坂月川也很有名。

就三国时期的屯田水利建设而言，治水的政治功能与行政功能高度弱化，而为军事提供粮草后勤保障的功能凸显。孙吴圩田是屯田水利建设的模范，无论在施工难度上还是技术水平上，都超过曹魏，但孙吴并未因此在军事斗争中胜出，说明屯田水利即使对三国军事而言，其功能也只是基础性质和辅助性质的。

二、为完善都城建设而兴修水利

汉代及以前，兴修大型水利工程往往与恢复、发展农业生产有关。虽然历代因为都城用水和交通需要，会进行都城水系建设，但在水源、渠道的使用上与农业水利工程实际上还是多有混杂的。如秦朝的咸阳、西汉的长安，其城市水系治理，整体而言属于关中平原水利建设的一部分。自东汉定都，经曹魏、西晋乃至北朝诸国沿袭，洛阳城经过300多年的建设，形成了相对独立而完善的都城水利体系。洛阳都城水系建设专门服务于都城发展需求，属于城市功能的有机组成部分，基本上与农业生产无关。

洛阳城水系的建设，主要依靠洛水、瀍水、涧水。洛阳城海拔在120—140米。洛河距离当时的洛阳城约10千米，虽然水量丰沛，但流经洛阳城一带的河床海拔低于120米，难以导流入城。瀍水、涧水注入洛水之地距离当时的洛阳城约20千米，河床海拔高度超过150米，导流入城的地理形势良好，但水量较少。[①] 东汉时期都城洛阳早期如何利用洛水、瀍水、涧水的情况，根据现存资料不好判断。《后汉书》记载，汉光武帝建武五年（29），王梁为河南尹，根据朝廷的指示，“穿渠引谷水注洛阳城下，东泻巩川，及渠成而水不流”。这里所

① 周勋：《论千金堨与魏晋时期洛阳城水利关系》，安阳：《安阳师范学院学报》2015年第1期，第60-61页。张诗阳、王向荣：《都城水系营建及其对区域景观的影响——以汉魏洛阳为例》（北京：《中国园林》2020年第9期，第128页）提供的数据与此大同小异。

谓的谷水，是引涧水入瀍水后的总称。王梁引谷水入洛阳城失败，主要原因在于：引谷水处与洛阳城海拔落差只有十几米，流水要经过近 20 千米的曲折缓降，所以流势平弱；加上谷水流量小，季节性差异大，在旱季基本上就无水可以供给洛阳城。显然，王梁治水的思路还是农田水利建设那一套，没有将导引谷水当作洛阳城市建设的有机组成成分，因而在设计规划上不切实际。

为适应洛阳成为通都大邑的形势要求，建武二十四年（48），司空张纯领人“穿阳渠，引洛水为漕，百姓得其利”①。郦道元《水经》对此也有记述：“后张纯堰洛以通漕，洛中公私穰赡。”②即通过筑坝分流洛水，将洛河的主要流水导入在洛阳城开凿的阳渠之中，由阳渠东段流至偃师重新汇入洛水。张纯主持修建阳渠，实际上已经改变了洛河在洛阳城一带的主水道，属于典型的城市水系建设工程。这项工程的最大功用，就是使洛阳成为东汉的水上交通中枢。

阳渠的主要功能是漕运，来往船只多，河道中难免有运输过程中产生的废弃物，可以推断，其作为都城日常生活用水，水质是不达标的。东汉时期洛阳一带另有鸿池陂。《后汉书·安帝纪》载：东汉永初三年（109），京师大饥，“诏以鸿池假与贫民”③，其水源状况不详。鸿池陂应该就是为洛阳城提供干净水源的水库，以解决都城里宫廷和达官贵人的生活用水问题。至于当时都城洛阳的百姓用水来源情况，根据现存资料难以考察。到魏晋时期，洛阳城市规模扩大，人口达 40 万之多，百姓用水量剧增，因此必须修建新的都城用水工程。而东汉王梁“引谷水入洛城”的设计思路再次得到重视并被付诸实践，最终形成了千金堨这一都城水系建设的经典工程。

千金堨主体工程分为三个部分：一是千金堰，拦截引涧入瀍后形成的谷水，为此高筑的堤坝就是千金堰；二是千金陂，被拦截的谷水聚集成大型水库，成为京都洛阳的巨大蓄水池，被称为千金陂；三是千金渠，将千金陂的蓄水根据需要导入洛阳城，为此修建的渠道就是千金渠。由千金堰、千金陂、千金渠形成的水利工程，解决了“引谷水入洛城”的三个难题。第一是谷水流量偏小的问题。谷水流量虽偏小，但只要不浪费，通过水库汇聚终年之流供洛阳城之用，还是绰绰有余的。第二是季节分布不平衡的问题。因为有千金陂

① ［南朝·宋］范晔：《后汉书》卷三十五，北京：中华书局 1965 年版，第 1193 页。

② ［北魏］郦道元：《水经注》卷十六，谭属春、陈爱平校点，长沙：岳麓书社 1995 年版，第 248 页。

③ ［南朝·宋］范晔：《后汉书·安帝纪》，北京：中华书局 1999 年版，第 143 页。

蓄水，春夏多水季节大量蓄水，可备秋冬干旱季节之需，使供水量达到全年基本均衡的状态。第三是引流自然落差不大的问题。通过逐层蓄水增高落差，使千金渠水保持顺畅的流势，一直抵达洛阳城中。据《水经注·谷水》载：谷水自洛阳城东南"东注鸿池陂。……池东西千步，南北千一百步，四周有塘池，中又有东西横塘，水溜径通"①。由此大致可以看出，千金堨水利工程修建之后，洛阳城生活用水来源有了稳定的保障，形成了完整有效的生活用水体系。

千金堨水利工程发挥效用之后，与阳渠构成了洛阳都城水系的两大动脉：生活用水体系与水上交通运输体系。而流经千金渠的生活用水出城后，又汇入阳渠进入洛水，增加运输的水量，实现了充分利用的效果。东汉以来阳渠的修建与整改，特别是魏晋时期千金堨的修建，体现了水利工程在城市建设发展过程中的重要作用。

三、水利用于私家园林建设

皇家园林需要设计和修整怡情悦目的水文景观，自古以来就是如此。晋代以后，佛寺兴起，也很注重造设水文，修建园林。又由于魏晋南北朝时期社会动荡，文人雅士厌烦战争，带动了寄风雅之情于自然山水之间的社会风气，所以当时权贵纷纷建造私家园林，而因水之利将类似自然的风景山水浓缩进自家的园林。这就形成了中国古代园林治水的三种基本类型：皇家园林治水、寺庙园林治水和私家园林治水。魏晋南北朝时期的私家园林治水，体现了有益于园林环境设计的艺术功能。

石崇是西晋时期的大臣、士子、富豪，在生活方面极其讲究，兴建了多处园林。北魏杨衒之《洛阳伽蓝记》记载有石崇池："昭仪寺有池……此地是晋侍中石崇家池，池南有绿珠楼。"②池塘位于都城石崇的家宅内，置于其宠妾绿珠楼边，显然是一种风景构造。石崇在都城外有别业金谷园，园中有河流水池。《太平寰宇记》："晋卫尉石崇因即川阜而造制园馆……又有水碓鱼池焉。" 潘岳《金谷集作诗》中的"绿池泛淡淡，青柳何依依"③描写了金谷园中池水风景的秀丽。关于金谷园及其治水相关的情况，石崇自己在《思归引》序文

① ［北魏］郦道元：《水经注》卷十六，谭属春、陈爱平校点，长沙：岳麓书社1995年版，第254页。
② ［北魏］杨衒之撰，周祖谟校释：《洛阳伽蓝记校释》，北京：中华书局2013年版，第41-42页。
③ 逯钦立辑校：《先秦汉魏晋南北朝诗》，北京：中华书局1988年版，第632页。

中有所提及：

余少有大志，夸迈流俗。弱冠登朝，历位二十五年。五十以事去官，晚节更乐放逸，笃好林薮，遂肥遁于河阳别业。其制宅也，却阻长堤，前临清渠。柏木几于万株，江水周于舍下。有观阁池沼，多养鱼鸟。家素习技，颇有秦赵之声。出则以游目弋钓为事，入则有琴书之娱。①

石崇金谷园之胜，在很大程度上得益于善取水境、善造水态。园林外围有清渠、江河环绕，可以远观。园林内部则引水为池塘，养鱼鸟，种植花草树木，可以泛舟垂钓，可以游览怡情。石崇营建金谷园时治水，发挥其审美功能是最主要的宗旨。至于金谷园池的水源，北魏郦道元《水经注》有记载：

谷水又东，左会金谷水。水出太白原东南，流历金谷，谓之金谷水，东南流经晋卫尉卿石崇之故居。石季伦《金谷诗集叙》曰："余以元康七年，从太仆出为征虏将军，有别庐在河南界金谷涧中。"②

据此可知，石崇经营这处园林，是从金谷河导流入园的，并因此取名金谷园。水资源和水环境在当时私家园林修建过程中的重要性，由此可见一斑。这一时期的张伦，也是造作园林的雅士。《洛阳伽蓝记》记载：

伦造景阳山，有若自然。其中重岩复岭，嵚崟相属；深蹊洞壑，逦迤连接。高林巨树，足使日月蔽亏；悬葛垂萝，能令风烟出入。崎岖石路，似壅而通；峥嵘涧道，盘纡复直。是以山情野兴之士游以忘归。③

这里虽然没有直接提到水景观的造设，但从秦代以来"一水三山"一直就是园林景观设计的经典造型，由此形成"山水相连"的设计传统，张伦的景阳山的造设想必不会例外。而且文中提到"洞壑""涧道"，应该是包含了水环境

① ［清］严可均辑：《全晋文》，北京：商务印书馆1999年版，第427页。

② ［北魏］郦道元：《水经注》卷十六，谭属春、陈爱平校点，长沙：岳麓书社1995年版，第244-245页。

③ ［北魏］杨衒之：《洛阳伽蓝记》，北京：中华书局1991年版，第81-82页。

的。同书又记载,张伦的住宅在洛阳城昭德里,他的“园林山池之美,诸王莫及”。可见,水环境建设是张伦经营私家园林的重要着力点。

谢灵运是南朝大诗人,也是大庄园主。他以钟爱山水之情,在自己的庄园中经营园林,而且特别善于将接近自然形态的水体化为庄园中的人文景观。《南史·谢灵运传》记载:

灵运父、祖并葬始宁县,并有故宅及墅,遂移籍会稽,修营别业,傍山带江,尽幽居之美。①

“带江”为水文景观,是谢灵运欣赏景物和造设园林时必不可少的一个支撑点。在《山居赋》中,谢灵运对南边住宅的景观做这样的描述:

南山则夹渠二田,周岭三苑,九泉别涧,五谷异巘。群峰参差出其间,连岫复陆成其坂。众流溉灌以环近,诸堤拥抑以接远。②

其中提到“渠”“泉”“涧”“众流灌溉”等多种水资源和水形态,通过特定的改造或设计,可使之成为住处园林的水环境。对于南边住宅的景观,谢灵运的描述为:

其居也左湖右江,往渚还汀,面山背阜,东阻西倾,抱含吸吐,款跨纡萦,绵联邪亘,侧直齐平。③

文中提到的“湖”“江”,显然是自然水体。而“渚”“汀”则有可能是通过人工导流江河之水而形成的湖泊池沼景观。

以上举例的是典型情况,其他水利用于私家园林建设的例子还有很多。《西京杂记》录有袁广汉园池:“茂陵富人袁广汉……于北邙山下筑园……激流水注其内……延蔓林池。”④《河南志》记载王怿宅池:“太尉清河王怿宅

① [唐]李延寿:《南史》,北京:中华书局1975年版,第539页。
② [清]严可均校辑:《全上古三代秦汉三国六朝文》,北京:中华书局1958年版,第2604页。
③ [清]严可均校辑:《全上古三代秦汉三国六朝文》,北京:中华书局1958年版,第2604页。
④ 《笔记小说大观》第28编第1册,台北:台北新兴书局1977年版,第20页。

……西园中有土山、钓池……”又记载王彧宅池：“宅有园池、林木……”[①]根据以上材料及分析不难发现，审美性质的治水已经成为一种被崇尚的社会风气。

四、小结

在魏晋南北朝时期，治水全面涉及政治、经济、军事、社会的综合功能被淡化。由于社会生活领域细化，社会形态更趋复杂，治水功能也出现了向不同领域和社会生活场景分化的现象。

① [清]徐松：《河南志》，高敏点校，北京：中华书局1994年版，第75页。

第二节
东吴时期的水利建设

汉代以前，朝廷组织的大型治水工程以北方为重点，江南一带的治水工程虽也普遍展开，但较少上升到朝廷层面。最典型的表现是马臻在会稽兴修鉴湖，不仅没有得到朝廷的支持，反而因为被地方豪强告状而受到严厉的惩罚。江南一带治水整体格局的逐渐形成，可以理解为从三国东吴时期开始，相关研究成果论述比较充分，这里主要依据汪家伦《东吴屯田与农田水利的开发》、王永平《东吴时期江浙地区社会经济述略》、许辉《东吴政权与东南地区经济的发展》加以阐述。①

一、东吴时期的水利建设以屯田制为背景

屯田制起于西汉，是朝廷为便于军队取得给养而直接组织经营的农业集体耕作制度。汉文帝时，晁错提建议说：

然令远方之卒守塞，一岁而更，不知胡人之能，不如选常居者，家室田作，且以备之。②

即为了避免边防军队频繁调动，在边疆推行屯田制度，让军队在耕作定居的基础上，同时承担戍守的职责，这一意见被采纳。到汉武帝时期，西域屯

---

① 汪家伦：《东吴屯田与农田水利的开发》，南京：《中国农史》1989年第1期，第57-64页。王永平：《东吴时期江浙地区社会经济述略》，扬州：《扬州师院学报（社会科学版）》1989年第4期，第107-112转114页。许辉：《东吴政权与东南地区经济的发展》，南京：《江海学刊》1996年第2期，第116-121页。

② ［汉］班固：《汉书》，［唐］颜师古注，北京：中华书局1962年版，第2286页。

田规模扩大,"吏卒五六万人",需要设置专门机构和人员(屯田校尉)进行管理。而东汉马援"上书求屯田上林苑中",开内地屯田的风气。但与这些屯田相关的治水工程,难以根据资料考证具体情况。到东汉末年军阀混战时期,屯田成为各路军阀用粮的主要给养来源。

东吴的势力范围主要在江南地区,和北国不同,在水乡泽国屯田,对人工灌溉设施的要求更高。孙权为了屯田或为屯田准备,曾于赤乌三年(240)下诏给各地,要求"穿堑发渠"。兹以江苏、湖北、浙江三地的典型情况列举如下:

江苏境内兴建了许多陂塘和水渠。毗陵典农校尉陈勋在无锡附近开长广溪,"溉田百余顷,大旱不竭"。张昭在丹阳修建娄湖,"溉田数十顷"。而太湖附近灌溉事业繁盛,如左思《吴都赋》所言:"畛畷无数,膏腴兼倍","国税再熟之稻,乡贡八蚕之锦"。可见,由于水利事业成功,长江下游江南一带已成为鱼米之乡。这是东吴朝廷将军事、政治、经济中心定在建业的主要原因。

在长江北岸武昌附近,有引巴水进行灌溉的区域。《水经注》卷35《江水注》鄂县北下记载:"吴时,旧立屯于水侧,引巴水以溉野。"[①]在长江南岸,修有"阳新灌区"。《水经注》卷35记载说:富水左右,"公私裂溉,咸成沃壤"[②]。这里"富水",指湖北的富川,即富川流域有许多中小型水利工程。《三国志·魏志·王基传》记载:"江陵有沮、漳二水,溉灌膏腴之田以千数,安陆左右,陂池沃衍。"[③]由此可见江陵一带的屯田水利事业发展得较好。而东吴前后两次短暂定都武昌,也是以此为支撑。

浙江境内有青塘、高塘和孙塘等。东吴初年对鉴湖进行过整修。《嘉兴府志·海塘》引《赵图记》称:"海塘去郡城百里而遥,亘海盐、平湖二县之境,延袤百七十里。"当时陆逊就曾屯田海昌,在海宁、平湖一带从事垦殖。

二、大规模兴修圩田是东吴时期的特色[④]

长江下游一带地势较低,屯田垦殖经常会遇到这样一个问题:不少低洼

---

① [北魏]郦道元:《水经注》,谭属春、陈爱平校点,长沙:岳麓书社1995年版,第513页。

② [北魏]郦道元:《水经注》,谭属春、陈爱平校点,长沙:岳麓书社1995年版,第515页。

③ [晋]陈寿:《三国志》,北京:中华书局1971年版,第752页。

④ 这一节主要出自汪家伦:《东吴屯田与农田水利的开发》,南京:《中国农史》1989年第1期,第60-62页。

之地水土资源优厚,适合发展农业生产。但每年雨季江水高涨的时候,低洼之地被淹没,种植的农作物就没有收成。为解决这一问题,东吴政权就大规模地兴修圩田。圩田也叫“围田”,根据一般理解,其基本营造方法是:在浅水沼泽地带或河湖淤滩上围堤筑坝,把田围在中间,把水挡在堤外;围内开沟渠,设涵闸,有排有灌。圩堤多为封闭式,亦有两端适应地势的非封闭式。早在春秋时,人们已利用堤防治洼地。吴国在固城湖畔筑圩,越国在淀泖湖滨围田,但都未形成规模。而东吴为了实现屯田目标,开始大量兴修圩田。当时丹阳湖区的圩田开拓较为典型,兹略作介绍。

古丹阳湖区位于今江苏溧水、高淳和安徽当涂、芜湖、宣城附近,内有今丹阳湖、石血湖、固城湖和大片低洼之地。在三国以前,该地区开发进程缓慢,湖沼洼地多为荒滩。建安十六年(211)孙权从京口(今镇江)徙居建业,后来定建业为都城。丹阳湖地区北距建业仅百余里,因此被东吴列为重点屯田区之一,垦拓浅沼湖滩,以发展农业生产。以吴淞江为零点计算,丹阳湖区大部分土地高程仅 6 米左右。但汛期河湖水位高达 10 米,有时高达 12 米以上。这样,丹阳湖区的屯田开发,就必须“筑土作堤,外以围田,内以围水”,堤的高度基本上要达到 15—20 米。丹阳湖区的围垦,工程艰巨,汛期与枯水期位差大,要在枯水季节紧张施工才能获得成功。圩田基本造成之后,东吴朝廷按照屯田制度进行统一领导和集中管理,展开劳动密集型的围垦工作。根据记载,当时在丹阳湖区从事屯田的劳动者数以万计,围垦的土地多达数十万亩。

不过丹阳湖区的围垦,也出现了失败的情况。永安三年(260)秋,都尉严密准备在丹阳湖区边缘围垦,结果花去大量人力、财力,士兵死亡很多,造成很坏的社会影响。《读史方舆纪要》卷二十《江宁府 · 溧水县》记载蒲塘港:“一名浦里塘。三国吴永安三年,丹阳都尉严密,议建丹阳湖田作浦里塘,久之不成,即此。”这次围垦失败的原因,可能有组织不力、计划不周、时机不巧、地点选择不当等,但确实反映了垦殖圩田的难度。

三、东吴时期对水运航道进行了系统治理,运河开凿事业发达

东吴定都建业,是因为太湖区域和钱塘江流域经济发展良好,可以获得稳定的财富来源。为了将物资顺畅地运送到都城建业和江淮一带吴魏交锋的前线,东吴朝廷组织开凿了连贯江浙地区的运河工程,重点包括以下四部分:

（一）运渎工程

赤乌三年（240），孙权命左台侍御史郗俭在建业西南一带开凿运渎，这是一条运送粮食的水上线路，可自秦淮河一直抵宫苑内的仓城，所以命名为“运渎”。①

（二）青溪工程和潮沟工程

赤乌四年（241）十一月，孙权下诏命令开青溪和潮沟，南接秦淮河，西通运渎，北达长江。这样建业城内就形成了内通外达较为完整的水上运输网络。②

（三）破岗渎工程

赤乌八年（245），孙权下诏命令陈勋开凿一条新运河：“发屯兵三万，凿句容中道，至云阳西城，以通吴会船舰，号破岗渎，上下一十四埭，通会市，作邸阁。”③这样就使吴地和浙地的船舰往来有了更为直接便利的通道，下至整个六朝时期都一直在使用。

（四）丹徒水道工程

据前人看法，“自今吴县舟行，过无锡、武进、丹阳至丹徒水道，自孙氏始”④。这是东吴岑昏奉命开凿的一段水道，工程要穿凿岩石，十分艰苦：“岑昏凿丹徒至云阳，而杜野、小辛间，皆斩绝陵袭，功力艰辛（杜野属丹徒，小辛属曲阿）。”⑤后来所说的“丹徒水道，入通吴会”，就是指这条运河。

有了这些新修的运河，从建业向南的运河以及自京口向南的运河都可以汇于云阳，且直达钱塘和会稽。于是北起镇江、南迄杭州、纵贯太湖地区的航运体系形成，这就是隋代江南运河的前身。这一贯通江浙的人工运河体系的开通，既便捷了物资运输，加强了江浙地区经济、文化的联系，巩固了当时的东吴政权，也对长江下游、太湖、杭州湾这一片广袤地域的经济开发，起到了积极推动作用。

① ［唐］许嵩：《建康实录》卷二，孟昭庚等点校，上海：上海古籍出版社1987年版，第33页。
② ［唐］许嵩：《建康实录》卷二，孟昭庚等点校，上海：上海古籍出版社1987年版，第36-37页。
③ ［唐］许嵩：《建康实录》卷二，孟昭庚等点校，上海：上海古籍出版社1987年版，第39页。
④ ［清］王鸣盛：《十七史商榷》卷四十二《三国志四》，黄曙辉点校，上海：上海书店出版社2005年版，第305-306页。
⑤ ［宋］李昉等撰：《太平御览》卷一百七十引《吴志》，北京：中华书局1985年版，第827页。

第三节 东晋南朝时期的“占泽”问题

大族私家封山占泽，是东晋南朝时期的突出现象。正如任昉所说的：“权豪之族，擅割林池；势富之家，专利山海。”[①]豪强大族所占之泽，包括江、湖、海、池、塘、陂等多种形态的水体。对于江、湖、海，大族所占只是其一隅。对于池、塘、陂，则往往占其整体。东晋南朝时期特定势力范围掌控的水体，基本上属于豪强大族私有，没有公共物品的性质。

一、占泽的历史背景

（一）占泽是东晋南朝大族的政治权利

自秦汉以至西晋，川泽都属国家所有，如晋代遵循旧制的规定：“名山大泽不以封。”[②]东晋南朝占泽问题源于永嘉之乱。因为东晋朝廷南迁后政权不稳定，需要依靠名门大族的支持，而北方大族南迁后，也需要地盘作为家族发展的依托，而占泽是东晋朝廷默许给朝廷官员、大族的社会资源分配权利，用以保障政局稳定。

（二）占泽为东晋南朝大族发展奠定了经济基础

大族的维持与发展，需要雄厚的财力作为经济支撑。任昉说“专利山海”，刘子尚说“熂山封水，保为家利”[③]，都指出占泽是为了组织生产，蓄养劳动力，可以积累财富。《抱朴子·外篇·吴失》记载：“牛羊掩原隰，田池布千里。”“金玉满堂，妓妾溢房，商贩千艘。”[④]这些可以看成是门阀士族占泽的财

① ［唐］欧阳询编：《艺文类聚》，汪绍楹校，上海：上海古籍出版社1982年版，第905页。

② ［唐］房玄龄等：《晋书》，北京：中华书局1974年版，第745页。

③ ［清］严可均校辑：《全上古三代秦汉三国六朝文》，北京：中华书局，1987年版，第2512页。

④ ［晋］葛洪著，金毅校点：《抱朴子内外篇校注》（下），上海：上海古籍出版社2018年版，第1403页。

富收益。

（三）士族通过占泽展示其文化身份

士族讲究风雅，在物质消费上追求高品质、高档次：饮用甘甜清澈的泉水，享用干净水体里养出的珍稀鱼品，灌溉园林里名贵的果木，还要通过曲水流觞抒发闲情逸致。服从于这一需要，士族必须拥有独立封闭的生态水体，生产优质的消费品，营造优雅的园林风光，以与庶族的生活方式区分开来。

二、占泽导致的问题

本质上说，占泽其实就是门阀士族对水权的垄断，这是东晋南朝治水的一大历史特色，有着丰富的政治、经济、文化内涵。在水体这一公共物品权利分配问题上，凡是有垄断得益的，就必然会有利益受损的，所以占泽也是东晋南朝时期难以解决的严重社会问题。

（一）占泽对皇权构成威胁

一方面，东晋南朝时期占泽的士族“势利倾于邦君，储积富乎公室”①，士族雄厚的财富为东晋南朝统治者提供了经济支持，但士族奢靡豪华的生活甚至超过宫廷，引发皇族心理的不平衡。另一方面，士族为保卫包括水利系统在内的庄园，往往发展自己的武装力量，在政权更迭动荡的东晋特别是南朝时期，这对于皇权而言，是一种实在的威胁，所以历朝都禁止或限制占泽。东晋朝廷于咸康二年（336）颁布“壬辰之制”：“占山护泽，（以）强盗律论。”②刘宋孝武帝大明七年（463）重申旧制，令有司严加检纠：“前诏江海田池，与民共利。历岁未久，浸以弛替。名山大川，往往占固。有司严加检纠，申明旧制。”③齐高帝建元元年（479）诏令：“二宫诸王，悉不得营立屯邸，封略山湖。”④萧梁时再度申令：“名山大泽不以封。”

（二）占泽妨碍地方行政

占泽的门阀大族庄园经济发达，修建有独立完善的水利设施，以自己的方式组织生产，实际上形成了庄园自治的格局。为士族庄园经济提供服务的

---

① ［晋］葛洪著，金毅校点：《抱朴子内外篇校注》（下），金毅校点，上海：上海古籍出版社 2018 年版，第 1403 页。

② ［南朝］沈约：《宋书》，北京：中华书局 1974 年版，第 1537 页。

③ ［南朝］沈约：《宋书》，北京：中华书局 1974 年版，第 132 页。

④ ［宋］司马光：《资治通鉴》，北京：中华书局 1956 年版，第 4228 页。

人口，不入朝廷和地方政府的户籍，这大大减少了地方政府的赋税收入，也形成了地方政府管理的真空地带。而且，门阀大族总倾向于通过占泽不断扩大地盘，对地方政府的管理范围构成侵犯。《宋书·谢灵运传》记载："会稽东郭有回踵湖，灵运求决以为田，太祖令州郡履行。此湖去郭近，水物所出，百姓惜之，顗坚执不与。灵运既不得回踵，又求始宁岯崲湖为田，顗又固执。"①谢灵运申请决湖造田，朝廷批准而地方执政官员拒绝，就体现了士族占泽与地方政府的矛盾。

（三）占泽损害民众利益

占泽之后，士族对封禁的江、湖、海、池、塘、陂，按照私有财产进行防护和管理。但当时有许多南方居民以捕鱼为主要生计来源，如刘宋时期，山阴"缘湖居民，鱼鸭为业"②，而"山湖川泽皆为豪强所夺，百姓薪采渔钓，皆责税直"③，这就造成许多居民生存空间被压缩，钱财收入减少。由此引发民愤，朝廷不得不从制度层面禁止占泽，如梁武帝大同七年（541）十二月壬寅下诏："广加封固，越界分断水陆采捕及以樵苏，遂致细民措手无所。"④并明确了占泽碍民的惩罚措施："百姓樵采以供烟爨者，悉不得禁，及以采捕，亦勿诃问；若不遵承，皆以死罪结正。"⑤可见，占泽导致水资源使用权失衡，引发了贫富强弱两极分化的严重社会问题。

当然，东晋南朝时期士族占泽并非一无是处，其在水治理和水利用方面，提供了一些新的方向和有益的经验，在唐代以后得到推广和发展。比如，士族追求风雅，充分利用水体流动性、透明性和柔美性的特点，以园林审美的眼光布置水体，明确了水体利用的园林化方向。再如，门阀大族根据自己庄园的实际情况，不断兴修和完善水利，以保证生产顺利和物品丰收，形成了水利兴修局部精细化的经验。又如，门阀大族庄园内水体要同时满足生产、生活和审美的需要，推动了水生态维护水平的提升。这些对于新时代中国各地治水方案的形成，仍然具有借鉴意义。

① [南朝]沈约：《宋书》，北京：中华书局1974年版，第1776页。
② [南朝]沈约：《宋书》，北京：中华书局1974年版，第1533页。
③ [南朝]沈约：《宋书》，北京：中华书局1974年版，第29页。
④ [唐]姚思廉：《梁书》，北京：中华书局1973年版，第86页。
⑤ [唐]姚思廉：《梁书》，北京：中华书局1973年版，第87页。

第四节 魏晋南北朝时期治水经验的公共管理学解读

魏晋南北朝处于政权割据的分裂状态,这是中国历史上政权更迭最为频繁的时期,先后出现三国(曹魏、蜀汉、东吴)、西晋、东晋和南北朝各国,在360余年(220—589)间,共有30多个大小王朝交替兴灭。受到长期政权割据和连绵不断战争的影响,这一时期的政治呈现出碎片化特征,水利设施的兴建也因此不再强调其整体性,治水的社会功能分化。

由于大一统的行政体系不复存在,魏晋南北朝时期治水主体发生明显变化,"豪强治水"成为突出现象。豪强主要包括两类势力:一是割据政权的军阀,如曹魏、蜀汉、东吴等;二是广占土地的世家大族,如东晋王、谢大族。由于没有"全国"这个概念,缺乏朝廷中央政权的统一规划,豪强治水碎片化特征明显:第一,由于战乱频发,政局动荡,豪强治水以短期功利作为目标,不求成就不朽的事业,因而数量甚多而规模较小,在质量上也多无可特别称道之处,缺乏惠泽后世的历时公益性。第二,相互对立竞争的军阀政权治水屯田,主要为了物资、财富和实力此长彼消,民生目标被漠视和淡化,治水的公正性大为消减。第三,不同势力在治水问题上矛盾丛生,世家大族为巩固庄园经济占泽治水,妨碍了庶族百姓的生计,也给割据政权的统治造成了麻烦,因而出现了"彼之水利即为此之水患"的不公平问题。豪强治水的碎片化表明,治水事业应有的公共性在魏晋南北朝时期遭到破坏。巴里·博兹曼认为,公共价值的建立基于公共利益,当政府和市场所提供的产品和服务无法获得公共价值时,就会出现公共价值失灵。在魏晋南北朝时期,水利资源作为一种公共产品,为豪强大族垄断,就是典型的公共价值失灵现象。

这一时期的治水成就,与之前的秦、汉时期相比,主要体现为特定功能性增强。即,随着社会生活领域的细化和社会形态的复杂化,魏晋南北朝时期治水全面涉及政治、经济、军事、社会的综合功能被淡化,治水功能也出现了向不同社会领域和生活场景分化的现象。一是屯田功能，三国时期，魏、蜀、吴纷纷将原边疆地区实施的屯田制用于军队建设，此时治水的政治内涵与行政色彩明显弱化，而为军事提供粮草和后勤保障的功能凸显。二是都城建设功能，对东汉水利遗产阳渠进行整改，魏晋时期修建千金堨，都是为了服务洛阳都城的水系动脉。三是私家园林建设功能，以石崇、张伦、谢灵运等为代表的雅士将水环境作为私家园林建设的重要着力点，在他们的推动下，从审美角度优化环境生态意义上的治水已经成为一种流行的社会风气。功能性增强意味着，魏晋南北朝时期延续汉代的治理传统，治水不再是国家政治生活中的重要议题。但这一时期治水对于特定行政目标和社会领域的意义变得更具有针对性，而这在之后历朝历代，基本上就成为一种常态。

魏晋南北朝时期，江南地区出现了强势的割据政权，形成了区域性的政治经济文化中心，促进了南方治水事业的发展。一方面，割据政权需要通过治水增加粮食，畅通运输，方便都市生活；另一方面，割据政权限于统治能力不足，在治水方面充分放权，这样豪强和地方郡县就有足够的权力空间结合地方实际情况发展水利，并创造出诸如“圩田”这样的水利工程。在魏晋南北朝时期，南方治水的成绩甚至超过了北方，这无疑是这一时期碎片化治水带来的一大收获。而南方兴修的诸多水利工程，又为隋唐时期贯通大运河这一全域性的水利工程做了充足的前期准备。

第五章

隋唐五代时期的治水经验

第一节
集成性：隋唐五代时期治水的特点

隋唐五代时期的治水事业，不仅全面继承了魏晋南北朝时期的治水成就，而且加以丰富和发展，继而成为支撑唐代强盛的重要工程基础，体现出了集大成的特点。

一、隋唐大运河是承载多功能的治水杰作

根据学术界的一般看法，隋唐大运河指隋炀帝大业年间所开凿的隋代大运河，在唐代一直沿用。隋唐大运河以洛阳为中心，南至余杭(今杭州)，北至涿郡(今北京)，主要包括通济渠、永济渠、邗沟(今江淮运河)和江南河四段，将海河、黄河、淮河、长江和钱塘江五大水系连接贯通起来，全长 2 700 多公里，流经区域包括现在的京、津、冀、鲁、豫、皖、苏、浙 8 个省市(直辖市)。

大运河是隋炀帝时实施的项目，比照现在的标准，就是国家层面顶级的重大工程项目。其施政目标，主要是服从于政治军事需要。从政治角度看，是要在军事上征服南方之后，促进南北方经济社会的深度融合，便于朝廷对各地进行管控，实现真正的统一。在军事上，一则方便运兵运粮，以防范和及时遏制南方士族力量的叛乱。再则，隋朝多次远征高丽，要向全国包括南方征发士兵，特别是要向富庶的南方大量征集军粮。修建一条贯通南北的水上通道，可以有效开展急需物资的统一调配。因为是当作重大政治任务限时完成的，大运河的修建采用了类似于秦国的暴政措施，向百姓摊派劳役。繁重的劳役和严苛的行政管制，并不具有政治层面上的合法性，由此形成的民怨直接引发了隋炀帝政权的危机。不过，大运河修建效率是高的，也是成功的。到了唐代，大运河不仅实现了有利于管控各地、为远征高丽运兵运粮的政治军事功能，还全面促进了大唐经济、社会、文化的一体化进程。

大运河后来成为大唐王朝国土上一条纵贯南北交通的大动脉。首先，大

运河修建是一次涉及多个江河流域的全面治水过程，建成之后至唐开元、天宝年间的一百多年里，造成较大损害的水患不再多见，为大唐盛世的出现创造了稳定的社会环境。其次，大运河促进了城市经济的繁荣。因为漕运方便，商业经济得到大发展，南方的粮食物资和其他各种财富能够较为方便地运抵长安，为长安最终形成人口多达百万的大城市，提供了坚实的经济基础。沿大运河一带的洛阳、扬州、金陵、苏州、杭州，城市规模和发展质量也都得到显著提升。再次，由于水路交通便利，运河堤岸也相应地成为陆路交通要道，不同区域之间、城乡之间来往频繁，促进了社会流动。而文人墨客群体沿着大运河饱览山水之美，形成了长达一个多世纪的漫游之风。文人墨客在吟唱中产生了大量优秀的诗文佳作，推动唐代文化走向一种巅峰状态。

唐代前期的大运河，全面推动了政治、经济、社会、文化的发展，既是治水的杰作，也是“大唐盛世”的一种象征性载体，展现了治水事业的多功能指向。

二、长安是城市治水形态丰富的典范

根据相关研究成果，隋唐时期长安城的治水形态丰富，形成了以江河为水源、人工沟渠引水、湖泊池沼蓄水、井泉供给饮用水的完善供水体系，[①]当然也相应地修建了都城排水系统，这为长安成为当时世界最大的城市提供了可靠的水资源保障。

隋唐长安城选址于多条河流环绕的平原上，正如典籍所记载：“（京城）南直终南山子午谷，北据渭水，东临灞浐，西枕龙首。”[②]在古代有“八水绕长安”的说法。所谓的“八水”，指浐水、灞水、涝水、潏水、沣水、滈水、泾水、渭水这八条自然形成的河流。研究者根据上述各条河流的现在年径流量，测算出这些水源完全可以满足隋唐长安城居民的用水需要。实际上，唐代的时候这些河流年径流量比现在要大得多。[③] 充沛富足的水源为都城长安的生产用水、生活用水、大面积景观用水提供了可靠保障，长安城最繁盛时期人口总数达到百万以上，就得益于充足的水源。

不过，这些河流与长安城都有一定距离，流水若不经改造，难以直接取用。隋朝在开始兴建长安城（大兴城）时，就开凿了清明渠、永安渠和龙首渠，

① 冯晓多：《唐长安城的水资源及其利用》，西安：《唐都学刊》2020 年第 4 期，第 27-33 页。
② ［唐］李林甫等：《唐六典》，陈仲夫点校，北京：中华书局 1992 年版，第 217 页。
③ 冯兵：《隋唐五代时期城市供水系统初探》，贵阳：《贵州社会科学》2016 年第 5 期，第 67 页。

通过综合设计处理，将上述八条河流的水源引入长安城内，通过设置水闸调节出入的水量，以满足长安城的用水之需。这三条导河流入长安的水渠，在功能上应该有所区分或侧重，但据现存资料已难以查考。到了唐代，清明、永安和龙首三渠继续使用，又另外开凿了漕渠和黄渠。漕渠，显然是用于长安城对外沟通的水运通道。而黄渠从浐水（或潏水）引流，以保证皇家园囿中曲江池等的水量稳定。清明渠、永安渠、龙首渠、漕渠与黄渠，合称"五渠"。

根据相关研究提供的资料，长安城内有许多湖泊池沼①。从洨水、沣水直接引流的有昆明池（约 14.7 平方千米）、镐池（约 1.4 平方千米）等。从龙首渠引流的有内苑兴庆池（约 0.21 平方千米）、太液池（约 0.16 平方千米）、灵符池（不详）、积翠池（不详）、龙首池（不详）、胜业坊宁王九曲池（不详）、凝碧池（不详）、昌化坊岐阳公主宅沼（不详）、东市放生池（不详）等。从黄渠引流的有鲍陂（约 0.48 平方千米）、曲江（约 1 平方千米）、独孤公转池（不详）、杨师道园池（不详）、永宁园池（不详）、慈恩寺池（不详）、韦应物宅池（不详）等。从清明渠引流的有皇子陂（0.56 平方千米）、兴化坊裴度园池（不详）、太平坊园池（不详）、太极宫西海池（不详）等。从永安渠引流的有定昆池（约 1.5 平方千米）、王昕园池（不详）、兴福寺池（不详）、西市放生池（不详）等。从漕渠引流的有鱼藻池（约 0.56 平方千米）等。这些湖泊池沼虽然是景观性质的水体，但客观上也起到了蓄水池的作用，有利于城市水资源的调节分配。

由于日常生活用水特别是饮用水需求量大，井泉遍布长安城内。根据相关研究，现在可考的长安井泉有：大明宫 2 座，兴庆宫 1 座，大安宫 3 座，西内苑 1 座，芙蓉苑 1 座，道政坊 1 座，长乐坊 2 座，新昌坊 2 座，安兴坊 1 座，安邑坊 1 座，宣平坊 2 座，青龙坊 1 座，光宅坊 1 座，永兴坊 2 座，平康坊 4 座，永宁坊 2 座，晋昌坊 1 座，务本坊 1 座，靖安坊 1 座，开化坊 1 座，光福坊 1 座，靖善坊 1 座，开明坊 1 座，兰陵坊 1 座，保宁坊 1 座，善和坊 1 座，太平坊 1 座，布政坊 1 座，光德坊 2 座，延康坊 1 座，醴泉坊 9 座，怀远坊 1 座，共计 52 座。显然，这只是长安井泉的一小部分，按照平均每井可供 5 000 人用水之需计算，唐代长安鼎盛时期百万人口，应有 200 座以上的井泉。

有研究者指出，唐代长安城的排水系统存在明显缺陷，雨天排水不畅，经

① 张永禄：《唐都长安》，西安：西北大学出版社 1987 年版，第 177 页。

常造成内涝[①]。虽然根据现存资料难以考察，但长安能作为唐朝都城200余年，其排水体系设计和管理，整体上看一定是有效的。长安城完善的供水体系和较为有效的排水系统，体现了唐代在治水规划、施工和管理方面都达到了很高的水平。

三、隋唐五代时期治水实现了地区平衡

大禹治水是全域性的，但之后治水则偏于局部地区。秦代治水，以郑国渠、都江堰、灵渠为代表，偏在西部地区。汉魏晋南北朝时期，最为重要的治水项目多在黄河流域展开，偏在北部地区。隋唐五代时期继往开来，以边疆地区军屯、东南环太湖治理为标志，实现了治水的地区平衡。

唐朝疆域广阔，鼎盛时期版图大致为：东北至外兴安岭，东至大海，北至贝加尔湖和叶尼塞河流域，西至咸海，南至南海。在唐代前期，漫长边防线上常年驻守着数十万军队。其中西北部地区，有突厥、吐谷浑、吐蕃、回纥等政权迭兴，与唐朝相互征战，因而驻军数量尤多。由于边疆距离远，军粮供应就成为一个难题，唐朝就依照汉代戍边的做法，实行军队屯田，如《旧唐书》所载："凡边防镇守转运不给，则设屯田，以益军储。"[②]而军队屯田的前提条件，就是要开挖水渠，兴修水利。根据《唐六典》，开元年间唐朝合计有1 039屯。按照当时规定，"州、镇诸军每屯五十顷"，则面积达51 950顷，折合现在有500余万亩。其中黄河流域有471屯，面积23 550顷，折合现在有230余万亩[③]。显然，军队屯田要消耗大量水资源，而且要优先保障。由于资料缺乏，现在已无法查考唐代前期军屯的水利兴修情况。但可以肯定，在西北干旱少水地区实行军屯，一方面改善了军队驻扎地区的水环境，另一方面则损害了唐朝整个西北地区的水生态。安史之乱以后，军阀割据局面形成。各地割据势力自己掌管行政、军事、经济大权，有的在所辖地区直接进行军屯，有的虽然以出租的方式招募农民进行耕种垦殖，但也明显带有军屯的性质。与军阀割据局面相适应，治水也呈现为各管一段或各管一片而不成体系的零碎状

① 吴庆洲：《唐长安在城市防洪上的失误》，北京：《自然科学史研究》1990年第3期，第290-296页。郭鹏军等：《唐长安城环境建设及其对当今的启示》，海口：《海南师范大学学报（自然科学版）》2018年第2期，第229页。

② ［宋］司马光：《资治通鉴》唐纪二十六，北京：中华书局1956年版，第6661页。

③ 刘洋：《唐代黄河流域的屯田与河患》，郑州：《中国水土保持》2003年第11期，第37页。

态。无论利弊,军队屯田治水在隋唐五代时期都得到继续发展,是当时治水区域格局的重要组成部分。

大运河修建过程中,为贯通江南河,隋朝对三吴地区的江河湖泊沟渠进行了系统的疏浚。唐五代的执政者因隋朝的便利,继续在太湖地区修建大量水利工程,有效地促进了农业生产的发展。在安史之乱前,唐朝的粮赋就有三分之一出自江南。安史之乱以后,更是"赋出于天下,江南居十九"①。而环太湖的苏州、常州、杭州、湖州粮赋又占江南地区的一半多。这种状况的出现,显然得益于治水大有成效。其中可圈可点之例包括:开元年间润州刺史齐浣开伊娄河;大历年间润州句容令王昕修绛岩湖;永泰年间润州刺史韦损整治练湖;永泰年间常州刺史李栖筠疏浚和延展申浦;建中年间杭州刺史李泌引西湖水作六井;贞元年间湖州刺史于頔、元和年间湖州刺史薛戎整治荻塘;元和年间常熟令李素开云河塘;元和年间湖州刺史范传正开平望官河;元和年间常州刺史孟简开孟渎和泰伯渎;元和年间苏州刺史王仲舒沿松江修筑吴江塘路;会昌年间朝廷因杭州刺史李播之请,对钱塘江口海堤进行了加固修筑;吴越王钱镠修筑捍海塘,修治新洋江等太湖出水通道;南唐、吴越修治和疏浚梅里塘、七丫港、茜泾、大盈浦、清水浦、柘湖、新泾塘、盐铁塘,重修孟渎和练湖等。② 唐五代时期沿太湖一带治水的规模与成效,已经超过北方。唐五代时期繁华的城市不超过 10 个,而太湖附近就有金陵、润州、苏州、杭州,几乎占到一半。这足以说明,治水成功对太湖地区经济繁荣起到了促进作用。

唐五代时期的北方治水则朝着多元化的方向展开。姜师度是唐代前期治水名臣,根据史料记载,他主持兴修了 13 项水利工程,占现存资料所载唐初北方水利工程总数近十分之一③,这里以他为例加以说明。(1)在蓟州北部(今居庸关)拦截水流,涨水为沟,且形成大片泥土湿软的沼泽地,形成具有屏障作用的军事设施,让奚、契丹骑兵无法横行。(2)重修曹操开的平虏渠。姜师度带人勘测平虏渠旧道,用一年时间傍海穿凿,将旧渠修整一新,重新注水利用,使中原军粮能顺利运至河北边塞。(3)为解决河北威县一带洪涝灾害问题,姜师度重新疏浚西汉时期的大沟渠,组织人力拓宽、疏通张甲河,有效地排泄当地洪涝。(4)涑水河畔盐池废弃,姜师度调发民卒开渠引水,让盐池

---

① [清]董诰等编:《全唐文》,北京:中华书局 1983 年版,第 5612 页。

② 张剑光、邹国慰:《唐五代环太湖地区的水利建设》,南京:《南京大学学报(哲学、人文科学、社会科学版)》1999 年第 3 期,第 114-121 页。

③ 陈陆:《姜师度:盛唐繁华背后的治水良吏》,宜昌:《中国三峡》2010 年第 4 期,第 84 页。

卤水量稳定均衡，并设置盐屯保障盐的出产，使百姓能够获利，使官府能够得到稳定的赋税。(5)姜师度在长安城内外修渠开河，使都城有绿水环绕朝堂坊市，舟楫往来不绝。他还在华州华阴郡西部开凿敷水渠用于排除废水、雨水，防止城内淤水、积水。(6)姜师度改进汉代修治失败的通灵陂水利工程，使渠水流量稳定通畅，有利于屯田灌溉，将废弃的2 000多顷(约合当时的10万多亩)改造为良田。姜师度治水包括军事、交通运输、防洪防涝、农田灌溉、工业生产、城市引水排水等多个方面，可以算是隋唐五代时期北方治水事业的代表性人物。

这一时期治水的集大成性，还体现在形成了水资源开发和使用的完备制度。在唐代以前，治水注重技术实践、施工组织和应用效能，但在水资源开发和使用的法制建设方面意识薄弱。有的是以零散的条约方式出现，如公元前651年一些诸侯国结盟时，盟约中有“无曲防”，即禁止修建水堤拦截水流危害邻国。有的是专用制度规定，适用范围有限，如汉武帝元鼎六年(前111)倪宽为六辅渠“定水令，以广溉田”；还有西汉末年召信臣在南阳“为民作均水约束，刻石立于田畔，以防纷争”。至于魏晋南北朝时期，集团势力割据现象普遍存在，各自在自己管辖区域内进行水资源管理所依据的惯例或条款，都不具有普遍法的性质。唐代专门设置管理水资源的机构——水部，适应当时水利普遍发展的要求，在总结既有水利管理经验和教训的基础上，制定了一部全面系统的水利法规——《水部式》。《水部式》现存敦煌残卷，卷文主要围绕农田水利灌溉管理展开，界定了涉水各方的水权，确立了行使水权的基本原则，以及发生水权纠纷时的协调规则。从残卷判断，《水部式》应该对城市用水、军屯灌溉、水患治理等诸多方面做了广泛的规定，使唐代水资源管理能做到有法可依。这样，治水就成为行政管理机构水部的专门职责，而不再动辄成为朝廷之大事。或者说，在水资源管理问题上，唐朝廷主要履行督促水部按法令进行管理的职责，而不像以前历代朝廷要亲自对一些具体的治水事宜进行决策、办理和管理。在水利史研究领域有一个说法：唐代少水患。但论者指出，唐代水患并不少，只是正史很少为此大费笔墨而已。其主要原因在于，唐朝廷一般不再过问水事，水患的记录和管理资料都保存在水部，而不在史官那里，所以史官编史时没有关注到水患。《新唐书》《旧唐书》中都没有水利专志，只有一些内容散见于《食货志》《五行志》，原因也在于此。这在一定程度上可以说明，唐代以水法统领治水事业，较之以前是更为高级的水资源管理形式。

第二节 隋朝开凿大运河

隋朝结束了自三国时期以来360多年的政权分裂状态，实现了南北统一。开凿大运河，就是为了方便朝廷在统一之后实现强有力的全域管理。隋朝开凿大运河，以历代形成的地方性运河为基础。隋朝新修了若干运河，将南北既有水道连接成顺畅的交通网络。

一、隋朝开凿大运河的历程

（一）隋文帝开凿广通渠和山阳渎

开皇四年（584），为解决新建都城的漕运问题，隋文帝命令宇文恺利用汉朝留下的槽渠，率水工开凿广通渠。该渠始自渭水之南，傍南山而东，到潼关衔接黄河，长达150千米。因渠道经过渭口广通仓下，所以取名广通渠。后来因为水渠流经之地的民众颇得水利之便，所以也被称为富民渠。仁寿四年（604）改名永通渠。

开皇七年（587），隋文帝为了征讨南方的陈国，对水道曲折浅涩、大船难以通行的邗沟进行整修，将入淮水口改到山阳，所以称为山阳渎。由于军事行动紧急，全渠并未得到全面兴修。隋炀帝时才对山阳渎进行了彻底治理。

（二）隋炀帝开凿通济渠

通济渠是从板渚引黄河水，注入淮水。大业元年（605）三月，发河南诸郡男女百余万，开通济渠。通济渠分为三段：西段自东都洛阳西苑，引谷水、洛水，东循阳渠故道由洛水注入黄河；中段自洛口到板渚，利用的是黄河的自然河流；东段起自板渚，引黄河水走汴渠故道，注入淮水。据唐代杜宝《大业杂记》记载，通济渠水面阔四十步，通龙舟，两岸为宽敞的官道，道旁种榆柳，树荫相交，是景象宜人的水陆交通要道。[①]

（三）隋炀帝开凿邗沟

隋大业元年（605），隋炀帝发动淮南丁夫十余万，大致沿着东晋永和故道，重开邗沟，自山阳（今淮安楚州）达扬子津（今邗江扬子桥）入江，三百余里，水面阔四十步。邗沟上接通济渠，下接江南运河。隋炀帝大业元年（605）所开的邗沟，利用的不是吴国邗沟，而是东汉陈登所开凿的邗沟直道。

（四）隋炀帝开凿永济渠

大业四年（608），隋炀帝下诏开凿永济渠，引沁水，南达于河，北通涿郡。永济渠也是利用之前王朝开凿留下的运河河道与自然水道疏浚而成的，分为四段：

（1）今河南武涉至汲县一段，通过疏浚沁水、清水（即卫河）而成。

（2）汲县至馆陶一段，基本上是利用曹操遏淇水入黄河古道白沟而形成。

（3）馆陶与沧州一段，是部分地利用了汉代屯氏河和西汉大河故渎而形成。

（4）沧州至涿郡一段，部分利用漳水，至独流口另辟新道，接漯水到达涿郡。

永济渠是隋朝调运河北地区（指当时黄河以北、太行山以东的河北道）粮食的主要渠道，也是对北方用兵时人员与战备物资的运输线。

（五）隋炀帝开凿江南运河

大业六年（610）隋炀帝下令开挖江南运河。之前历代开凿相关运河的情况如下：

（1）春秋吴国开通了从苏州到扬州的运河。

（2）秦朝开凿了从今镇江至丹阳的运河。

（3）汉武帝时在吴江沼泽地带开河，南接杭嘉运河，接通了苏州至嘉兴的运道。

（4）六朝建都南京，又修整、开凿了一些运河和堰埭。如东晋初年修筑丁卯埭平水堰，孙吴开凿了破岗渎。

所以江南运河并不是隋朝开创性的水利工程，只是重新疏凿和拓宽长江以南的运河古道。

① 辛德勇：《大业杂记辑校》，西安：三秦出版社2006年版，第2页。

二、隋朝成功开凿大运河的原因

从584年至605年，隋朝在较短的时间里完成了规模空前长达2 700千米的大运河工程，其历史功过唐代皮日休在《汴河铭》中说得较为中肯："在隋之民不胜其害，在唐之民不胜其利也。"[①]这里主要关注一个问题：隋朝统治者为什么要开通大运河，为什么能完成大运河工程。

（一）隋朝开通大运河，主要是服务于统一事业

从政治角度看，开通大运河可以促进南北地域融合。从经济角度看，以建康、太湖流域、杭州湾一带为中心的江南地区，成为远胜北方的经济新兴繁荣之地。据《陈书·宣帝纪》记载，当时江南"良畴美柘，畦畎相望，连宇高甍，阡陌如绣"[②]。开通大运河，乃出于向北输送江南财富的现实需要。

从行政管理和军事行动的角度看，开凿大运河尤其有必要。南朝时期形成的江南世家大族与隋朝政权存在尖锐矛盾。在灭掉陈朝的第二年，《隋书·高祖纪》记载说："婺州人汪文进、会稽人高智慧、苏州人沈玄懀皆举兵反。"[③]这一反叛在过去陈国统治的区域内得到广泛响应，两年后虽被平定，但仍余波不断。开皇十八年（598），隋文帝下诏从民间收缴可能用于军事行动的大型船舶：

> 吴、越之人，往承弊俗，所在之处，私造大船，因相聚结，致有侵害。其江南诸州，人（民）间有船长三丈以上，悉括入官。[④]

此外，隋文帝还在南方设置扬州大总管府，统领南方44州军事。可见，开凿大运河也是为了对江南地区加强控制。

（二）隋朝能完成大运河工程，是基于雄厚的经济储备和强大的军事实力

隋文帝为政提倡个体俭朴，而且注重集聚国力，因此朝廷储积了雄厚的财富。《通典·食货典》记载：

> 隋氏西京太仓，东京含嘉仓、洛口仓，华州永丰仓，陕州太原仓，储米粟多

① ［唐］皮日休：《皮子文薮》，北京：中华书局1959年版，第44页。

② ［唐］姚察、姚思廉：《陈书》，北京：中华书局1974年版，第82页。

③ ［唐］魏徵、令狐德棻：《隋书》，北京：中华书局1973年版，第35页。

④ ［唐］魏徵、令狐德棻：《隋书》，北京：中华书局1973年版，第43页。

者千万石，少者不减数百万石。天下义仓，又皆充满。京都及并州库，布帛各数千万。①

长安和洛阳有许多大粮仓，除含嘉仓、洛口仓为隋炀帝所建外，其他都建在隋文帝统治期间。唐代初年有人估计：文帝末期，“计天下储积，得供王六十年”。所以隋炀帝即位时，“户口益多，府库盈溢”。这是开通大运河的基本经济条件。

隋文帝能在政治上实现统一，是以强大的军事实力作为保障的。在大运河开凿过程中，永济渠工程最为浩大。永济渠的修建，主要为征伐高丽这一军事行动服务。在河北一带前后征召民工百余万人，但即使民怨沸腾，工程还是如期完成了。这主要得益于军事力量的威慑，以及军事组织方式所产生的高效益。

三、隋朝开通大运河的特点与影响

隋朝开通大运河，是影响中国历史进程的大事件，所以古代有人将其与“大禹治水”相比较，说“共禹争功不较多”。若跟历代治水事业相比较，隋朝开通大运河有以下三个特点值得注意：

(1)集大成性。从时间层面看，隋朝开通大运河，以新修的运河工程带动，融汇了历朝历代相关治水成就，形成了较为完善的水上运输系统。就地域层面而言，大运河流经发生影响的范围，有上百万平方千米，而且都是经济发展水平较高的地区。就所发挥的功能而言，隋朝大运河在政治、经济、军事和文化交流等诸多方面发挥了综合效益。

(2)促进了城市化发展水平。在隋朝以前，基本上所有的政权皆以定都的城市作为政治、经济、文化的唯一中心。大运河开通以后，洛阳成为交通枢纽，经济文化发展水平不次于都城长安，所以到唐代的时候其被确定为副都。而大运河的另一个枢纽江都(扬州)，也得以成为重要的副中心城市。从此以后，都城之外的各城市通过充分发展经济文化事业，以扩大社会影响力，就成为中国历史的一种惯性。

(3)促进了社会的流动性。开通大运河，就是为了交通运输便利。但隋

① [唐]杜佑：《通典》卷七，北京：中华书局1988年版，第1331页。

朝一直忙于战争，运河主要用于为朝廷运粮运兵，以及供隋炀帝驾临大运河炫耀享乐，在促进社会自由流动方面并未产生明显作用。但到唐代，大运河的社会功能得到全面释放，商旅经营，文人漫游，平民自由穿行，形成了“大运河经济”和“大运河文化”，大大促进了唐代社会的自由流动，提升了唐代社会的人文活力，这是“大唐盛世”的重要标志。

此外，隋朝开凿永济渠时，需要百余万壮丁，由于男子不够，还大量征发妇女作为劳力，这是中国治水史上罕见的组织行为。其对于中国古代人力资源使用的性别区分是否产生了影响，也是可以探究的问题。

第三节
姜师度治水

姜师度是唐代前期以治水而闻名的官员,《旧唐书》《新唐书》这两部重要史书都据此为他立传。姜师度主持的治水项目,地域性强,且没有关乎全局发展的性质,因此不太为后世所关注,但能够体现出当时官员治水的基本特点,这里举例并略加分析。

一、姜师度治水的特点与项目

(一)治水服务于军事防御

服务于军事防御的治水工程是在姜师度任易州刺史、河北道巡察兼支度营田使期间完成的,时间在唐中宗神龙初年(约705—707)。当时河北地区特别是蓟州地处北部边防,要抵御和防备来自北方的奚、契丹这两个游牧部族的侵扰。这两个部族的武装力量擅长骑射,铁骑一旦长驱直入,就很难抵抗。根据这一具体情况,姜师度发挥其治水的特长,在蓟州北部(今居庸关)拦截水流,涨水为沟,且形成大片泥土湿软的沼泽地,使之成为一道具有屏障作用的军事设施。由于骑兵无法横行,奚、契丹的侵扰就收敛了许多。

(二)治水解决运输问题

河北边防前线的军粮用品等,主要靠中原地区输送。姜师度就任易州刺史、河北道巡察兼支度营田使时,军粮用品的输送,大致要经过黄河和相关运河,绕道海上送达。海运漕粮沿途经常有难以预测的风险,出现了问题又不好施救,运输效率不高。为了解决这个问题,姜师度决定重修平虏渠。平虏渠是东汉末年曹操北征乌桓时,为便利军运在今沧州市东北开凿的渠道,起自津沱,下入孤水。姜师度带人勘测平虏渠旧道,用一年时间傍海穿凿,将旧渠修整一新重新注水利用,这样中原至河北边塞的粮运就能一路平安顺畅。该项水利工程到元代时,经过修整后成为大运河最北端连接海河的重要渠道。

（三）解决洪涝灾害

神龙三年(707)，为解决河北威县一带洪涝灾害问题，姜师度发起“废渠新用”工程。西汉时期，在威县附近曾有一条大沟渠，属于屯氏河的分支，能起到分排黄河洪水的作用。后来黄河改道由利津入海，这条沟渠的原有功能不复存在。姜师度组织人力拓宽疏通张甲河，在排泄当地洪涝方面卓有成效。此外，姜师度还在河北清池县（今沧州市东南）开了两条渠道：一条下注毛氏河，一条下注漳水，用来引水灌溉农田，但也都有排泄洪水的功用。

（四）服务水运的工程设计

玄宗开元初年，姜师度任陕州刺史。朝廷在陕州城西设置太原仓，作为江淮一带粮草物资运往长安、洛阳的水陆交通中转点。以前的程序是将粮草、物资自仓库装车运至河边，再搬运到船上。因河岸地势较高，不仅要先让粮车爬坡而上，到了河岸后还要人背粮运到船上，效率不高。姜师度于是改造了太原仓的运输通道，他让人在坡上凿出地道，然后安装木滑槽，让粮包自坡上顺槽一溜而下滑至水边，这样就节省了许多劳力和运输经费。这虽不是直接的治水项目，但与水上运输有关，从宽泛的意义上也可以纳入治水案例中。

（五）整治盐池

盐池又名盐湖、银湖，即古河东盐池，亦称解池。盐池位于中条山下，涑水河畔。池中的卤水经日光暴晒成盐，色白味正，杂质少，春秋战国时期就远近闻名，到汉代远销豫、鲁、冀、甘、陕等地。开元六年(718)，姜师度任蒲州河中府尹，盐池就在辖区内，产盐一度是当地重要的财政来源。不过盐池地势低，洪水来时常遭浸渍，而天旱时又干涸没有卤水，这样盐的产出不丰，盐池渐渐废弃。姜师度到任后，调发民卒开渠引水，让盐池的卤水量稳定均衡，并设置盐屯保障盐的出产。最终官府和当地百姓都能从中受益，工程经济效益极其明显。姜师度治理盐池的经历，在历代治水业绩中是比较独特的。

（六）整治城市水道

姜师度还在长安城内外修渠开河，使都城有绿水环绕朝堂坊市，舟楫往来不绝。为使都城雨水顺利排泄，他还在华州华阴郡华阴西部开凿排水渠——敷水渠，有效防止了城内淤水、积水。后来又在郑县疏导了两条旧渠——利俗渠和罗文渠，支分溉田，既可用于长安城内排涝，又可用于城外的田地灌溉。

(七)整治古通灵陂

古通灵陂工程是不成功的治水实践。汉武帝时期,庄熊罴上书建议引洛水以灌溉重泉荒原(今蒲城县东南一带),改造一万余顷盐碱地,使之成为良田。经过反复实践,耗时十年,最终用竖井法开凿出我国历史上第一条地下水利渠道。可惜由于思考不周,渠壁未加衬砌,通水后不久渠土崩塌,而且由于黄河主流摆走偏离,因渠口无法取水而失效。

开元七年(719)姜师度转任同州(在今陕西大荔)刺史。姜师度以汉渠为鉴,重启通灵陂水利工程,不仅引入洛水,而且作堰导水,引黄河水入渠,水量增加,提高了通灵陂的灌溉能力。由于渠水流量稳定通畅,姜师度设置了十余个屯田单位,组织人员灌溉,将废弃的 2 000 多顷(约合当时的 10 万多亩)田地改造为良田。通灵陂修治工程完成当年,粮食即大获丰收。以一亩年平均出产 300 斤计算,年产粮食 3 000 万斤。据相关研究,开元盛世时长安城内已有常住人口 100 万人,粮食供应压力很大,丰饶的关中平原出产也无法满足需求。而通灵陂修治工程增产的粮食,平均能为每个长安居民解决差不多一个月的口粮,可谓贡献巨大。

正是基于这样的成绩,玄宗于开元八年(720)亲自巡视朝邑屯田区。据史书记载,玄宗看到了通灵陂水利工程造就的令人喜悦的景象:

> 原田弥望,畎浍连属,由来榛棘之所,遍为粳稻之川,仓庾有京坻之饶,关辅致亩畲之润。①

于是当即下诏褒奖姜师度:“以功特加金紫光禄大夫,赐帛三百匹。”同时下令把部分官屯熟田还给逃亡复归的原主,或分给贫穷的欠地之户。所以,姜师度整治通灵陂,也是有益于地方发展的民生工程。

二、姜师度治水的成就与成功的原因

据学界统计,姜师度兴修的有名水利工程计 13 项,占现存资料所载唐初北方水利工程的近十分之一。可以说,姜师度代表了初唐时期官员治水的最

① [宋]王钦若等:《册府元龟》卷四九七《邦计部·河渠第二》,唐玄宗《褒姜师度诏》,南京:凤凰出版社 2006 年版,第 5646 页。

高成就。

（一）姜师度是初唐时期官员治水的典型代表

首先，姜师度治水类型多，除传统的农田水利、交通运输、防洪排涝之外，还涉及军事防御、盐业发展、水运工程设计、城市水道整治等。其次，姜师度治水跨地范围广，13个治水项目分布在河北、山西、河南等广阔的地域范围之内。再次，姜师度一生以治水作为实现人生价值的主要方式，对水利事业热情且勤奋，治水境界比较高。

姜师度治水，体现了以有功为主，但呈现了有成功也有不成功的正常工作状态。成功的例子如上所述，不成功的状况就是《旧唐书·姜师度传》所说的“时有不利”，比如他在长安城内开渠，有些地方曾造成“水涨则奔突，水缩则竭涸”①的不良结局。

不过，在担任地方行政长官时，姜师度对治水的执着，形成了有碍全局的行政偏好。史书记载，当时流传“姜师度一心穿地”，就是批评他偏重治水的问题。《旧唐书·姜师度传》说他“既好沟恤，所在必发众穿凿”，其实已经指出，姜师度每到任一地，总会按照“治水优先”的策略施政。这样不仅会延迟或耽误其他方面的工作，而且大量征发劳工民力也会形成民怨。行政偏好在当时地方官那里，应该也是普遍存在的问题。

（二）姜师度治水得以成功，是因为适应了时代发展的需要

唐朝继承了隋的统一大业，对内强国富民，对外军事扩张，而姜师度所处的时代，正是我国封建社会政治经济文化走向鼎盛的预备阶段。在“以农立国”的封建朝代，足量的农业产出是支撑繁华盛世的物质基础，而水利是农业的命脉。唐朝的统治者充分认识到这一点，所以鼓励地方政府兴修水利。当时尚书省下设有水部，还设立都水监，掌管制度制定和水务管理：

掌天下川渎陂池之政令，以导达沟洫，堰决河渠。凡舟楫灌溉之利，咸总而举之。②

当时还颁布了全国统一的水法《水部式》，将发展水利的成效作为考核地

① ［唐］张鷟：《朝野佥载》（与《隋唐嘉话》合刊），程毅中、赵守俨点校，北京：中华书局2005年版，第90页。

② ［五代］刘昫：《旧唐书》，北京：中华书局1975年版，第1841页。

方官吏政绩的重要标准。姜师度正是适应了“治国先治水”的时代发展要求，以唐代前期大规模的农田水利工程建设为背景开展自己的事业，所以能够成为一位成绩卓著的治水良吏。而他的不断升迁，也主要基于治水的业绩。《新唐书·姜师度传》评价：“师度喜渠漕，所至徭役纷纭，不能皆便，然所就必为后世利。”换个角度看，如果不是风气所向，朝廷鼓励，姜师度出于个人偏好大量征伐劳工，可能难成其功，而要反受其害了。

附:《旧唐书》“姜师度传”[①]

姜师度,魏人也。明经举。神龙初,累迁易州刺史兼御史中丞,为河北道监察兼支度营田使。师度勤于为政,又有巧思,颇知沟洫之利。始于蓟门之北,涨水为沟,以备奚、契丹之寇。又约魏武旧渠,傍海穿漕,号为平虏渠,以避海艰,粮运者至今利焉。寻加银青光禄大夫,累迁大理卿。景云二年,转司农卿。

开元初,迁陕州刺史。州西太原仓控两京水陆二运,常自仓车载米至河际,然后登舟。师度遂凿地道,自上注之,便至水次,所省万计。六年,以蒲州为河中府,拜师度为河中尹,令其缮缉府寺。先是,安邑盐池渐涸,师度发卒开拓疏决水道,置为盐屯,公私大收其利。再迁同州刺史,又于朝邑、河西二县界,就古通灵陂,择地引雒水及堰黄河灌之,以种稻田,凡二千余顷,内置屯十余所,收获万计。特加金紫光禄大夫,寻迁将作大匠。

明年,左拾遗刘彤上言:“请置盐铁之官,收利以供国用,则免重赋贫人,使穷困者获济。”疏奏,令宰相议其可否,咸以为盐铁之利,甚裨国用。遂令师度与户部侍郎强循并摄御史中丞,与诸道按察使计会,以收海内盐铁。其后颇多沮议者,事竟不行。

师度以十一年病卒,年七十余。师度既好沟洫,所在必发众穿凿,虽时有不利,而成功亦多。先是,太史令傅孝忠善占星纬,时人为之语曰:“傅孝忠两眼看天,姜师度一心穿地。”传之以为口实。

① [五代]刘昫:《新唐书》,北京:中华书局1975年版,第3945-3946页。

第四节
白居易治理西湖

根据现存文献记载，杭州西湖的综合治理始于唐代白居易。就西湖自身的改造而言，白居易所做的工作，主要是扩大湖体的容量，即在钱塘门外石函桥到武林门之间兴筑一条比旧堤高出好几尺的新湖堤，将西湖分隔为二。堤西部分是上湖（即今西湖），堤东部分是下湖。筑堤之后，把湖水尽量贮蓄在上湖，同时设立水闸调节上下湖的水位变化。这样以上下湖为中心，在杭州形成完整的水利体系[①]。白居易曾撰写《钱塘湖石记》，刻写在石头上公布，文章对自己任期内杭州西湖治理及其运作情况作了详细记载，这是有关唐代治水情况的重要历史资料。以下对白居易治理西湖的成就略作阐述。

一、施政目标明确

白居易治理西湖，主要是解决一个问题：杭州气候特点是春季多雨水而夏秋多干旱。春季西湖因容量不足而导致湖水大量外泄，但到夏秋时节，湖水浅少又不敷农用。杭州城东北直至海盐的上塘河沿岸一带的千余顷田地，夏秋常经受旱灾而影响收成，危害一郡的居民生活。白居易治理西湖，基本宗旨就是“以有余补不足”，扩大湖的库容量，在春季多蓄纳雨水，到夏秋时节补给农田。由于治水目标明确，且能惠及民生，因而其施政的民意基础牢固，得到了民众的广泛支持。

二、治水决策经过充分讨论

修堤要将西湖水放干，而民间有迷信说法，认为这样对钱塘县官不利，所

① 林正秋：《古代杭州西湖的治理》，杭州：《杭州师范学院学报》1990年第5期，第91–96页。

以白居易提出治水目标后，民间提出反对意见，有的说鱼龙无处藏身，有的说不利于茭白、菱藕的生长。白居易本着普惠民众的施政立场加以批驳，认为“稻粮之利”才是最重要的。还有钱塘官吏说湖水是城里六口水井的来源，决泄湖水会导致城中饮水问题。白居易通过调查指出：西湖里有几十眼泉水，且西湖湖底位置远高于水井，这些泉水足以供城中饮水之需。井里缺水主要因为湖与井之间的通道湮塞，要经常检查和疏通。由于经过辩论，以理服人，治水工程得到一致拥护，进展顺利。

三、在用水审批方面简政便民

过去农户用湖水，要由乡里提出申请，公文送达县，再报州府所属相关部门批示。如果得到批准，由州府将公文下达到各县，县再发到各乡，乡里再派遣所属地界的小官具体办理。这样动不动就要十来天，即使得到了水，庄稼也差不多枯萎了。白居易深知用水的烦琐行政程序之害，就施行简便的方法：灌田之前挑选两个官吏，站在农田和湖边，会同本地农户，根据农田的面积，约好放水的时间，算好放水的尺寸，限量放水。如果遭遇旱年，百姓请求放水，就让他前往州衙直接递交申请，刺史立即批给地界，当天就可放水。这样田地里的庄稼就能及时得到滋养。

四、禁绝官员以湖谋私

西湖里有十几顷田，湖水浅时，田地就露出来；湖水深时，田地就被淹没；因此耕种者无须缴税。以往田户为了收成有保障，常与主管官员勾结，偷偷放泄湖水，以使私田一直显露。针对这一弊端，白居易下令石函桥闸、笕决湖和各小水管出口，不浇田时必须封闭堵严。经常巡视检查，一旦发现哪怕是一点泄漏，就追究主管官员的责任。白居易通过严肃整顿吏治，解决了吏民勾结偷泄湖水的难题。

五、治水思维全面，兼顾湖害问题

白居易在杭州治水时充分考虑到，湖水不仅可以为利，一旦决堤成洪便是危害，所以立下规章制度：如果遇到接连三天以上的雨，容易溃堤，必须由主管官员巡守，做好预防工作。笕决湖南面，岸堤过去就有缺损，如果遇到洪水暴涨,就要在缺损处泄洪。水位仍然不下降,就要兼用石函桥闸和水管同时泄水,以防溃堤。这种兼顾水利水害的整体思维,对于治水事业而言是非常重要的。

白居易杭州治水取得了很高的综合效益,所以当他从杭州离任时,百姓极力挽留。白居易作《别州民》里说了这样两句:“唯留一湖水,与汝救凶年。”这足以说明,治水是衡量古代官员政绩的重要指标。

附:《钱塘湖石记》[①]

钱唐湖事,刺史要知者四事,具列如左:

钱唐湖一名上湖,周廻三十里,北有石函,南有笕。凡放水溉田,每减一寸,可溉十五余顷;每一复时,可溉五十余顷。先须别选公勤军吏二人,立于田次,与本所由田户,据顷亩,定日时,量尺寸,节限而放之。若岁旱百姓请水,须令经州陈状,刺史自便压帖,所由即日与水。若待状入司,符下县,县帖乡,乡差所由,动经旬日,虽得水,而旱田苗无所及也。大抵此州春多雨,秋多旱,若堤防如法,蓄泄及时,即濒湖千余顷田无凶年矣。(原注:州图经云:“湖水溉田五百顷。”谓系田也,今按水利所及,其公私田不啻千余顷。)自钱唐至盐官界,应溉夹官河田,放湖入河,从河入田。准盐铁使旧法,又须先量河水浅深,待溉田毕,却还本水尺寸。往往旱甚,即湖水不充。今年修筑湖堤,高加数尺,水亦随加,即不啻足矣。脱或水不足,即更决临平湖,添注官河,又有余矣。虽非浇田时,若官河干浅,但放湖水添注,可以立通舟船。俗云:决放湖水,不利钱唐县官。县官多假他辞以惑刺史。或云鱼龙无所托,或云菱茭失其利。且鱼龙与生民之命孰急?菱茭与稻粮之利孰多?断可知矣。又云放湖即郭内六井无水,亦妄也。且湖底高,井管低,湖中又有泉数十眼,湖耗则泉涌,虽尽竭湖水,而泉用有余;况前后放湖,终不致竭,而云井无水,谬矣!其郭内六井,李泌相公典郡日所作,甚利于人,与湖相通,中有阴窦,往往堙塞,亦宜数察而通理之。则虽大旱,而井水常足。湖中有无税田约数十顷,湖浅则田出,湖深则田没。田户多与所由计会,盗泄湖水,以利私田。其石函、南笕,并诸小笕闼,非浇田时,并须封闭筑塞,数令巡检,小有漏泄,罪责所由,即无盗泄之弊矣。又若霖雨三日已上,即往往堤决。须所由巡守预为之防。其笕之南,旧有缺岸,若水暴涨,即于缺岸泄之;又不减,兼于石函、南笕泄之,防堤溃也。大约水去石函口一尺为限,过此须泄之。余在郡三年,仍岁逢旱,湖之利害,尽究其由。恐来者要知,故书于石。欲读者易晓,故不文其言。长庆四年三月十日,杭州刺史白居易记。

---

① [唐]白居易著,谢思炜校注:《白居易文集校注》卷三十一,北京:中华书局2011年版,第1842-1844页。

第五节 高骈疏凿天威径

天威径是唐代高骈任安南都护时疏凿成功的，今称为潭蓬古运河。天威径的位置在江山半岛中部，大致为东西走向，长约 3 千米，估计沟渠宽度在 5—10 米之间，是沟通月亮湾和珍珠湾的一条人工运河。有观点认为：

> 高骈疏凿了海域中的礁石，并没有去开凿江山半岛中部的丘陵山地。因此，从史料上看，天威径的地理位置当位于白龙尾以外的海域中无疑，而非在江山半岛的中部。①

但唐代裴铏《天威径新凿海派碑》有“泄海成派”的提法，派为束流，所以将天威径理解为在江山岛上开凿利用海水通航的运河，是没有问题的。该文又提到天威径的开凿，可与灵渠媲美，也可以证明这一点。相信随着考古工作的展开，潭蓬古运河的遗存及其位置，是可以得到确认的。从治水的角度看，天威径的疏凿历经 800 余年，才得以大功告成，完成了利用海水形成运河的夙愿，在水利史上具有重要的价值，所以《旧唐书》《新唐书》都对之加以记载。

天威径最初修建于东汉马援南征期间，如《天威径新凿海派碑》所言：

> 自东汉马伏波欲剪二徵，将图交趾，煎熬馈运，间阔沧溟，乃凿石穿山，远避海路。及施功用，死役者不啻万辈，竟不遂其志。多为霆震山之巨石，自巅而咽之。伏波无术不能禁，乃甘其息。②

① 何凡能、杨朝、赵亮：《“潭蓬运河”的疏凿及地理位置考析》，北京：《地理科学进展》2019 年第 11 期，第 1688 页。

② ［清］董诰等编：《全唐文》，北京：中华书局 1983 年版，第 8463 页。下同此篇，不另注。

马援看出了天威径的航运交通价值,也下定决心组织施工,但渠道内海石嶙峋,坚不可摧,只好罢休。

唐元和年间张舟开通了天威径,柳宗元为张舟写的墓志铭记载说:

公患浮海之役,可济可覆,而无所恃,乃刳连鸟以辟坦途。鬼工来并,人力罕用。沃日之大,束成通沟;摩霄之阻,堑为高岸,而终古蒙利。①

沃日,指大海。"沃日之大,束成通沟",是说天威径渠道贯通了,并且注入了海水使之通流。而"摩霄之阻,堑为高岸",表明在天威径开凿过程中,从山体上析出了大量石片。这些石片应该用于在天威径东西两端出口处的海湾围造湖塘调节水量。不过根据裴铏《天威径新凿海派碑》的记述,张舟虽然开凿出天威径的沟渠,实现了通流,但由于沟渠中有无法摧毁的凸起巨石,因此没有实现无障碍通航。

高骈疏凿天威径,应该就是在张舟等前任施工的基础上,使其实现了无障碍通航,并在天威径东西出口的海湾处形成人船聚集的港口,如《天威径新凿海派碑》所言:

遂使决泄一派,接引两湖。中间合流,无纤阻窒。经过卒校,梯溟涨而不艰危。趱运仓储,棹舟航而无覆没。

明月半岛东西两侧的湾折原为海船借以过夜或避风之所,但停歇之后仍得沿半岛绕行,一旦天气状况不良,或行船速度稍慢入夜仍在海上漂泊,就很危险。天威径通航之后,海船基本上能便捷快速地穿行江山半岛东西侧的安全港湾,并且绕过了海礁密布的白龙湾,所以裴铏称道说:"今则安流坦途,不复经斯险矣。"

就目前所了解的情况而言,天威径是我国古代唯一利用海水通航的运河,在疏浚与利用方面有其自身的特点:

(1)军凿而民用。高骈在咸通七年(866)率领唐军在针对南诏政权的安南之战中获得最终胜利,结束了长达十年的战争,并着手经营安南地区。所

① [唐]柳宗:《柳宗元集》,北京:中华书局1979年版,第239页。

以高骈在咸通八年(867)至咸通九年(868)谋划并疏凿天威径,不是为军事,而是为了方便海上日常交通运输。根据《天威径新凿海派碑》的记述,沟渠的疏凿并未征发民役,动用的是军队力量:

遂命摄长吏林讽湖南军都将余存古等,部领本将兵士并水手等一千余人,往天威径而疏凿之。

天威径疏浚的难度大,但因为有之前的施工基础,工程量并不大,主要集中在一公里多长的东边沟段,没有必要征用民力。动用军队系统的人员攻坚克难,是讲究效率的合理安排。

(2)爆破新技术的运用。根据《天威径新凿海派碑》的记述,高骈的军队在疏凿天威径时,也同样遭遇到人工无法摧毁"坚确之石"的问题。但后来有"轰雷磷电"裂石,沟渠得以畅通。从每遭遇顽石都有"轰雷磷电"来碎裂看,不可能是天雷助威,而应该是利用了火药这种爆破技术。但当时火药爆破为少数技术专精的道士所掌握,秘不外传。天威径应该是道士在外人不得确知现场的情况下,对沟渠中的顽石进行了爆破。裂石成功之后,则宣称以施法求得天助,所以高骈误认为这是精诚感动了上苍。实际上,这是火药爆破技术带来的成效。

(3)因径建港。天威径疏凿成功之后,人、船、货往来频繁,天威径东西出口处自然成为港口,呈现出繁荣景象。而高骈因势利导,在天威径及附近港口进行了公共设施建设,如《天威径新凿海派碑》所记述:

更能审曲面势,伐山徵材,结构高亭,创修别馆。泉驱来而走碧,桥架险以横虹。神室雷祠,道堂僧署,无不克备,皆能显宏。

别馆,是供往来海客住宿的。引泉,是为聚集的人口提供充足的饮水。架桥,方便居留的旅客行走游览。而"神室雷祠,道堂僧署",方便海客敬拜,以在风险海途中及时获得心理安慰。

天威径的畅通,是成功治海的一个范例,蕴含着丰富的海洋文化内涵。我国古代治水实践多依托内陆展开,因此天威径的疏凿显得特殊,难能可贵,是古代海上丝绸之路开发史上不可抹杀的一个亮点。

第六节
唐代的《水部式》

《水部式》是唐朝水利管理机构出台的规章制度，相当于现在的水法，可惜的是整本已无从得见，只散见于文献典籍和出土文物。敦煌出土的《水部式》残卷（编号为 P2507），是其中最有价值的文件，罗振玉将其收录在《鸣沙石室古佚书》中。该《水部式》残卷 143 行，计 29 条，有 2 600 余字，所述内容丰富。

一、“水部式”的含义

唐代朝廷层面设置的水利管理机构，有都水监和水部，二者共同构成唐代中央水政枢纽。其中水部为工部的下属机构，主要职能是制定、发布和解释水政管理规章。而都水监，着眼于推进官员的水务工作，以严谨的考核方式，促使水政体系得以更好运转。根据《旧唐书·职官志》的记载，唐代公文有律、令、格、式四种基本形态，而“式以轨物程事”，即“式”这种公文内容是对制度实施在操作层面作具体规定。“水部式”是唐朝水部颁布的有关水政的公文，对于官府和民众如何利用水资源，做了详细说明。其条例之详尽，上至渠堰设置，下到人员安排，都对地方治水官员的职责进行了严格规定，标志着唐代水政管理已趋向成熟。

二、明确了重要水利事业按照公共资源进行管理

比如对京畿地区（关中平原一带）的水利设施如郑白渠的管理，《水部式》尤为重视：

泾、渭二水大白渠，每年京兆少尹一人检校。其二水口大斗门，至浇田之

时,须有开下(闭),放水多少,委当界县官共专当官司相知,量事开闭。

即由京兆府副长官专负其责,而水量的调节使用,由地方官府和都水监相关部门根据公共需要商量决定。其他州县辖区的水利事务,《水部式》也要求由壮丁和工匠轮流看守,发现问题及时修缮,如损坏严重可申报给上级政府请求协助解决。至于水利工程设备,如闸门的安装、规模及形式等,《水部式》规定"皆须州县官司检行安置,不得私造"。

三、考虑到了水资源利用的公平与优先问题

《水部式》规定农田用水实行轮灌制,"溉田自远始,先稻后陆"。即,为保证水利均沾,灌溉从下游开始,由远而近,先水田,后旱地。总的原则是:用水难免有先后,但"务使均普,不得偏并",这就体现了公平合理分配水资源的管理思想。对于行业竞争引发用水矛盾的问题,《水部式》确立的基本原则为:"凡水有溉灌者,碾硙不得与其争利",即土地耕作用水优先于碾磨用水。据此规定,在田地不进行浇灌时,即每年八月三十至正月初一以前,才不对碾磨动用水资源进行限制。如航运和灌溉用水相互冲突,《水部式》则规定"漕运第一,灌田次之"。这些保证公平用水和明确优先用水的规定,能够化解许多用水矛盾。

四、唐朝廷和地方政府的水政管理范围广泛

敦煌残卷涉及泾水、渭水、白渠、河西、扬子江、洛水等,根据这些资料可以推断,《水部式》的规定涵盖了唐朝国土范围内所有重要的江河及水利工程。管理的水务包括田地灌溉、航运、桥梁、作坊加工业用水、渔业出产、船舶制造等诸多方面。对水资源权益及各方的相互关系,也都能结合基本原则和生产生活的实际情况,作出了具体而明确的规定。有些学者认为,唐代《水部式》是现代水法的先驱。但从残卷多涉及操作问题而非基本原则看,这一说法似有待商榷。

附:《水部式》敦煌残卷[1]

泾、渭白渠及诸大渠,用水溉灌之处,皆安斗门,并须累石及安木傍壁,仰使牢固。不得当渠造堰。诸溉灌大渠,有水下地高者,不得当渠[造]堰,听于上流势高之处,为斗门引取。其斗门皆须州、县官司检行安置,不得私造。其傍支渠有地高水下,须临时暂堰溉灌者,听之。

凡浇田,皆仰预知顷亩,依次取用,水遍即令闭塞,务使均普,不得偏并。

诸渠长及斗门长,至浇田之时,专知节水多少。其州、县每年各差一官检校。长官及都水官司时加巡察。若用水得所,田畴丰殖,及用水不平并虚弃水利者,年终录为功过附考。

京兆府高陵县界,清、白二渠交口,着斗门,堰清水。恒准水为五分,三分入中白渠,二分入清渠。若水雨过多,即与上下用水处相知开放,还入清水。二月一日以前,八月卅日以后,亦任开放。

泾、渭二水大白渠,每年京兆少尹一人检校。其二水口大斗门,至浇田之时,须有开下(闭),放水多少,委当界县官共专当官司相知,量事开闭。

泾水南白渠、中白渠、〔偶〕南渠,水口初分,欲入中白渠、偶南渠处,各着斗门,堰南白渠水一尺以上、二尺以下,入中白渠及偶南渠。若水雨过多,放还本渠。其南、北白渠,雨水泛涨,旧有泄水处,令水次州县相知检校疏决,勿使损田。

龙首、泾堰、五门、六门、升原等堰,令随近县官专知检校。仍堰别各于州、县差中男廿人、匠十二人,分番看守,开闭节水。所有损坏,随即修理。如破多人少,任县申州,差夫相助。

蓝田新开渠,每斗门置长一人,有水槽处置二人,恒令巡行。若渠堰破坏,即用随近人修理。公私材木并听运下。百姓须溉田处,令造斗门节用,勿令废运。其蓝田以东,先有水碨者,仰碨主作节水斗门,使通水过。

合璧宫旧渠,深处量置斗门节水,使得平满,听百姓以次取用。仍量置渠长、斗门长检校。若溉灌周遍,令依旧流,不得因兹弃水。

河西诸州,用水溉田,其州、县、府、镇官人公廨田及职田,计营顷亩,共百

① 韩榕桑整理校点:《唐〈水部式〉(敦煌残卷)》,北京:《中国水利》1993年第7期,第7-9页。

姓均出人功，同修渠堰。若田多水少，亦准百姓量减少营。

扬州扬子津斗门二所，宜于所管三府兵及轻疾内量差，分番守当，随须开闭。若有毁坏，便令两处并功修理。

从中桥以下洛水内及城外，在侧不得造浮硙及捺堰。

洛水中桥、天津桥等，每令桥南北捉街卫士洒扫，所有穿穴，随即陪（培）填。仍令巡街郎将等检校，勿使非理破损。若水涨，令县家（官）检校。

诸水碾硙若拥水，质泥塞渠，不自疏导，致令水溢渠坏，于公私有妨者，碾硙即令毁破。

同州河西县瀵水，正月一日以后，七月卅日以前，听百姓用水。仍令分水入通灵陂。

诸州运船，向北太仓从子苑内过者，若经宿，船别留一两人看守，余并闢（避）出。

沙州，用水浇田，令县官检校。仍置前官四人。三月以后、九月以前行水时，前官各借官马一疋（匹）。

会宁关有船五十只，宜令所管差强了（丁），官检校，着兵防守。勿令北岸停泊。自余缘河堪渡处，亦委所在州、军严加捉搦。

沧、瀛、贝、莫、登、莱、海、泗、魏、德等十州，共差水手五千四百人：三千四百人海运，二千人平河。宜二年与替。不烦更给勋赐，仍折免将役年及正役年课役，兼准屯丁例，每夫一年各怗一丁。其丁取免杂徭人，家道稍殷有者，人出二千五百文资助。

胜州转运水手一百廿人，均出晋、绛两州。取勋官充，不足兼取白丁，并二年与替。其勋官每年赐勋一转，赐绢三疋、布三端，以当州应入京钱物充。其白丁充者，应免课役及资助，并准海运水手例，不愿代者，听之。

河阳桥，置水手二百五十人；陕州大阳桥，置水手二百人。仍各置竹木匠十人，在水手数内。其河阳桥水手，于河阳县取一百人，余出河清、济源、偃师、汜水、巩、温等县。其大阳桥水手出当州，并于八等以下户，取白丁灼然解水者。分为四番，并免课役，不在征防、杂抽使役及简点之限。一补以后，非身死、遭忧，不得辄替。如不存检校，致有损坏，所由官与下考水手决卅（州）。

安东都里镇防人粮，令莱州召取当州经渡海得勋人谙知风水者，置海师二人，柂（舵）师四人，隶蓬莱镇。令候风调海晏，并运镇粮。同京上勋官例，年满听选。

桂、广二府铸钱及岭南诸州庸调，并和市、折租等物，递至扬州讫，令扬州差纲部领送都。应须运脚，于所送物内取充。

诸溉灌小渠上先有碾硙，其水以下即弃者，每年八月卅日以后，正月一日以前，听动用。自余之月，仰所管官司，于用硙斗门下着锁封印，仍去却硙石，先尽百姓溉灌。若天雨水足，不须浇田，任听动用。其傍渠疑有偷水之硙，亦准此断塞。

都水监三津，各配守桥丁卅人，于白丁、中男内取灼然便水者充。分为四番上下，仍不在简点及杂徭之限。五月一日以后，九月半以前，不得去家十里，每水大涨，即追赴桥。如能接得公私材木筏等，依《令》分赏。三津仍各配木匠八人，四番上下。若破坏多，当桥丁、匠不足，三桥通役；如又不足，仰本县长官量差役，事了日停。

都水监渔师，二百五十人。其中，长上十人，随驾京都；短番一百廿人，出虢州；明资一百廿人，出房州。各分为四番上下，每番送卅人。并取白丁及杂色人五等已下户充，并简善采捕者为之，免其课役及杂徭。本司杂户、官户并令教习，年满廿补替渔师。其应上人，限每月卅日，文牒并身到所由。其尚食、典膳、祠祭、中书、门下所须鱼，并都水采供。诸陵，各所管县供。余应给鱼处及冬藏，度支每年支钱二百贯，送都水监，量依时价给直。仍随季具破除见在，申比部勾覆，年终具录，申所司计会，如有回残，入来年支数。

(上有脱行)已了及水大有余，溉灌须水，亦听兼用。

京兆府灞桥、河南府永济桥，差应上勋官并兵部散官，季别一人，折番检校。仍取当县残疾及中男，分番守当。灞桥番别五人，永济桥番别二人。

诸州贮官船之处，须鱼膏供用者，量须多[少]，役当处防人采取。无防人之处，通役杂职。

皇城内沟渠拥塞停水之处及道损坏，皆令当处诸司修理。其桥将作修造，十字街侧令当铺卫士修理。其京城内及罗郭墙，各依地分，当坊修理。

河阳桥每年所须竹索，令宣、常、洪三州役丁匠预造。宣、洪州各大索廿条，常州小索一千二百条，脚以官物充。仍差纲部送，量程发遣，使及期限。大阳、蒲津桥竹索，每三年一度，令司竹监给竹，役津家水手造充。其旧索每委所由检覆，如斟量牢好，即且用，不得浪有毁换。其供桥杂匠，料须多少，预申所司量配，先取近桥人充。若无巧手，听以次差配，依番追上。若须并使，亦任津司与管匠州相知，量事折番，随须追役。如当年无役，准《式》征课。

诸浮桥脚船，皆预备半副，自余调度；预备一副，随阙代换。河阳桥船于潭、洪二州，役丁匠造送大阳、蒲津桥船，于岚、石、隰、胜、慈等州，折丁采木，浮送桥所，役匠造供。若桥所见匠不充，亦申所司量配，自余供桥调度，并杂物一事以[充]。仰以当桥所换不狂用物，回易便充。若用不足，即预申省，与桥侧州、县相知，量以官物充。每年出入破用，录申所司勾当。其有侧近可采造者，役水手、镇兵、杂匠等造贮，随须给用，必使预为支拟，不得临时阙事。

诸置浮桥处，每年十月以后淩(凌)，牡开解合，[　][　]抽正。解合所须人夫，采运榆条，造石笼及绾索等杂使者，皆先役当津水手及所配兵；若不足，兼以镇兵及桥侧州、县人夫充。即桥在两州、两[县]者，亦于两州、两县准户均差，仍与津司相[知]，[量]须多少使得济事。役各不得过十日。

蒲津桥，水匠一十五人；虔州大江水赣石险难[处]，给水匠十五人，并于本州取白丁便水及解水[者]充。分为四番上下，免其课役。

孝义桥，所须竹簟，配宣、饶等州造送。应[茹]塞、系簟，船别给水手一人，分为四番。其洛水[中][桥][竹]簟，取河阳桥故退者充。

第七节 唐代碾硙作坊的水资源利用

水力碾硙在汉代已得到应用，桓谭曾说“役水而舂”，庾虞诩上书时也提到“水舂”“用功省少”。《魏书》记载崔亮效仿晋代杜预，为政时“造水碾磨数十区”，效益显著。《北齐书》记载高隆之曾“造治水碾”，有利于当世。到隋代时，水碾磨仍是稀罕之物。显然，唐代之前水力碾硙尚未普及。①

水力碾硙的优越性在于：借助水流从高往下的冲击力，带动碾硙进行运转，将谷物脱壳或加工成粉末。水力碾硙所需人力甚少，而且可以昼夜运行，生产效率高。唐朝时长安是国际大都市，繁盛时城内和京畿人口合计有 200 多万。这么多的人口每天都需要消费大量的粮食，因而水力碾硙在粮食加工方面得到广泛应用。在当时，水力碾硙制作工艺复杂，前期投入大，但回报率高，属于新兴行业，也是长安城的重要支柱产业之一。由于唐代水力碾硙数量多，对水资源的过度利用引发了相关社会问题。

一、水碾作坊过度利用水资源

在唐朝之前，水力碾硙数量不多。到唐代，虽然也有利用水力碾硙为民谋福利的，如王方翼“出私财造水碾硙，税其利以养饥馁，宅侧起舍十余行以居之”②，但就关中水力碾硙而言，这是收益丰厚的新兴行业，这一点西嶋定生作过阐述。根据前朝惯例，唐代都城形成了掌握水力碾硙行业的三个垄断阶层。

一是公主阶层。据史书记载，西晋时期刘颂任河内太守时，发现郡界有很多公主的水碓运转。这些水碓，是朝廷陪嫁给公主的，收益用于出嫁后公

① 刘小平：《水碾与中古水权管理制度述论》，天津：《历史教学（高校版）》2009 年第 4 期，第 37－38 页。

② ［五代］刘昫：《旧唐书》，北京：中华书局 1975 年版，第 4802 页。

主的日常开销，唐皇族应该仍然维持了这种陪嫁的传统。[①] 而玄宗时期的太平公主、代宗时期的升平公主，就在都城附近经营自己的水力碾硙用以谋利。[②]

二是权贵阶层。隋代杨素曾据有若干水碾磨用以谋利，惹动众议。唐代权贵也有许多权贵参与经营水力碾硙。如高力士在都城西北截沣水作碾，日转五轮，每天碾麦三百斛。而李林甫也是“京城邸第，田园水硙，利尽上腴”。唐朝权贵经营水力碾硙，基本上属于以权谋私，是以此作为敛财的手段。[③]

三是僧侣阶层。据北魏杨衒之《洛阳伽蓝记》的记述，当时景明寺“碾硙、舂簸皆用水功”[④]，即利用水碾对粮食进行生产加工。唐代有一定规模的寺院，普遍经营水碾。狄仁杰就曾说寺院“膏腴美业，倍取其多。水碾庄园，数亦非少”。如普救寺，“园硙田蔬，周环俯就”。再如京师清禅寺，“竹树森繁，园圃周绕，水陆庄田，仓廪碾硙，库藏盈满”。甚至有些小寺院，也经营水碾，日本僧人圆仁在游历时，“入定觉寺庄，见水碾——名为三交碾”。另据敦煌残卷，敦煌地区寺院也普遍经营水碾。[⑤]

据《册府元龟》描述，在唐代宗大历时期，仅关中平原郑白渠上，“豪家贵戚壅隔上流，置私碾百余所”[⑥]。而长安城附近其他河渠上的水碾作坊也比比皆是，总数应不少于200所，每天消耗的水量巨大。由于水碾对水的流量位势要求较高，而优质水资源有限，因此围绕着水碾作坊的取水问题，难免发生争执纠纷。《旧唐书》卷98《李元纮传》记载：

元纮少谨厚。初为泾州司兵，累迁雍州司户。时太平公主与僧寺争碾硙，公主方承恩用事，百司皆希其旨意，元纮遂断还僧寺。[⑦]

---

① ［唐］房玄龄等：《晋书》，北京：中华书局2014年版，第1294页。

② 祝昊天：《堰遏费水：浅析汉唐关中水利建设与农业灌溉的用水之争》，南昌：《农业考古》2018年第1期，第217-218页。

③ 庞勃、樊志民：《略论唐政府对关中水碾的管理》，安阳：《安阳工学院学报》2016年第6期，第47页。

④ ［北魏］杨衒之：《洛阳伽蓝记》，北京：中华书局2013年版，第124页。

⑤ 刘小平：《唐代寺院的水碾硙经营》，南京：《中国农史》2005年第4期，第44-50页。

⑥ ［宋］王钦若等：《册府元龟》卷四九七《邦计部·河渠二》，台北：台湾中华书局股份有限公司，影印本第5952页。

⑦ ［唐］刘昫等：《旧唐书》，北京：中华书局1975年版，第3073页。

这里所谓的“争碾硙”，其实是在争夺便于碾硙运转的水资源。由此可以看出，由于水碾作坊过多，水资源已经过度开发，出现了水资源紧张的问题。

二、水碾作坊侵害农田灌溉

水碾用水与农田用水是有冲突的。一则，水碾用水从高处流入，而落到很低的地方，难以再用于农田灌溉，这样就有大量的渠水被占用了。二则，为增高水的位势，增加水的动力，水碾作坊往往要另设堰坝拦截流水，这样水面变得宽阔而部分渠段的水流变缓，不利于冲刷泥沙，容易造成渠道淤塞，导致水流不畅。三则，私碾作坊变更水道流向，助长了不良用水风气，私开渠口偷引水源的情况屡见不鲜。这些都造成水量减少，对关中平原的土地灌溉产生了极大的负面影响。

《元和郡县图志》卷一《关内道》“泾水”条记载：“大唐永徽六年，雍州长史长孙祥奏言：往日郑白渠溉田四万余顷，今为富僧大贾，竞造碾，止溉一万许顷。”[①]在长孙祥看来，郑白渠水量锐减，可灌溉面积只有以往的四分之一，大量碾硙作坊与地争水，是比较重要的原因。而长孙无忌认为，“比为碾硙用水，泄渠水随入滑，加以壅遏耗竭，所以得利遂少”[②]，也将农田收益减少的原因归于碾硙作坊占用水源。由此可见，过度的、大规模的水碾经营活动，已经侵害到农田灌溉，成为一个醒目的社会问题，最终触及朝廷的政治利益。

碾硙作坊对农业灌溉收益的损害程度，可根据相关历史记载，找到一些具体的数据。大历时期韩绅卿迁泾阳县令，“破豪家水碾，利民田，顷凡百万”[③]。这里所谓的“百万”，可能不是指田地面积，而是指几百万斤（石）粮食。再如唐代宗广德年间，京兆少尹王翊上奏书请求拆除“京城北白渠上王公寺观碾硙七十余所，以广水田之利”[④]。拆除碾硙作坊后，白渠的灌溉面积扩大，灌溉效果良好。最后的粮食大丰收，总产量“计岁收粳稻三百万石”，折合现在计重约3亿斤。从这些收获反推过去，即可知道当时水碾作坊对农田灌溉的侵害程度。

① ［唐］李吉甫：《元和郡县图志》，北京：中华书局1983年版，第11页。

② ［唐］杜佑：《通典》卷二，北京：中华书局1988年版，第18页。

③ ［唐］韩愈著；刘真伦、岳珍校注：《韩愈文集汇校笺注》，北京：中华书局2010年版，第2672页。

④ ［宋］王溥：《唐会要》，北京：中华书局1955年版，第1622页。

三、唐朝廷对水碾作坊问题的解决措施

首先是确立规章制度，对水碾作坊的运作进行限制。据敦煌残卷（伯2507号）记载，唐玄宗开元年间颁布的《水部式》明确规定：

诸水碾硙若拥水质泥塞渠，不自疏导，致令水溢渠坏，于公私有妨者，碾硙即令毁破。

诸溉灌小渠上先有碾硙，其水以下即弃者，每年八月卅日以后，正月一日以前，听动用。自余之月，仰所管官司，于用硙斗门下着锁封印，仍去却硙石，先尽百姓溉灌，若天雨水足，不须浇田，任听动用。其傍渠疑有偷水之硙，亦准此断塞。

而《唐六典》卷七《水部郎中员外部》中也有相关规定：

凡水有灌溉者，碾不得与争其利。自季夏及于仲春，皆闭斗门，有余乃得听用之。①

这里确立了农业灌溉相对于水碾作坊用水的优先权，对于侵犯这种优先权的，以摧毁水碾作为惩处措施。对于水碾作坊可以用水的时间和权限，《水部式》也予以确切说明。

由于关系到国计民生，唐朝廷曾整治水碾作坊，兹结合历史资料，将其中四次较有影响的行动陈述如下：

（1）唐高宗时期，由于长孙祥上书，朝廷下令对郑白渠上的水碾作坊进行巡查，由经营者撤除，对不配合的强行捣毁。但没过几年，情况又恢复到原来的状况。

（2）唐玄宗开元九年（721），李元纮奉命拆毁三辅渠上的所有水碾。《旧唐书·李元纮传》记载：

诸王公权要之家，皆缘渠立硙，以害水田，元纮令吏人一切毁之，百姓大

① ［唐］李林甫等：《唐六典》，陈仲夫点校，北京：中华书局1992年版，第226页。

获其利。[1]

这次行动打击的对象，是经营水碾作坊的达官贵人；从这次行动中获益的阶层，是从事农业生产的百姓。这次行动要解决的，是水碾作坊妨害农田水利的问题。

(3)唐代宗广德二年(764)，朝廷下令由工部侍郎李栖筠主持，拆毁郑白渠上的私碾。该事为《元和郡县图志》所记载：

广德二年，臣吉甫先臣文献公为工部侍郎，复陈其弊，代宗亦命先臣拆去私碾硙七十余所。[2]

这里提到，拆除的是由私人经营的水碾作坊，而官府设置的当不在整治的范围内。

(4)唐代宗大历十三年(778)，朝廷下令黎干整治水碾作坊。《新唐书·黎干传》记载：

十三年，泾水壅隔，请开郑、白支渠，复秦、汉故道以溉民田，废碾硙八十余所。[3]

这里说得很明确：水碾大量用水，导致泾水壅堵，沿岸农田无法得到灌溉。经请示朝廷获得批准后，黎干主持拆除了郑白渠支流上的水碾数量有八十余所之多。

这一次朝廷拆毁水碾的措施极为严厉。《资治通鉴》唐纪四十一“代宗睿文孝武皇帝中之下大历十三年”条记载：

春，正月，辛酉，敕毁白渠支流碾硙以溉田。升平公主有二硙，入见于上，请存之。上曰：“吾欲以利苍生，汝识吾意，当为众先。”公主即日毁之。

---

① [五代]刘昫等：《旧唐书》，北京：中华书局1975年版，第3073–3074页。
② [唐]李吉甫：《元和郡县图志》，北京：中华书局1983年版，第11页。
③ [宋]欧阳修、宋祁：《新唐书》，北京：中华书局1975年版，第4721页。

升平公主是唐代宗爱女、郭子仪的儿媳妇，她的两所水碾作坊是代宗赐予作为脂粉费用补贴的。但她到代宗面前哭诉陈情，也没有保住她的两所私碾，这一次朝廷打击水碾作坊侵占水利的决心，可以说非常坚决。

唐代宗之后，藩镇割据、宦官专权、朋党之争导致朝廷威权下降，整治水碾作坊侵害农田水利之事，相对而言无关政治要旨，就再也没有上升到朝廷施政层面进行讨论。但这一问题无疑是仍然存在的，延续到北宋时期，水碾硙事业的发展则得到朝廷和官员的高度重视。如宋代李纲曾对水碾加工粮食的良效予以赞誉："凿木为机运不休，溪边叠石駃溪流。但知随水能旋转，肯道舂粮不自由。"而朝廷政务机构中的水部"掌水碾硙之事"，并专门设置水磨务"掌水硙磨麦，以供尚食及内外之用"。根据《续资治通鉴长编》《宋史》等典籍的记载，北宋初年皇帝多次以正面肯定的态度对水碾硙进行巡视。[①]这在一定程度上说明，水碾硙作坊工艺复杂，高投资高回报，在中国古代城市化进程中，较之农田水利耕作，是更为适配的行业景观，因此在与农田灌溉争水的过程中，能一再地废而复兴。

① 郭志安、王娟：《北宋水碾硙业中的官私博弈》，合肥：《安徽农业科学》2012年第2期，第1239-1240页。

第八节
隋唐五代时期治水经验的公共管理学解读

隋唐五代时期治水，以隋代大运河建设为最高成就。唐代继承隋代治水的遗产和趋势，在水资源管理、城市用水系统等方面进一步拓展。五代时期政局动荡，政权处于不能统一的分裂状态，治水因袭隋唐余脉，没有特别耀眼的成绩。隋唐大一统的政权，保证了治水事业的顺利发展，但也导致了一些典型问题，由此形成这一时期的治水特色。

隋炀帝朝廷组织修建大运河，出于领土统一、军事征服、经济发展等诸多方面的考虑，也权衡了既有水利条件，属于理性决策。大运河修建之后，产生的综合效益惠泽中华土地一千多年，无疑算是治水的丰功伟绩。但是，大运河修建存在急功近利的问题。在六年内，隋炀帝朝廷为修建大运河，采用高压的手段大兴劳役，导致数百万劳工遭受残酷的管制和压迫，数以百万计的家庭因此蒙受苦难。这样，治水在共时层面引发了有关暴政的民怨，与大运河在历时层面发挥的正面价值形成悖论，而使大运河未能成为中国历史上值得推崇的治水典范。隋炀帝开凿大运河悖论反映了中国古代治水的一些核心问题：(1)为消弭水患而大兴劳役，当事民众一般而言乐于牺牲奉献；为贪图水利成就功业而大兴劳役，百姓往往并不情愿配合。(2)大规模兴修水利，成就千秋大业，在生产力不发达的古代，往往要牺牲几十万甚至上百万民众一代人的幸福，这对于他们来说显然是不公平的。治水导致劳工身心备受摧残，往往会激发社会矛盾，甚至成为政治动乱的祸端。可见，既要合理，也要合情，这是国家层面兴发治水事业时必须把握好的一个基本原则。

隋唐之前，城市特别是都城用水系统虽然与农耕水利有所区别，但二者密切关联，治水时它们基本上是作为一个整体加以对待的。但这一情况在唐代发生了变化，长安成为居住人口在多数时间里不少于百万的国际性大都市，其生活用水、产业用水、航运用水、景观用水形成了独立系统，与农耕水利建设迥然不同,城市治水形成了独特的理念。而且,随着都市用水量不断增加,城市用水系统的边界不断外扩,导致在与农耕水利交集的范围内,经常出现侵犯农耕水利系统权益的现象。比如碾硙作为长安城市新兴的产业,由于用水量过大侵犯农耕水利,且属于私家牟利性质,因此成为朝廷、地方政府和百姓极为关注的治水问题。城市用水需要单独加以整治,如何协调城市手工业用水与城郊农耕用水的关系,这是唐代治水提示的重要问题。唐代在实践上对城市治水和农耕治水的不同价值指向加以区分,是治水观念的重要进步。

唐代治水基本上剥离了与政治的关系,也不强调治水在经济发展全局中的功能,而更关注是否能解决具体的问题。姜师度带着专业态度和工匠精神,将治水当作自己毕生的事业追求。从他留下的治水案例看,治水成绩涉及军事防御、消除水患、畅通航运、疏浚城市水道、整治盐池、修整农耕水利等多方面,但上述治水项目都是单列的,每次治水都只设置一个重要的小目标,明确提出并试图解决具体的问题,体现了专家治水谨慎有效的特点。白居易和高骈则以行政长官的身份,基于岗位的职责开展治水事业,前者解决了西湖治水难题,后者完成了前人未竟的建设海上运河的事业。还有《水部式》所明确的权利、义务和责任,也是针对水资源管理过程中具有普遍意义的用水细节问题。可以说,终唐一代,治水的民生意义得到落实,朝廷基本上将其处理为与政治、经济、军事大局无关的行政事务。

第六章 宋代治水情况与特点

第一节
民生为要：宋代治水的一个关注点

赵宋朝以靖康之难为界，分为北宋与南宋两个历史时期。两宋由于与北方政权军事对峙的情况类似，因而在兴修水利、重视军队屯田方面基本一致。但南宋偏安杭州，与北宋时期的政治、经济、社会环境已大有不同，因而在治水重点与治水面貌上又呈现出不同的状态。

一、南北宋对治水屯田的不同立场

北宋朝廷深明五代政权分散，源于军事割据，而治水屯田是支撑军阀割据的重要经济基础。从限制军权防止地方势力做大的角度看，治水屯田无疑是赵宋统治者不愿积极推行的施政方针。但是边军屯田，是历史形成的有效戍守制度，北宋朝廷在和北方辽国对抗过程中及经历与西夏的灵州之战后，深刻认识到边疆治水屯田的必要性，因而不得不加以实施。

在与西夏交接的边疆一带，赵宋军队经过与西夏的多次斗争，最终形成了两个治水屯田的中心。[①] 一处是以鄜延路为中心向宋夏东北边界扩展，由鄜延路守将范仲淹和知延州庞籍奠定基本格局。这一屯田中心主要处在黄河与屈野河之间的狭长地带之内，水源当从这两条河流引入。该处屯田位于边境交锋激烈的区域，夏军经常掠地占有水源，所以状况不够稳定。另一处是以泾原路为中心向宋夏西南边界扩展，先后由知镇戎军曹玮、右正言田况、陕西安抚使王尧臣等倡议和经营而成。根据郑戬所言水洛城“陇之二水，环城西流，绕带河渭，田肥沃，广数百里”[②]，则屯田中心水源丰富，来自陇水、渭河与黄河，且不在宋夏交锋争夺的敏感区域内，因此发展状况良好。

---

① 程龙：《北宋西北沿边屯田的空间分布与发展差异》，南京：《中国农史》2007年第3期，第57-63页。

② ［宋］司马光：《资治通鉴》晋纪三十八，北京：中华书局1956年版，第3648页。

河北屯田以治水为基础，相关史料记载比较明确。《宋史》载何承矩对于河北屯田的建议："于顺安砦（今安新）西开易河蒲口，导水东注于海，东西三百余里，南北五七十里，资其陂泽，筑堤贮水为屯田，可以遏敌骑马之奔轶。"①北宋朝廷批示准许的文件中也提出："缘边诸水所聚，因以限辽。"②而《宋史纪事本末》卷十八"营田之议"记载沧州临津令黄懋的进言："今河北州军多陂塘，引水溉田，省工易就。"③即该工程的水利规模很大，但主要是就便贯通既有陂塘湖泊等水体，工程量不大，工程难度也不大。该工程的最终全长近千里，沿途汇集河流 19 条，淀泊 30 个。之后为了安置因旱灾、蝗灾、水灾造成的大量流民，又在河北地区多处招募流民编为军队，专事耕作屯田。据《续资治通鉴长编》，此地屯田以知保州赵彬最为成功："决鸡距泉，自州西至满城县，又分徐河水南流以注运渠，置水陆屯田。"④因为管理上存在官府与军队两条线，河北屯田整体而言效益不高，但治水是成功的。

南宋治水屯田，最值得称道的是西北地区，特别是宋金交锋前线汉中一带。为节省军费开支，解决军粮供应和运输问题，在西北戍边的南宋军队于汉中治水屯田。汉中地处秦岭巴山之间，汉水从中间流过，便于发展农业生产："厥田沃衍，其俗富庶，乐三堰之美。"这里所谓的"三堰"，指由山河堰、五门堰、杨填堰组成的汉中灌溉工程体系，基本上是在南宋时期形成的。⑤ 山河堰在南宋的修整，先后经历了吴玠—杨政—吴璘—吴拱相继主持等几个阶段。《宋史·吴玠传》记载：绍兴六年（1136）吴玠"命梁、洋守将治褒城废堰，民知灌溉可恃，愿归业者数万家"⑥。《宋史·杨政传》记载："政守汉中十八年；六堰久坏，失灌溉之利，政为修复；汉江水决为害，政筑长堤捍之。"⑦《宋史·吴璘传》载："璘至汉中，修复褒城古堰，溉田数千顷，民甚便之。"⑧《宋史·河渠志》记载："乾道七年（1171）遂委前诸军都统制吴拱经理；发卒万人助役，尽修六堰，浚大小渠六十五，复见古迹并用水工准法修定；凡溉南郑、褒城

① [元]脱脱等：《宋史》，北京：中华书局 1977 年版，第 9328 页。

② [元]脱脱等：《宋史》，北京：中华书局 1977 年版，第 2358 页。

③ [明]陈邦瞻：《宋史纪事本末》，北京：中华书局 2018 年版，第 120 页。

④ [宋]李焘：《续资治通鉴长编》卷五十五，北京：中华书局 2004 年版，第 1215 页。

⑤ 雷震：《南宋时期汉中的屯田与水利》，汉中：《汉中师范学院学报》（社会科学）1999 年第 2 期，第 16-17 页。

⑥ [元]脱脱等：《宋史》，北京：中华书局 1977 年版，第 11413 页。

⑦ [元]脱脱等：《宋史》，北京：中华书局 1977 年版，第 11444 页。

⑧ [元]脱脱等：《宋史》，北京：中华书局 1977 年版，第 11420 页。

田二十三万余亩"[①]。关于杨填堰和五门堰的整修,康熙《城固县志》记载:"杨填堰,北十五里,出湑水河;宋开国侯杨从仪于河内填成此堰,故名。"南宋之前,五门堰南流至斗山北麓抱石嘴,水流即阻隔不通,斗山之南无灌溉之利。绍兴年间薛可光削木为槽,作涧跨石绕山引水,斗山以南大片良田从此能得到五门堰水的灌溉。此外,阶州城修筑长堤以避免水患,赵彦呐在西和州修整北部的水关以屯田,也与汉中地区的治水成效相得益彰。[②]

二、治理河患是北宋朝廷政务的重点

南宋政治、经济、文化中心南移,黄河不在行政管辖范围之内,因而在施政层面上不存在治河的问题。但在北宋时期,黄河造成的水患一直是朝政关注的重点。在北宋前三朝,重大的黄河决口达 17 次之多,分别发生于宋太祖乾德二年(964)、乾德三年(965)、开宝四年(971)、开宝五年(972);宋太宗太平兴国二年(977)、太平兴国三年(978)、太平兴国八年(983)、太平兴国九年(984)、淳化四年(993);宋真宗咸平三年(1000)、景德元年(1004)、景德四年(1007)、大中祥符四年(1011)、大中祥符五年(1012)、大中祥符七年(1014)、天禧三年(1019)、天禧四年(1020)。[③] 仁宗即位之后,河患问题依旧严重,据相关统计,北宋 167 年间黄河水患总共发生 89 次,平均每两年一次。[④] 所以北宋朝廷一直高度重视黄河治理问题。

(一)对治水机构设置进行调整

一般认为,都水监起源于晋武帝时设置的都水台,开始是位卑权小的临时性治水机构。经过两晋南北朝的发展,到隋唐五代时期,都水监逐渐成为统管水事的中央直属机构。北宋前期,由于河患频发,都水监事务冗杂,难以专注于河患的治理,同时也为了中央集权的需要,于是仁宗皇佑三年(1051)朝廷设置三司河渠司,专掌黄河与汴河等河堤功料事务,以盐铁副使、判官主管,以前都水监的职能被分散至其他不同机构和部门。河渠司尽管能够专注于黄河水务,但调动各部门协作办理河务的实权较小,一旦发生河患,如决溢

① [元]脱脱等:《宋史》,北京:中华书局 1977 年版,第 2377 页。

② 何玉红:《南宋西北战区军粮的消耗以及屯田与水利建设》,南京:《中国农史》2007 年第 3 期,第 76 页。

③ 刘光亮:《略论欧阳修至和河议》,吉安:《吉安师专学报》(哲学社会科学)1995 年第 16 卷增刊,第 51-52 页。

④ 郑成龙:《北宋都水监研究》,桂林:广西师范大学 2014 年硕士学位论文,第 6 页。

的情况发生，需要进行应急处理，河渠司往往无法应付。积弊显现之后，仁宗嘉祐三年(1058)，朝廷废除河渠司，重置都水监。重置的都水监以治理黄河、汴河为主要职能，兼顾其余，将其他部门的治水权收归本机构统一行使。最终形成都水监、内外监丞司(都水本监、南外都水监丞司与北外都水监丞司)、修河司、河埽司四层级的官僚组织结构。在这种科层制官僚机构设置中，河官(人)、河务(事)、治河权(权)之间的行政生态能够在一定时期内保持稳定和平衡，都水监整个机构能够围绕河患(水患)治理进行运转。而都水监内部各机构、各部门的权责界定和明确分工，也有利于提高治水效率。[①] 单独设置中央直属部门重点管控和治理黄河水患，是之前历代没有出现过的情况。

(二)朝臣在治理黄河水患问题上纷纷建言献策

范仲淹、欧阳修、司马光、王安石、文彦博、吕大防、安焘、苏颂、苏轼、苏辙、范纯仁等许多朝臣，都根据自己的调查、研究和理解，结合黄河治理的实际问题，提出相关意见和建议。在讨论和争辩过程中，大致形成三种治河思路。一派以欧阳修为代表，认为应该奉行大禹治水之道，顺着黄河流水的自然习性，修筑堤防将黄河导向北流。欧阳修并借出使途经河北之便，认真请教当地曾亲历黄河水患的百姓和水利专家，验证了自己的主张确实可行。之后苏轼、范纯仁、王存等朝臣也坚持黄河北流的方案。另一派以王安石等为代表，认为黄河多年来一直东流是历史也是现状，应该在尊重黄河东流这一基本事实的基础上治理水患。坚持这一治理思路的，多是具体经办河务的行政官员。后来主张黄河东流的，有文彦博、吕大防、安焘等。此外还有折中调和派，以司马光为代表，认为应该按照黄河东流的思路治理水患，但不必立即闭塞北流，而是要等待观察二三年乃至四五年，到河水八分以上东流时，方可堵塞向北决堤的黄河流水。

上述争论的焦点，其实就是黄河东流还是北流的问题。顺黄河水流之性导向北流，符合自然之理，也确实可行。但这相当于废除黄河东流的水道，另外开辟一条水道，不仅工程量大，而且耗时多。站在当权者的角度看，这种治河方案未必能够根治河患，且所承担的责任大，任务重，自己在任期内却难以见到功效，所以一般不会去选择。站在朝廷的角度看，黄河北流靠近北边的辽国，是北宋与辽国交往的缓冲地带，这一地区得到水利变得富庶繁荣，对北

① 牛楠:《北宋都水监与治水体制研究》，芜湖:安徽师范大学2014年硕士学位论文，第46页。

宋王朝局势的安定而言，并非利好的选择。所以在多次反复讨论过程中，黄河北流的意见在理论上是更正确的，但北宋在治河实践上一直奉行黄河东流的思路。

北宋治河，设置都水监行政机构是有效的，但都水监与各河段所在地方官府机构之间存在条块分割难以合作的问题。北宋朝廷对治河决策的讨论是充分的，但限于多方面的掣肘，北宋治河整体上是处于"头疼医头，脚疼医脚"的被动应付状态。治理的碎片化，成为北宋治理黄河水患的痼疾。

三、北宋与南宋在地方治水问题上的不同导向

北宋时期出现了一些有良心和责任感的知识分子官员，他们本着经纶天下之志、利益苍生之心，在任职的地方兴修水利，留下了不少成功而典型的地方治水案例。

范仲淹任泰州西溪（在今江苏东台市）盐仓监时，两次上书朝廷争取到修复盐城沿海一带海堤的工程。在他的带领下并经过继任者张伦的努力，从今江苏省南通市启东市吕四港镇至盐城市阜宁县长达290公里的捍海堰修建成功，利益一方，被后人称为范公堤。在知苏州任上，范仲淹重视解决太湖的排水问题，主张将太湖汇入吴淞江的洪水进行分流入江入海，并且在常熟、昆山之间，督浚白茆、茜泾、浒浦、下张、七丫等河，导湖水入江入海。范仲淹还提出将吴淞江变曲为直的治水工程，接任者付诸实施大获成功。范仲淹具有"先天下之忧而忧"的崇高思想，治水强调消除水患，为民造福。

根据《嘉庆重修一统志》，欧阳修知颍州时，"筑塞白龙沟，注水西湖，灌溉腴田，大为农民利"[①]。一方面是兴修水利灌溉农田，取得了成功；而另一方面，"注水西湖"意味着颍州西湖也在整治范围之内。从欧阳修写作大量诗词讴歌西湖景色美好以及选择颍州作为晚年定居之地看，他在任期内曾按照风景如画的标准整治了西湖。欧阳修在颍州治水，重视水生态环境的综合治理，既体现了宋代知识分子官员"忧民"的社会责任心，也体现了文人墨客的风雅情怀。

苏轼治水秉承欧阳修的风格，既重视农业灌溉发展民生，也致力于营造优美的环境。苏轼知颍州时间不长，但在水利事业上贡献很大，既整治境内

① ［清］穆彰阿、潘锡恩：《嘉庆重修一统志》第七册，北京：中华书局1986年版，第566页。

沟渠便于灌溉，也疏浚西湖使之赏心悦目。在杭州任职期间（先为通判后为知州），他疏浚杭州六井和西湖，也都包括了利益民生和改善风景环境的考虑。苏轼在治水问题上的独特表现，是在知颍州任上，他亲自带人进行了为期几个月的勘查与测绘，并写出翔实有说服力的论证报告，指出经过朝廷批准正在建设的八丈沟开挖工程，对陈州泄洪全然无益，而会给颍州造成巨大的水患，最终阻止了八丈沟的开挖。这说明，苏轼在治水方面具有科学态度和亲身实践精神。

刘彝在赣州主持修建的城市排水设施，是复杂的系统工程，技术含量高，代表了北宋时期城市治水的最高成就。与前述政治人物主持治水工程不同的是，刘彝本身就是治水的技术专家。刘彝曾在理学名家胡瑗门下钻研治水的学问，后来成为治水名家。刘彝在朝廷都水监担任“都水丞”时，开封一带久雨不停，汴河暴涨，都城内涝，整个朝廷无计可施。刘彝提出将杨桥斗门打开放水，水患很快就解除了。这个杨桥斗门，当时的水工和其他治水官员都不知道在哪里，有何用，刘彝能了解其位置和功用，说明他对城市地下排水系统钻研得很透彻。刘彝治水的成功，表明北宋理学思想对当时科技发展具有一定的促进作用。

上述北宋治水案例，都是先由地方官员向朝廷申报，朝廷批准后，一般会拨付一定数额的经费（多从地方应缴纳的赋税中扣除），地方政府获得征发劳役、征收专项附加税和向社会筹募资金的权力，然后开始实施治水工程。在整个过程中，朝廷和地方政府充分发挥了公共职能，能有效进行组织、控制和管理。

南宋时期朝廷迫于庞大的军事经费和外交费用，加上大量北方人口迁徙到南方，因此大力兴修水利，发展农业生产，增加经济收入，以应付财政支出和维持社会稳定。兹以明州（相当于今宁波一带）的治水情况为例加以说明。[①] 南宋大型治水工程，往往是由朝廷发起和主导，如淳熙年间（1174—1189）朝廷下诏修建定海石塘，“令唐叔翰与水军统制王彦举、统领董珍申府闻于朝，支降钱米效钱塘江例”[②]。再如嘉定十四年（1221），朝廷“诏令葑桩库于见桩管度牒内，支拨一十二道付庆元府，每道作八百贯文变卖价钱，充修

① 金城：《南宋浙东地区水利事业论述——以明州为例的考察》，哈尔滨：《学理论》2021 年第 1 期，第 62 页。

② ［宋］胡榘、罗濬等：《（宝庆）四明志》，北京：中华书局 1990 年版，第 5232 页。

砌上水、乌金等处碶坝,及开掘夹砌道士堰、朱赖堰工物等使用”[①]。而地方官员负责组织实施,充当各种利益关系之间的调解员,其中明州官员莫济、陈延年负责疏浚东钱湖,余姚县令谢景初修筑余姚至慈溪的海塘,堪为模范。由于利益攸关,官府也发动社会力量广泛参与,如绍兴十五年(1145),温州平阳人吴蕴古捐材料建设沙塘斗门。再如绍兴十六年(1146)春,在修建新沙塘斗门时,“役工于千,糜钱百余万,皆二邑民辅之”[②]。与北宋相比,南宋治水主要围绕着增加赋税而展开,地方官员的主导角色淡化。

这一点在南宋江南地区大量营造圩田(湖田)的潮流中也有明显表现。[③]虽然高宗、孝宗、光宗、宁宗等各个时期情况有所不同,但南宋圩田造作基本上可以分为官办和民办两种。地方官员能履行的职责,主要是完成官办圩田的营造维护、组织耕作、征收租金,以及根据圩田收入向朝廷进贡、纳税、交粮等任务。民办圩田主要由地方豪强营造维护、组织耕作、征收租金。在制度规定上,地方官府具有对民办圩田进行监管的职权。但由于围湖造田属于朝廷鼓励的行为,而且地方豪强开发与经营圩田,确实增加了当地经济收入,承担了缴纳赋税的义务,也有助于通过解决社会失业问题维护社会稳定,因此地方官府一般采取放任态度。南宋江南地区由于围湖造田规模不断扩大,最后造成了当地公共水资源遭到大面积破坏,引发频繁的水旱灾害。这说明,地方官府主导治水事业,特别是当地方主政官员抱着利益苍生的社会责任感主导治水时,治水工程的社会综合效益较好。而虚化地方官员积极能动性的治水实践,往往会偏向追求经济利益而影响水利生态和社会环境。

---

① [清]徐松:《宋会要辑稿》,刘琳、刁忠民、舒大刚等校点,上海:上海古籍出版社2014年版,第7456页。

② 闫彦等:《浙江海潮·海塘艺文》,杭州:浙江大学出版社2013年版,第212页。

③ 沈世培:《南宋江南圩田开发中政府公共职能探析》,南京:《中国农史》2017年第2期,第87-101页。

第二节
苏颂治水重视实地考察与理性规划

治水是系统工程,要熟悉相关地情水情,才能进行合理规划,取得成功。北宋时期的苏颂具有科学家的素养,他在任官履职时,有关治水的建议和措施都以充分的实地考察为基础,实施效果良好,为当时人所推重。

一、提出治理汴河水患的有效建议

北宋时期城市建设得到大发展,其时处于气候较为温湿多雨的历史时期,城市水患成为突出问题。而汴京,即北宋都城开封,地势低平,水系发达,黄河泥沙容易流入抬高河床,这不仅影响漕运,形成城市内涝,还造成河流决堤,引发洪灾。苏颂提典开封府界诸县镇公事时,治水在其职责范围之内。他在进行全面实地勘查后,认识到以往官员治水局限于疏浚汴京城内的水道,因而效果不好。于是,他上了一份奏议,提出了两条重要建议:

(1)汴河以南的水多进入盟河、圭河,汴河以北的水多进入白沟河,而京城西北诸县镇的水多进入刁河。如果这四条河壅滞,水流就会涌入汴京一带,容易造成水患。苏颂主张,在疏浚汴京城内水道时,也要疏浚这四条外围的河流,这样才能根本解决问题。苏颂的汴京治水建议,与现代流域治理思路相契合。

(2)根据京城内外河道同时疏浚工程浩大、所需人力甚多的具体情况,苏颂建议设立整治河道的专职官员。过去只是每年集中几个月时间大量征发劳力疏浚京城水道,有了专职官员之后,整治河道就成为贯穿全年的日常工作,因而得以渐次合理地安排劳力。这样也便于专职官员从流域治理的角度系统协调汴京治水的人力、物力和财力问题。这种专职官员,类似于现在的基层河长。①

该建议虽然得到朝廷肯定,但由于牵扯范围较广,施行起来较为复杂,开封府暂时将其搁置。后来为水患所迫,开封府按照苏颂的建议施行,取得了预期的效果,如当时人所评价的:“公治平元年上此议,四年京城大雨,沟渠壅滞,道途水深数尺,始务开修,遂无水患。”②

二、完成贯通杭州城的自来水通道

城市是居民密集的地方,用水关系到日常生活,水利工程是重要的建设项目。北宋杭州是当时的大城市,号称“东南第一州”。欧阳修说杭州“邑屋华丽,盖十余万家”,据平均每户 5 人计算,则北宋时期杭州人口规模为五六十万。所以,杭州城的用水压力较大。西湖是杭州城主要的饮用水来源,但有一些污染。杭州城凿井所取之水,因钱塘江海潮的渗入,苦咸难以饮用。而杭州周围山体泉水资源丰富,苏颂之前的杭州多任知州,都曾想引城郊凤凰山的泉水入城以供日用。但碍于高山深溪阻隔,施工极为艰难,有的只是纯粹提出想法,有的做过尝试未能成功。苏颂以科学态度经营这项引水工程,亲自勘测地形,带人寻找水源,钻研水管穿越山岭的有效方法,成功地完成了这项极有难度的市政工程。事成之后,苏颂写了《石缝泉诗》,前面有一小段介绍背景文字:

石缝泉清轻而甘滑,传闻有年矣。前此数欲疏引入州治,久不克就。予至则命工人寻旧迹,相地架竹,旬月而水悬厅事,又析一支以给中堂,一支以入西阁,其下流则洒出外庑,往来取汲,人以为利。③

苏颂之所以能从山中成功引水,原因在于他是一个科学家,经过实地调查后认为工程可行,亲自设计出施工方案。而且,苏颂导引山泉至官衙后,也供给民众共享,使得这项自来水工程具有公益性质。虽然山泉供给量在当时

① [宋]苏颂:《奏乞专差官开修府界至京沟河》,《苏魏公文集》,上海:上海辞书出版社 2014 年版,第 148 页。

② [宋]苏颂:《奏乞专差官开修府界至京沟河》,《苏魏公文集》,上海:上海辞书出版社 2014 年版,第 148 页。

③ [宋]苏颂:《奏乞专差官开修府界至京沟河》,《苏魏公文集》,上海:上海辞书出版社 2014 年版,第 122 页。

杭州城市用水总量中占比很小，且竹管容易朽烂，是一种并不算好的运水管道，但苏颂如何设计架设竹管，以及如何保证水流穿过竹管而不致跑冒滴漏，这些技术直到今天仍然值得我们深入探索。

三、提出设置蓄洪区的治水办法

黄河下游决堤，在北宋前期屡屡发生。而填塞修复决口难度大且成本高，所以北宋朝廷下令顺着决口洪流修筑河道。苏颂认为：“治河之急，最在先度下流之势。”苏颂提出将沧州置为蓄洪区，作为河水涨流的缓冲地带：

臣窃见沧州东北有三堂泊，纵广皆百余里，下连海道，地名黑龙港。自来停蓄潴流，以为辽限，近岁堤防失完，见已浅涸，但为汙潴葭菼之地。其西与御河破藏口及范桥镇相去不过三五十里，可以分引河流，东注泊内。既满溢，则由黑龙港以入海，其势甚易。①

设置蓄洪区疏解黄河水患，当时官员都知道，但针对黄河泛滥导致下游水患的具体问题，要具体指出在何地蓄洪，以及通过何种方式有效地蓄洪泄洪，则并非易事。苏颂的这个方案，同样体现了流域治理的视野，并以其在沧州任长官期间的实地勘察结果为基础，因而成为治水良策。

基于流域整体设计治水方案，针对具体问题全面勘查水情地情，以科学的态度实施治水工程，这是苏颂治水给后人留下的重要启示。

① ［宋］苏颂：《奏乞专差官开修府界至京沟河》，《苏魏公文集》，上海：上海辞书出版社2014年版，第160页。

第三节
苏轼杭州治水是中国古代城市水体建设的典范

2019 年 12 月,水利部公布第一批“历史治水名人”,苏轼入选其中。苏轼元祐四年至元祐六年(1089—1091)任杭州知州期间,对包括西湖在内的城市水体进行了大规模治理,取得了交口称赞的成绩。苏轼的治水经验,可以根据《申三省起请开湖六条状》《杭州乞度牒开西湖状》《乞子珪师号状》《乞相度开石门河状》这四篇文章加以梳理。

一、苏轼杭州治水坚持民本立场

杭州人爱惜西湖,不愿其衰败消失,苏轼提出治理西湖积淤长草,就以体谅民情为基础:

本州父老农民睹此利便,相率诣轼陈状,凡一百一十五人,皆言:“西湖之利,上自运河,下及民田,亿万生聚,饮食所资,非止为游观之美,而近年以来,堙塞几半,水面日减,茭葑日滋,更二十年,无西湖矣。”①

苏轼认识到,西湖是杭州重要的生活用水和农业灌溉用水来源,整治西湖及相关河道,是杭州城运转和发展的民生需要:

自唐李泌始引湖水作六井,然后民足于水,井邑日富,百万生聚,待此而后食。今湖狭水浅,六井渐坏,若二十年之后,(西湖)尽为葑田,则举城之人,

① [宋]苏轼:《申三省起请开湖六条状》,《苏轼全集》,上海:上海古籍出版社 2000 年版,第 1230 页。

复饮咸苦,其势必自耗散。①

苏轼就任知州后,看到杭州的运河干浅,就动用官府的兵丁一千余人疏浚出深阔而便于运输的水道。但他在征求民意之后,才知道只有将西湖、运河和钱塘江的水流综合起来考虑,才能从根本上解决问题:

父老皆言:"自三十年以来,开河未有若此深快者也。"然潮水日至,淤填如旧,则三五年间,前功复弃。

臣纵欲不言,已为众论所迫,势不得默已。②

苏轼整治杭州的水体,还出于爱惜民力之心。他通过访问民间疾苦,知晓成效不高的频繁治水,会导致民力劳苦,影响社会稳定:

惟苦运河淤塞。远则五年,近则三年,率常一开后,不独劳役兵民,而运河自州前至北郭穿阛阓中,盖十四五里,每将兴工,市肆汹动,公私骚然。③

苏轼在杭州治水,最终目的是求得民利,使城市居民可以有甘甜清澈的饮水、安全稳定的生活用水、充足方便的灌溉用水:

又于六井中控引余波,至仁和门外,及威果、雄节等指挥五营之间,创为二井,皆自来去井最远难得水处。西湖甘水,殆遍一城,军民相庆。④

在上述四篇文章中,"父老"一词总共出现11次。父老,在古代指各城乡有见识有名望的老人,配合政府参与管理当地的公共事务。父老在文中频繁出现,就很明确地提示了苏轼在杭州治水的民本立场。

---

① [宋]苏轼:《杭州乞度牒开西湖状》,《苏轼全集》,上海:上海古籍出版社2000年版,第1226页。

② [宋]苏轼:《申三省起请开湖六条状》《乞相度开石门河状》,《苏轼全集》,上海:上海古籍出版社2000年版,第1229页、1259页。

③ [宋]苏轼:《申三省起请开湖六条状》,《苏轼全集》,上海:上海古籍出版社2000年版,第1228页。

④ [宋]苏轼:《乞子珪师号状》,《苏轼全集》,上海:上海古籍出版社2000年版,第1254页。

二、苏轼杭州治水善于统筹资源

杭州治水是大工程，地方财力难以应付，所以苏轼向朝廷上表，将其处理成国家级工程，由朝廷大力支持工程开销，这是统筹钱财资源：

（太皇太后陛下）特出圣断，别赐臣度牒五十道，仍敕转运、提刑司，于前来所赐诸州度牒二百道内，契勘赈济支用不尽者，更拨五十道价钱与臣，通成一百道。①

在治水方案的规划上，苏轼全面征集意见建议，对准备采纳的建议展开讨论，并带领下属实地考察进行论证：

轼寻以（苏）坚之言使通直郎知仁和县事黄僎相度可否，及率僚吏躬亲验视，一一皆如坚言，可成无疑也。

轼寻以（许）敦仁之策，参考众议，皆谓允当。

臣寻访求，熙宁中修井四僧，而三人已亡，独（僧）子珪在，年已七十，精力不衰。问沈公井复坏之由，子珪云：熙宁中虽已修完，然不免以竹为管，易致废坏。

（侯临）于杭州之南荡，往来江滨，相视地形，访闻父老，参之舟人，反复讲求，具得其实。②

在人力物力的调配处置上，苏轼通过综合权衡以实现治水的最大效益。比如，清除西湖葑草，若作为单独的一项事做，极为耗费劳工。苏轼则巧借民力，将西湖长葑草的部分租赁给民户种菱。民户为了菱丰收，自然会去清除葑草，这就一举两得：

盖西湖水浅，茭葑壮猛，虽尽力开撩，而三二年间，人工不继，则随手葑合，与不开同。窃见吴人种菱，每岁之春，芟除涝漉，寸草不遗，然后下种。若

① ［宋］苏轼：《杭州乞度牒开西湖状》，《苏轼全集》，上海：上海古籍出版社 2000 年版，第 1227 页。

② ［宋］苏轼：《申三省起请开湖六条状》《乞子珪师号状》《乞相度开石门河状》，《苏轼全集》，上海：上海古籍出版社 2000 年版，第 1230 页、1231 页、1253-1254 页、1258 页。

将葑田变为菱荡，永无茭草堙塞之患。[1]

再如疏浚湖体时挖出的淤泥，若单独处理，堆放与搬运的工程量很大。苏轼决定就便处置，他带领兵士利用挖出的带有葑草的泥体，在湖中新筑一道南北走向的长堤，供杭州城居民漫步。这种做法因弊为利，减省了大量民力。

中国古代治水实践中，苏轼在统筹资源方面做得比较好，不仅为地方节省了大量财力、物力、民力，而且成效显著，对后世治水有示例作用。

三、苏轼杭州治水充分融入了审美元素

苏轼前后两度在杭州做官，合起来有五六年的时间。神宗熙宁四年（1071）十一月，苏轼 34 岁，任杭州通判，约至熙宁七年（1074）九月末离杭。哲宗元祐四年（1089）七月三日苏轼到任杭州知州，约元祐六年（1091）寒食离杭。熙宁年间任职杭州，苏轼作诗 300 余首，是其作诗的高峰期。而苏轼作词，也是从熙宁年间在杭州任职时开始的。[2] 可以说，熙宁年间在杭州任职，苏轼因得到西湖景色的怡养，创作灵感被激发，审美意识大大拓展，其将“西湖”当作“西子”来欣赏的比喻，更是家喻户晓，广为传布。

苏轼元祐年间再次任职杭州时，痛心地发现，因为没有得到很好的治理，西湖美景呈现出衰败的景象：

臣通判本州，则湖之葑合，盖十二三耳。至今才十六七年之间，遂堙塞其半。父老皆言十年以来，水浅葑合，如云翳空，倏忽便满。[3]

苏轼之所以将治水特别是治理西湖当作任内最重要的事去做，除了为民兴利，也有追求消失的审美图景这一个人心理动机。

在西湖治理的实际做法上，苏轼基本上是按照建设城市公共园林进行规

---

① ［宋］苏轼：《申三省起请开湖六条状》，《苏轼全集》，上海：上海古籍出版社 2000 年版，第 1230-1231 页。

② 冯炜玥：《论苏轼疏浚西湖之奏议》，西安：《西部学刊》2016 年第 12 期，第 68 页。

③ ［宋］苏轼：《杭州乞度牒开西湖状》，《苏轼全集》，上海：上海古籍出版社 2000 年版，第 1226 页。

划的。筑葑泥成湖堤，是为了方便漫步游览。为公私主体控制水体确立分界线，可以有很多方式，苏轼以建筑三座漂亮的石塔作为标志，显然是出于审美追求。至于分割堤岸，修建多座石桥，形成长桥卧波的景象，成为“西湖十景”之“苏堤春晓”中苏堤的前身，无疑也是一种美学设计。

正如论者所言，苏轼带领杭州人民对西湖实施保护、治理和建设，将文化属性有机融入水体的自然属性，使西湖成为承载中国传统文化和代表东方审美情趣的一个经典实体范例。苏轼治水，不仅造就了中国最美的湖泊，也为人类文明留下了传世瑰宝。[①]

苏轼一生钟爱西湖，对杭州、颍州、惠州三处西湖，都曾着笔讴歌。他称自己为“西湖长”，也得到以诗人杨万里为代表的历代学者的认可。“西湖长”这个称号提醒我们，苏轼不仅是“豪言壮语”的文学家，也是为民谋福利的实干家。

① 陈培新：《西湖三堤与三朝“西湖长”——浅析白居易、苏轼、杨孟瑛对西湖保护的历史功绩》，杭州：《杭州》（周刊），2011 年第 8 期，第 66-67 页。

第四节 北宋建设“水长城”

“水长城”系比照中国古代伟大军事防御工程“长城”而言，是为达成军事防御功能而建设的巨型水利设施。“水长城”得名于北宋时期，名副其实的相关水利建设最初也是在北宋时期完成的。北宋建设这道“水长城”，主要是为了阻碍契丹军队铁骑南侵，同时也通过屯田发展生产，虽然实际上远不能达到预期效果，但在中国古代治水史上，其确有独特之处。[①]

一、宋代以前治水用于军事的情况

以水代兵攻击敌军，在春秋时期就被总结为常用兵法，如孙武就认为：“以水佐攻者强。”北宋曾公亮根据古代战例总结过水攻的基本类型：“或引而绝路，或堰以灌城，或注毒于上流，或决壅于半济。”[②]即挖渠引水断敌军后路、高筑堤坝蓄水放流淹没敌城、在上游投毒和断水路让敌军缺乏饮用水源。战国时期秦国在泾水上游投毒解困，秦国蓄水通渠水淹鄢城，南朝时期北魏决泄上游断绝刘宋军队掌控的武牢城水源，是历史上水攻的经典事例，其他的水攻事例不胜枚举。

另一种情况就是通过治水进行军事防御。最常见的就是在城垣周围修筑城壕，引水注入，作为护城河，为防御骑兵步兵入侵多设一道屏障。中国历史上各个朝代的都城和一些重要的城市，如西安、洛阳、开封、北京、南京、曲阜等，在城墙外开挖的护城河，就是用于军事防御的。利用江河水流的天险

---

① 王晓龙、杜敬红：《论宋朝保州地区的军事防御举措》，保定：《保定学院学报》2013 年第 3 期，第 54-59 页。李占才：《宋代曾建千里“水长城”》，贵阳：《文史天地》2014 年第 9 期，第 61-63 页。本节对两文多有参考。

② ［宋］曾公亮、丁度：《武经总要》前集卷 11《水攻》，《中国兵书集成》第 3 册，北京：解放军出版社 1988 年版，第 478 页。

作为军事防线,也是历朝统治者自然而然的选择。如战国时期,赵国、魏国、齐国、楚国都曾将境内水道的部分土岸连通成长堤,从而将江河天险整治成军事防线。汉武帝时,为了防范匈奴侵扰,有人建议人为改变黄河流经路线,使之成为匈奴骑兵难以逾越的一道障碍。而南朝时期的宋、齐、梁、陈,也是据长江以为军事天险的。还有一种情况就是决江河之堤,以洪流泛滥抵御敌军的进攻,如唐末五代朱温父子曾三次决河,以阻挡沙陀骑兵长驱南下。

北宋时期的"水长城",与上述军事水利有所不同,既有屯田的性质,也有御敌的功能,是具有社会建设性的军事防御设施,在思路上应该受到了唐代姜师度在河北屯田阻碍骑兵入侵的这一治水实践的影响。

二、北宋"水长城"建设的大致情况

北宋"水长城"建设,是以对契丹两次战争失败为背景的。为避免契丹骑兵南下,宰相宋琪提出两个方案:一是挖开黄河北边的大堤决水,使河北地区成为泛洪区;二是放弃北方部分国土,从沧州经河间过定州至太行山之间修造砖石长城,作为可以自保的防线。宋太宗否定了这两个方案,认为这是"徒自示弱,为后代笑"①。宋琪的建议提示了"水长城"这个方向,但具体计划是由长期在北地边塞征战和生活的何承矩提出的。《宋史·何承矩传》是这样记载的:

臣幼侍先臣关南征行,熟知北边道路、川源之势。若于顺安寨西开易河蒲口,导水东注于海,东西三百余里,南北五七十里,资其陂泽,筑堤贮水为屯田,可以遏敌骑之奔轶。俟期岁间,关南诸泊悉壅阗,即播为稻田。其缘边州军临塘水者,止留城守军士,不烦发兵广戍。收地利以实边,设险固以防塞,春夏课农,秋冬习武,休息民力,以助国经。如此数年,将见彼弱我强,彼劳我逸,此御边之要策也。其顺安军以西,抵西山百里许,无水田处,亦望选兵戍之。②

即以"顺安寨"为起点,往东至海开辟一个长300多里,宽50—70里的第

① [宋]李攸:《宋朝事实》卷20,北京:中华书局1955年版,第323-324页。
② [元]脱脱等:《宋史》,北京:中华书局1977年版,第9328页。

一期军事水利工程，广开沟渠湖泊行水蓄水，屯垦农田。由于沟渠纵横，土地湿软，契丹骑兵无法经行。而顺安寨以西的地区，可以照此继续经营。

由于以屯田名义设置水防不易引起注意，工程量不大，可操作性强，且有利可图，所以宋太宗批示准许："缘边诸水所聚，因以限辽。"①由河北屯田司、安边安抚司负责具体工程，而由河北转运使统一领导。这项工程于雍熙四年（987）当年完成。

由于第一期工程向西延伸不够，契丹骑队南下仍有通道。针对这一问题，何承矩提出军事水利工程往顺安西的方向继续延伸，意见得到采纳，并在之后的真宗、仁宗、神宗朝不断完善。该工程的最终规模为西起沈苑泊（后又拓至西塘泊），东至泥沽海口，全长近千里，沿途汇集河流 19 条，淀泊 30 个，全线共分 8 个区段。全线还置堡垒 26 座，军铺 125 个，守臣 11 人，守兵 3 000 余人，战船百艘，绵亘七州驻防军队。由于规模宏大而未大兴劳役，当时人和后人对此心悦诚服，将这一工程誉为"水长城"。

北宋建设"水长城"之后，在军事上产生了显著效应。此后契丹军队攻打北宋，一则在入侵通道上受到限制，再则在时间上只能选择天气干燥的秋冬。即使秋冬地旱，高低起伏的沟渠田埂也会阻碍骑行的进程。据史料统计，从端拱元年（988）到至道元年（995）契丹共五次入侵，宋军夺得五战三胜。从咸平二年（999）到景德元年（1004）契丹大规模入侵六次，宋军六战四胜。统计"水长城"设置后反击契丹的战争，宋军取得十一战七胜的战绩，这在之前是难以想象的。可以说，"水长城"是成功的军事水利工程，达到了羁绊契丹军事行动的目标。

三、"水长城"的农业收益

何承矩主张建设"水长城"，亮点在于蓄水种粮屯田，但不少朝臣以"连年沥涝，霖雨为灾"为由进行质疑。何承矩援引汉代、曹魏到唐代的屯田旧事，认为可行。据《宋史纪事本末》，沧州临津令黄懋凭自己在所管辖区域的行政经验支持何承矩说："今河北州军多陂塘，引水溉田，省功易就，三五年间，公私必大获其益。"②所以"水长城"建设在论证规划阶段，就与屯田联系在一起，

① ［元］脱脱等：《宋史》，北京：中华书局 1977 年版，第 2358 页。

② ［清］徐松：《宋会要辑稿》，刘琳、刁忠民、舒大刚等校点，上海：上海古籍出版社 2014 年版，第 7632 页。

有着明确的粮食收益指向。

北宋朝廷根据这一规划，虽将军事防御当作建设目标，却以屯垦作为日常工作重点，因而在北方边地建立屯田司，确定为固定的行政机构，由各知军或转运使兼任屯田使。据《宋会要辑稿》，宋真宗曾下诏：

定、保、雄、莫、霸等州，顺安、平戎、信安等军知州军，并兼制置本州屯田使。①

朝廷要求州一级的地方长官兼任屯田使，这表明，“水长城”造就的田地，虽经军屯，实为民垦。边地各州都照此遵行，按照《续资治通鉴长编》的记载，其中保州知州赵彬执行得最为成功：

决鸡距泉，自州西至满城县，又分徐河水南流以注运渠，置水陆屯田。②

这样“水长城”一带就成了著名的产粮之地，不仅实现了军队粮食自给，而且有盈余可以上缴。据《宋史·河渠志》，宋真宗咸平年间，河北一带屯田25 000余亩，年产粮食约6 000万斤。其中咸平三年（1000）因朝廷统一调配运往其他地方的粮食太多，还专门开挖疏浚了顺安军（今高阳东）至静戎军（今徐水）的运粮河道。据《宋史·河渠志》，宋真宗大中祥符年间河北屯垦粮上缴的大致情况为：

岁收二万九千四百余石，而保州最多，逾其半焉。③

由此推算，河北军垦粮大致按照5%的份额上交给朝廷。虽然这上交的300万斤粮食对于朝廷而言无足轻重，但相比之前边地军民要朝廷输送大量粮食而言，已经是莫大的成功了。据《宋史·杨延昭传》，宋真宗曾特别给在北地抗辽的杨延昭等下诏：

① ［清］徐松：《宋会要辑稿》，北京：中华书局1957年版，第5993页。

② ［宋］李焘：《续资治通鉴长编》，上海：上海古籍出版社1986年版，第471页。

③ ［元］脱脱等：《宋史》，北京：中华书局1977年版，第4266页。

如契丹骑入寇,(延昭)则屯静安军之东,令莫州部署石普屯马村西,以护屯田。[1]

派重兵保护产粮之地,北宋朝廷对这些屯田的重视程度,由此可见一斑。

"水长城"第一期工程完成,民生效益立即显现:"自是苇蒲蠃蛤之饶,民赖其利。"仁宗继承前代事业,曾密令边地官员扩建屯田规模,并"引漕河、鲍河、徐河、鸡距泉分注沟中"[2]。再经过神宗朝的屯田水利建设,河北北部出现了"清波弥漫,颇似江南"的局面。可以说,"水长城"在军事防御、粮食增产、环境改造方面取得了综合效益。

"水长城"是中国古代治水史上的一个亮点,但历代典籍很少专门记载此事,导致其在后世鲜为人知。原因可能有以下三个方面:

(1)"水长城"工程是按照战略防御计划来施行的,究其实质而言,是向契丹军事力量示弱的一种表现,这对于讲究颜面的宋朝统治阶层而言,无疑不能大肆宣扬。

(2)"水长城"虽然是军事防御工程,但并无和战争相匹配的宏伟人工建筑。其建设状态为屯田,就整个北宋时期而言,"水长城"真正用于战争的时间少,其日常功能也确实以屯垦为边军提供粮食为主。所以人们提到这一带的水利设施,容易想到农田,而忽略军事。

(3)南宋偏安于淮河以南,北宋时期的"水长城"便归在金国统治范围之内。这时不仅"水长城"的军事防御功能意义消失,屯田的含义也已变味。自南宋以后,"水长城"建设就没有再被历代朝廷强调为重点,渐渐地自然就湮没无闻了。

---

① [元]脱脱等:《宋史》,北京:中华书局1977年版,第9307页。

② [元]脱脱等:《宋史》,北京:中华书局1977年版,第2360页。

第五节
北宋赣州的城市治水①

赣州东北西三面临江，往南则腹地开阔，从地形地势看，每年雨季经受洪涝灾害的风险较高。得益于北宋时期成功的城市治水，赣州在历史上有“不涝之城”的美称。曾有国家领导人对北宋赣州治水工程给予高度肯定，认为是造福百姓、延寿千秋，经得起历史检验的城市良心工程。② 其中所蕴含的古人治水智慧与经验，至今仍有借鉴价值。

一、北宋赣州治水的历史背景

据赣州地方文献资料，赣州城始建于梁承圣元年（552），城区面积约有1.2平方公里。③ 此后至唐缓慢发展，一般估计城区面积没有超过1.5平方公里。由于赣州城地势总体呈龟背形，城区建在高处，建筑少，人口少，这一时期城市排涝工作通过自然流泻的方式即可解决。

唐朝末年，宁都人卢光稠聚众占据赣州城，成为割据势力。卢光稠扩大赣州城规模，面积大致有3平方公里。他参考杨筠松的建议请人设计了城市格局，包括防洪排涝系统。《同治赣县志》记载：

> 唐末卢光稠广其东西南三隅，凿址为隍，三面阻水。④

隍，就是夯土筑成的护城高墙。即让赣州城往东、西、南三面的临江地带扩张，并在这三个方向修建了用砖土夯筑的城墙，以阻挡雨季江流暴涨形成

---

① 龚嘉荣：《赣州福寿沟排水系统研究》，郑州：郑州大学2019年硕士学位论文。沈雪婧：《赣州福寿沟设计研究》，赣州：赣南师范学院2013年硕士学位论文。本文对此多有参考。

② 《2016年中国建筑业十大新闻》，沈阳：《建筑设计管理》2017年第1期，第45页。

③ 赣州市政协文史资料委员会：《国家历史文化名城赣州》，1994年第42页。

④ 《中国地方志集成》编辑委员会编：《中国地方志集成·江西府县志辑》75之《同治赣县志》，南京：江苏古籍出版社1996年版，第275页。

的洪水。土夯的城墙地基弱，容易被洪水冲垮。但当时赣州城规模小，城区位置高，所以影响不大。

由于地处南北西东的水陆交通要道，宋代赣州漕运发达，商业交易极为繁荣，正如马端临《文献通考》所记载的：

金银、香茶、犀象、百货亦同之，惟岭表陆运至虔州而后水运。①

虔州即赣州，这说明宋代岭南与岭北的物产交易，有很大一部分是从赣州转运的。与商业交易繁荣和航运发达相得益彰的是，赣州制瓷业、造船业、冶炼业、制茶业在当时都处于领先地位，因而成为北宋三十名城之一。繁盛的工商业、手工业和农产品经销推动赣州城市规模扩大，财富积累增加，居住和流动人口增多。这样雨季形成的洪涝灾害，就会给城市发展造成巨大损失。而以往地基偏弱的砖土城墙，在防洪方面显然不能适应城市发展的要求了。此外，通过发展繁荣社会经济，官府能够征收大量的赋税，为建筑更为坚固的防洪城墙奠定了坚实的经济基础。

北宋赣州的城市治水事业，包括孔宗翰主持修建用于防洪的铁墙，刘彝主持修建福寿沟排水系统，都是在上述历史背景下展开的。

二、修建以铁水浇灌石基的砖墙

北宋嘉祐年间，孔宗翰任赣州最高行政长官。通过调查，孔宗翰了解到，土夯的城墙不耐洪水冲刷，所以赣州城每年都大修城墙，却几乎每年都要经受水灾。认识到这一点，孔宗翰决心为赣州修建坚固的城墙以防阻洪水。经过多方商讨，最后决定修建砖墙，而以铁水灌注大石作为墙基。如《同治赣县志》所记载的：

州守孔宗翰因贡水直趋东北隅，城屡冲决，甃石当其齧，冶铁固基。②

这种以铁石为基的砖墙，充分利用了赣州冶炼业、制砖业的产业优势，是

① ［宋］马端临：《文献通考（第一册）》，北京：商务印书馆1936年年版，第245页。

② 《中国地方志集》编辑委员会编：《中国地方志集成·江西府县志辑》75之《同治赣县志》，南京：江苏古籍出版社1996年版，第91页。

具有地域特色的建筑设计。砖墙经由工匠们精心修建完成后，确实能够抵挡江水的侵袭，实现了工程预期目标。

孔宗翰修建的砖墙尚有遗存，根据当代专家的调查考证，城墙各段建成高度并不一致，而是根据地势高低和防洪的实际需要有所调整：城墙高度一般为 5—7 米，最低在涌金门一带，高 4 米，最高在西北一带，高 11 米多。从八境台到东河大桥段，为洪水经常浸淹区，大约有 2 000 米长的城墙保持在 6—7 米这个高度。[①] 由此可见，"因地制宜""按需设墙"是孔宗翰主持修建赣州防洪砖墙的基本原则。

孔宗翰主持修建的砖墙，成了赣州城坚固的防洪堤坝，这就基本上解决了雨季洪水侵入赣州城的问题。但由此产生了一个弊端，则是当初没有考虑到的，即铁水浇灌石片形成的墙基坚固到密不透水，虽能阻挡外洪入灌，但城内的积水也无法透过墙体外泄，从而形成了城市排水不畅的问题。为解决此问题，于是就要修建下水道排水，通常情况下江流水位低于下水道，城内排水顺畅；可到雨季时，江流高涨，水位经常高出下水道，这样江水就会顺着下水道倒灌入城，形成水患。如何改造下水道，以形成结构严密、运作有效的排水系统，就成为亟须解决的新问题。刘彝主持修建的福寿沟，就是为解决这一问题的，与孔宗翰的铁石砖墙相得益彰，成为赣州城治水两项经典工程。

三、福寿沟排水系统

福寿沟排水系统虽然是经过不同历史时期的诸多人士参与修缮才得以完善的，但学术界公认，刘彝的贡献至关重要。与孔宗翰官员治水的做派不同，刘彝主持修建福寿沟，属于专家治水。刘彝曾跟随理学家胡瑗学习，按照胡瑗的指导专门钻研治水的学问，后来成为治水名家，并以此在朝廷担任管理水务工作的"都水丞"。在赣州任职之前，刘彝贡献了一个治水的经典案例：由于久雨不停，汴河暴涨，导致都城内涝，朝廷一筹莫展，向刘彝问策。刘彝提出一个简单的解决方案：将杨桥斗门打开放水，水患很快就解除了。朝廷派刘彝去赣州担任行政长官，应该是希望他发挥专长，解决赣州城的排水系统问题。

刘彝设计了福寿沟排水系统关键的机械装置：水窗。这一点《同治赣县

① 赣州市政协文史资料委员会：《国家历史文化名城赣州》，1994 年第 10 页。

志》说得很清楚：

先是郡城三面阻水，水暴至，辄灌城，彝作水窗十二，视水消长而启闭之，水患顿息。元祐初，以都水丞召还。按，城内福寿二沟相传亦彝所作。①

这是针对雨季江流水位高涨通过下水道倒灌入城问题的精准对策。水窗运行的基本原理为：利用杠杆和水压原理，使下水道排泄终端的闸门实现了非人力干预下的自由开关。一般情况下闸门斜开，但当江流水位高于排水沟时，江水压力会将水窗压紧关闭，这样江水就不会倒灌。等到江流水位低于排水沟之时，沟内积水又将水闸冲开。通过在福寿沟设置十二处水窗，解决了铁石砖墙带来排水难的关键问题。

(1)池塘为排水沟蓄水。水窗设置带来另外一个问题：排水障碍。即水窗被江流推动关闭，福寿沟就暂时丧失了向外排水的功能。这种情况一般发生在雨季，而此时赣州城内雨水也多，加上日常生活排水，福寿沟里的积水不断增加，到一定程度后就会回溢而形成内涝。刘彝等水利专家就充分利用旧有以及新开挖的池塘，开凿渠道使之与福寿沟连通。当福寿沟里的积水回溢时，会通过这些渠道流到池塘里而非城中路面上。这样，当江流水位正常时，福寿沟就正常排水；当江流高涨时，水窗关闭，江水不致倒灌入城。水窗关闭形成的回溢，又有多个池塘来接纳沟水。通过建立这样一种水循环系统，赣州的防洪排涝问题就基本上得到了解决。

(2)以急流、钱形孔和沉井防止下水道淤塞。首先，将赣州城分成福沟、寿沟两个排水渠，这样可以缩短排水距离，并增高排水沟的断面，以使水流加速，这样泥沙和一些小的障碍物就会被急流冲带入江。其次，福寿沟的入水口做成铜钱形状的石孔，既不影响地面的水流入下水道，又能阻止大的障碍物进入下水道。再次，在下水道中设置位置更低的沉井，以便泥沙等沉积而不致堵塞沟水，每年对沉井进行清理。不过，这些治水措施可能并非刘彝原创，而是对既有城市治水经验的综合利用。

(3)清末治理福寿沟。福寿沟在宋元时期运行良好。明代天启年间，由于年久失修，地方政府无力整治，福寿沟失去排水功能。到清末，福寿沟反而

① 《中国地方志集》编辑委员会编：《中国地方志集成·江西府县志辑》75之《同治赣县志》，南京：江苏古籍出版社1996年版，第275页。

成害，据赣县地方志记载："春夏之交，雨涝时降，横污停集，疾病易生，民患苦之。"福寿沟堵塞导致严重的城市内涝，福寿沟下水道里的污秽沉渣浮泛到地面上，成为严重影响市民日常生活的公共卫生问题。主政的官员如文翼等曾讨论过福寿沟的整治问题，但因所需费用过多，而当时国政衰败，民生凋敝，官府没有专门款项，民间捐款积极性低，只好作罢。同治八年（1869）魏瀛在赣州为官之时，决心重启福寿沟整治工程，但仍然面临资金来源不足的问题。官府欲向各家各户摊派，但决策未定，却早已民怨沸腾。而且，福寿沟在居民的屋宇下面，古代民间忌讳别人在自家门前挖沟动土，若由官府安排工匠，容易滋生事端。最后魏瀛等权衡形势，决定采取官民合作的"属地自修，公地官修"办法：令各家自修各家界限内的排水沟，官府限定期限。公共沟段则由官府修缮，这样就节省了费用且不扰民。该工程由时任知县黄德溥主持，刘峙总负责施工，对福寿沟进行了历史上最全面的修缮。这是充分尊重民意、善于使用民力而节省费用的城市水患整治案例，对后世具有启发意义。

第六节 宋代的水污染及其治理

宋代之前，城市化程度较低，制造业也不是很发达，水污染的情况虽难免会有，但很少成为进入文献记载的社会问题。唐代都城长安有上百万人口，但沟渠流水和城市排水系统较为通畅，污水管理也比较严格，因此没有出现严重的水污染问题。宋代城市经济迅速发展，人们的社会活动增加，消费水平提高，制造业也得到大发展，而水污染及其治理自然就成为比较突出的社会问题。这里主要依据王战扬《历史视阈下宋代河道水环境污染、日常维护与堤岸绿化管理》及余小满《试论宋代城市发展及其管理制度变革》等研究成果加以说明。[①]

一、居民生活垃圾造成水道污染

北宋时期汴京是政治经济文化中心，水系完善，发达的漕运推动了运河商业经济的繁荣，带动了相关行业的发展，都城人口密集。但城内居住不易，出于逐利和谋生的需要，许多人就搬到城市附近的运河两岸居住，从而造成了严重的生活垃圾污染问题，如《宋会要辑稿》言秦淮水等：

> 两岸居民填筑河岸，添造屋宇，日渐侵占其岸白地。
>
> 投瓦砾堆粪壤，日加益而人不知。然则后二十年积而至于闭塞。
>
> 瓦砾粪壤，日填月壅，几与岸平。[②]

---

① 王战扬：《历史视阈下宋代河道水环境污染、日常维护与堤岸绿化管理》，昆明：《学术探索》2017年第6期，第99-105页。余小满：《试论宋代城市发展及其管理制度变革》，驻马店：《天中学刊》2009年第6期，第98-102页。

② ［清］徐松：《宋会要辑稿》，刘琳、刁忠民、舒大刚等校点，上海：上海古籍出版社2014年版，第6158页。

即居民在运河两岸建造房屋，向运河抛撒垃圾成为生活习惯，并不觉得有什么不妥，但日积月累，就造成了运河的堵塞和污染，有时垃圾甚至堆到与堤岸同等的高度，这就成为需要治理的社会问题。而其他城市也存在类似的情况，如北宋治平四年(1067)，泉州“民家傍壕沟而居者，多填委粪壤，以致湮阏，而跨沟为屋者尤甚”。

南宋时期生活垃圾侵占、污染河道的问题，以人口超过百万的都城临安最为严重。宋孝宗淳熙七年(1180)六月三十日，临安府长官吴渊指出：

万松岭两旁古渠，多被权势及百司公吏之家起造屋宇侵占；及内西寨前石桥并海眼缘渠道堙塞，积久淤填；兼都亭驿桥南北河道缘居民多将粪土、瓦砾抛扬河内，以致填塞，流水不通。①

即由于临安附近的水渠两岸交通顺畅，生态环境好，所以有钱有势的人家愿意在此建房屋。但居住的人多了，各种生活垃圾、建筑废料、生活污水乃至人畜粪便等都倾倒进入沟渠、河道，又导致水源污染，生态破坏。《夷坚志》记载了宋高宗绍兴年间“黄十翁”的一则故事，说到他从阴间被带回阳间的路上，看到了一幅景象：

前行近一岩洞，臭河不可近。童子云：世人弃残饮酒酪于沟渠，皆为地神收贮于此，俟其命终，则令食之。

这个迷信故事当然不可信，但其中说道当事人生活习惯不好，经常将厨房餐桌垃圾扔到附近的沟渠里，从而导致河水发臭，应该是当时社会情况的真实写照。

而水污染在很多地方，已经造成严重的公共卫生问题，影响人们的日常生活和身体健康。比如吉州城的情况就颇为严重，当地百姓因为长期使用和饮用不洁的水源，而大面积地出现患病现象：

沟渠不通，处处秽恶，家家湿润。人之血气触此，则壅气不行，病于是乎

① ［元］脱脱：《宋史》，北京：中华书局1977年版，第2400-2401页。

生。今通逵广路，犹无洁净之所，而偏街曲巷，使人掩鼻疾趋。如此，则安得不病？①

而其他相关记载尚多。如北宋元符三年(1100)，林茂指出：苏州“城中沟浍堙淤，发为疫气”。淳熙四年(1177)，温州河渠“大河浅不胜舟，而小者纳污藏秽，流泉不来，感为疠疫，民之病此，积四五十年矣”②。淳熙十三年(1186)，明州慈溪县“雨集则溢溢沉垫，已则污秽停滀，气壅不宜，多起疠疫”③。嘉定年间，真德秀知泉州，亦撰文曰：“淤泥恶水，停蓄弗流，春秋之交，蒸为疠疫，州人病之，非一日矣。”④

可以说，生活垃圾导致水污染，这在宋代已经是社会高度关注的公共卫生问题。上至朝廷，下至地方官府，乃至于民间有识之士，都积极寻求有效治理之道。

二、对生活垃圾污染水道的治理

针对生活垃圾污染水道，朝廷和地方政府从规章制度层面予以严禁。如北宋都城汴京有沟渠 253 条，为防止“闾巷居人”肆意倾倒垃圾，“弃灰坏咽流”，造成水污染，规定由开封府“责吏逻巡，察其慢者”⑤。《宋刑统》继承了唐代的处罚规定：“穿垣出秽污者，杖六十，出水者，勿论。主司不禁，与同罪。”⑥即禁止居民隔墙向外倾倒垃圾污秽，主管官员若不加禁止者，也要照此加以处罚。绍兴四年(1134)二十七日，朝廷又令刑部制定惩罚措施，对沿河两岸居民将粪土瓦砾等抛入新开运河的行为，“杖八十科断”。而一些地方官府也严厉申明加以约束，如资料记载临安府有关水污染的行政干预手段：

今欲分委两通判监督，地分厢巡，逐时点检，勿令侵占并抛扬粪土。秩

① 欧阳守道：《巽斋文集》，文渊阁四库全书本，上海：上海古籍出版社 1987 年影印版，第 66 页。

② [宋]叶适：《水心先生文集》，四部丛刊初编缩印本，上海：上海商务印书馆 1929 年版，第 269 页。

③ [宋]楼钥：《攻媿集》，上海：上海商务印书馆 1935 年版，第 367 页。

④ [宋]真德秀：《西山先生真文忠公文集》，上海：上海商务印书馆 1937 年版，第 1654 页。

⑤ [宋]李焘：《续资治通鉴长编》，北京：中华书局 2004 年版，第 2414 页。

⑥ [宋]窦仪：《中华传世法典：宋刑统》，薛梅卿点校，北京：北京法律出版社 1999 年版，第 474 页。

满，若不淤塞，各减一年磨勘；违，展一年，以示劝惩。[①]

可以看出，为解决水源污染问题，地方政府已经打算将水源生态环境保护的效果纳入官员政绩考核体系当中。

而在水污染应对方面，各地也形成了一些具体机制。如北宋京师开封这样清理沟渠中的生活垃圾：

每遇春时，官中差人夫，监淘在城沟渠，别开坑盛淘出之泥，谓之“泥盆”，候官差人来检视了方盖覆。夜间出入，月黑宜照管也。[②]

这显然是有效的，所以南宋时期仍被延续：“遇新春，街道巷陌，官府差雇淘渠人沿门通渠”，将清理出的污泥垃圾等“差雇船只搬载乡落空闲处人家”。等到春夏雨季洪流冲刷，河道就焕然一新。在粪便处理方面，形成“粪人”这样专门的职业队伍：“街巷小民之家，多无坑厕，只用马桶，每日自有出粪人瀽去。”这就保证了垃圾、粪便等不致成为城市水道的污染源。

在治理生活垃圾造成水污染方面，朝廷和地方政府立场一致，相互配合。如绍兴二年（1132）四月，得知临安府居民洗濯衣服而使水源污浊的问题，宋高宗下诏整治：

令诸军统制官常切戒约，如违，重行断遣。本部统领官失觉察，亦一例施行。仍仰李振差兵级一百人摆铺巡捕。[③]

临安府按照朝廷的部署，增强巡逻，严厉惩罚，对官员加强责任追究，从而加强了管理，居民洗涤衣物污染水源的问题最终得到解决。再如南宋咸淳六年（1270），殿中侍御史鲍度弹劾两个宦官：

入内内侍省东头供奉官干办御药院陈敏贤，广造屋宅于灵芝寺前水池，

① ［清］徐松：《宋会要辑稿》，刘琳、刁忠民、舒大刚等校点，上海：上海古籍出版社2014年版，第6171-6172页。

② ［宋］孟元老撰，伊永文笺注：《东京梦华录笺注》，北京：中华书局2006年版，第373页。

③ ［清］徐松：《宋会要辑稿》，刘琳、刁忠民、舒大刚等校点，上海：上海古籍出版社2014年版，第9620页。

庖厨、湢室悉处其上，诸库酝造，由此池车灌以入。天地祖宗之祀，将不得蠲洁，而亏歆受之福。入内内侍省东头供奉官干办内东门司提点御酒库刘公正，广造屋宅于李相国祠前水池，濯秽洗马，无所不施。一城食用，由此池灌注以入，亿兆黎元之生，将共饮污腻而起疾疫之灾。[①]

以陈敏贤、刘公正的权势，他们向西湖倾泻厨房用水、洗濯用水和粪水，地方官是不好管的。最后地方官通过朝臣反映，陈、刘的行为污染了皇家祭祀用水和宫廷酿酒之水，这两处西湖水污染问题才最终得到解决。

而民间与地方官府，在水污染问题上也能取得一致的立场。如宋理宗淳祐二年（1242）秘阁修撰陈垲在江东碶闸县（今浙江象山）任地方官时，接到民间上书反映的情况：

石础四五十年以来，两岸居民节次跨河造棚，污秽窒塞如沟渠，然水无所泄，气息熏蒸，过者掩鼻。

父老流传，谓此河通塞与四明风水最有关系，乞行开浚，复还古迹。[②]

陈垲接到民众举报后，就差遣水兵按照民意去疏浚河道，搬去瓦砾，拆去不合法的建筑物，清除掉沟渠内的污秽，使得河流畅通，河水清澈，获得一致肯定。

由此可见，治理水污染在宋代的公共管理领域内，是比较容易形成共识的社会问题，但也是治理难度比较大的社会问题。

三、其他情况的水污染及其治理

城市水体的污染，有时来自种植业。常见的情况是城中或周围的湖泊被用来种植菱、藕等水生植物。因为种植作物要施肥，就会将粪土抛撒入湖。南宋都城临安最重要的水源地西湖也难免于种植业带来的秽污，宋高宗曾议论说：

① ［宋］潜说友：《咸淳临安志》，浙江文丛本，杭州：浙江古籍出版社2012年版，第1208页。
② ［宋］胡榘、罗濬等：《（宝庆）四明志》，北京：中华书局1990年版，第5153页。

临安居民皆汲西湖，闻近年以来，为人买扑，拘作葑田，种菱藕之类，沃以粪秽，岂得为便？况诸处库务引以造酒，用作祭祀，尤非所宜。①

从种植业的角度看，为水体施肥是惯例，理所当然，无可厚非。但从饮用水的角度看，这就是水污染了。由于朝廷干涉，西湖的种植业污染得到治理。在其他城市，由于人口少，水源多，种植业污染引起的问题则不太严重。

宋代制造业发达，前代未有，这也造成了水污染。比如宋代丝织业发达，出现许多用水量很大的染坊。宋代朝廷设置的绫锦院和染院，因为承担军需布帛及皇宫绫锦的生产任务，产生的大量废水造成了金水河等的严重污染。为解决这一问题，宋真宗大中祥符八年（1015）三月，朝廷下令染院废水不许流入金水河。染院遵照执行，发明了有效的污水过滤程序：

据专典军员兵匠众状称，若开小池，置斗门，放水洗泽疋段，遇水浑浊，退入护龙河，旋放清水。常程染练日，一两度换水；大段染练日，须至三度换水。约使金水河五十分中一二分，久远委不误事，亦无矾水颜色相犯。②

而朝廷有关部门在金水河畔还建置有“柜水河一道”“退水渠一道”“护河墙百二十六堵”，说明宋代朝廷已有较强的水环境保护意识，并积极探索水污染治理技术。

宋代铁、铜、金、银、铅、锡的冶炼也得到充分发展，并在王安石变法的熙丰时期达到高峰。③ 矿石冶炼也要大量用水，从而造成水污染。以银矿的冶炼为例：

大抵六次过手，坑户谓之过池，曰过水池、铅池、灰池之类是也。④

即宋代的银矿冶炼生产需要经过六道河水过滤的程序，其他品种金属的生产也类似。虽然当时采取了造池冶炼、引水入池的方法过滤净化，可以避

① ［清］毕沅：《续资治通鉴》，北京：中华书局1957年版，第3374页。

② ［清］徐松：《宋会要辑稿》，刘琳、刁忠民、舒大刚等校点，上海：上海古籍出版社2014年版，第3788页。

③ 漆侠：《宋代经济史》，北京：中华书局2009年版，第555-572页。

④ ［宋］赵彦卫：《云麓漫钞》，傅根清点校，北京：中华书局1996年版，第27页。

免对河流的直接污染，但过池的废水如何处置，则不甚明了，而这无疑也会造成水污染。

南宋地理学家周去非还论述过岭南地区制药业造成的水污染问题。《岭外代答·风土门》记载：

尝谓瘴重之州，率水土毒尔，非天时也。昭州有恭城，江水并城而出，其色黯惨，江石皆黑。横、邕、钦、贵，皆无石井。唯钦江水有一泉，乃土泉，非石泉也。而地产毒药，其类不一，安得无水毒乎？[①]

对这种江流水体污染，在当时无法管理，只能听之任之。解决的办法就是另外凿井，汲取饮用水。

整体上说，宋代种植业、制造业引发的水体污染问题，并未像生活垃圾污染水源那样引起普遍重视，治理力度也不是很大。

① ［宋］周去非：《岭外代答》，杨武泉校注，北京：中华书局1999年版，第149页。

第七节
宋代治水经验的公共管理学解读

宋代治水形态丰富，涉及边地屯田、河患、湖塘疏浚、城市防洪、水污染防治等多个方面，多与唐五代一脉相承，但围绕着城市经济社会发展而形成治水亮点，是一个突出现象。

宋代城市治水问题凸显，是受当时工商业经济繁荣影响的结果。(1)宋代土地兼并现象严重，朝廷对乡村居民向城市流动的控制减弱，鼎盛时期城镇户数占到总户数的12%以上，新出现不少十万人口以上的市镇，其中开封、杭州的人口达到了百万以上。(2)宋代为促进商品经济发展，取消了市坊制，推倒了圈围市坊的墙体，使商业区与住宅区交错混杂，同时放松了宵禁制度，这些措施大大活跃了城市经济。(3)宋代金钱至上、崇尚奢华的社会风气较有影响，城市居民的消费观念开放，消费形式丰富，消费享乐成为一种时尚。人口的聚集，物品的生产、运输和消费，都会消耗大量的水资源，相应地，也就产生了许多城市用水问题。

唐代白居易治理西湖，以灌溉农田为主要功用，兼及其他。苏轼整治西湖，是按照城市公共园林建设的思路进行规划的，服务于农耕水利的指向则不明显，但适应了城市消费经济繁荣的特点，而且充分考虑到了杭州居民和往来游客观览美景的需要，其实是将西湖当作最重要的城市生态景观加以建设的。筑湖堤，是为了方便市民漫步游览。建筑三座漂亮的石塔作为公私所控制水体的分界线，系出于审美追求。至于分割堤岸，修建多座石桥，形成长桥卧波的景象，也是美学设计的实践。此前20多年，欧阳修曾按照生态环境优良的标准，成功地修整颍州西湖，使之成为颍州著名的城市景观，苏轼治理杭州西湖的思路，可以认为渊源于欧阳修。以苏轼、欧阳修为代表的宋代官员将城市水体整治为优美的生态景观，在满足文人阶层雅致方面与前代类似；但为着适应新兴市民阶层休闲生活需要这一点，则为前代所不能及。

孔宗翰、刘彝治理赣州城水患营建防洪排涝工程，体现了宋代城市治水的典型特点。(1)赣(虔)州为当时的交通运输要冲，也是工商业物品生产和集散的重镇。建设赣州城防洪排涝工程体系，是为了保护与促进城市经济社会的继续发展。将治水重点定位为服务于工商业，这在宋代以前是罕见的现象。(2)孔宗翰以铁水浇注城墙，充分利用了赣州冶铁业发达的优势，体现了勇于利用优势技术进行治水实践的创新精神。而刘彝开掘福寿沟，有效地防洪排涝，体现了理学家善于利用科技造福城市的务实思想。这种技术含量高的治水工程，史无前例。(3)福寿沟主体在赣州城地面之下，长达十余公里，相对于开凿地面类型的治水方式，在没有现代科技的宋代，难度极大，也只有在工商业较为发达的城市才能成功，这为中国古代地下排水系统的建设提供了一个典范。

水污染之所以在宋代城市生活中成为一个突出的问题，主要是因为商品经济繁荣环境下私有权利得到尊重，私有权利分割了城市绝大部分的生活空间，剩下不多的公共领域如城市水资源就成为不同阶层竞相侵占的对象。由于大型水体属于行政部门难以实施精细管理的公共领域，流民占住在江河的堤岸，官宦利用权势霸占优质水资源用于日常生活，市民为着便利向附近水体倾倒粪便垃圾废物，往往会造成城市水污染这一公共问题。历史地看，宋代在应对城市水污染方面采取了针对性的措施，但无法从根本上解决问题。实际上，之后历代也都面临城市水污染问题且无法较好地加以解决。城市发展必须解决水污染这一重要制约因素和公共问题，在宋代已经一目了然。

第七章 元代治水情况与特点

第一节
强调统一规划：元代治水多有大手笔

元代水利建设的主要代表人物、代表著作和代表工程，都明显地反映出讲求实际、实效、实用的实学思想。[①] 在不到100年的历史时期内，元代统治者在城市水上交通建设、农田水利灌溉、防止水患等事业方面，做出了可圈可点的治水成绩。

一、城市治水卓有成效

元代统治疆域辽阔，在原金国和南宋统治区域内，形成了许多重要的城市，如整个元朝的政治中心——大都、上都、中都、应昌城，南方经济重镇杭州、中原地区经济重镇开封(汴梁路)、南方经济重镇泉州、南方政治中心和经济繁荣之地南京(集庆路)、西北军事重镇和经济繁荣之地西安(奉元路)、南方经济重镇扬州、西南地区政治经济中心成都、南方经济重镇苏州(平江路)、南方军事重镇南昌(龙兴路)。这些城市都是以良好的水资源环境和水利设施为基础发展起来的。

良好的水资源环境，意味着粮食收入稳定、水运交通便利、城市景观优美和生活用水来源充足。大都选址北京，其西部和北部是太行、燕山山脉的延伸，山势西北高峻，向东南则逐渐降低，有小平原，河流湖泊密布，水资源充沛。上都南临滦河上游闪电河，在水草丰美的金莲川上。中都周围多河流、淖泊，如《扈从诗后序》所言："其地南北皆水泊，势如湖海，水禽集育其中。"[②]

① 冉苒：《元代水利实学思想及其历史地位》，武汉：《中南民族学院学报》(哲学社会科学版)1996年第3期，第80-84页。

② [元]周伯琦：《扈从集前序》，《全元文》，南京：凤凰出版社2004年，第532页。

应昌城向南濒临耗来河,耗来河由西向东注入达里诺尔湖。[①] 杭州靠近钱塘江,又有巨大的蓄水池西湖。西安与开封为前朝故都,其能得水利之便,不言自明。南京、南昌濒临长江,水运便捷。扬州自古为江淮之间水上交通枢纽。成都有都江堰水利工程为保障。泉州濒临便于航行的天然大港湾,南有晋江之流。苏州靠近太湖,水产资源丰富,农业基础良好。

城市发展不仅要选水,而且要治水。大都的城建,放弃了历代依靠莲花池水系建城的思路,而采用水量大的高梁河水系,既考虑到漕运的需要,也考虑到生活生产用水的需要,以满足宏大规模都城作为政治中心的要求。大都城有两条水道。一条是由高梁河、积水潭、通惠河组成的漕运系统,由昌平白浮泉到瓮山泊(今颐和园内的昆明湖)、紫竹院湖泊、积水潭,再到通州的河道,上游用以引水,下游用以漕运,解决了由通州向大都城运粮的问题。另一条是由金水河、太液池构成的宫苑用水系统,引玉泉山泉水到和义门,从和义门南面的水门流入城中,然后引入皇城内的太液池。宫苑用水流出之后,又汇入皇城东的通惠河。其他城市治水如扬州交通水道疏浚、杭州西湖水体景观整治和管理等,虽不如大都举世瞩目,也都有值得称道之处。

元代对大运河进行了系统的改造与整治,畅通了京杭大运河,推动了当时城市经济的繁荣与发展,像大都、杭州、扬州、苏州乃至南京,都直接或明显属于大运河经济体系。所以结合城市经济治理大运河,是元代治水的一个亮点。盐税在元代是国库收入的重要组成部分,而扬州是运销盐最重要的转口城市,所以元朝政府十分重视江淮之间运盐河道的浚治、整顿,以保证运盐纲船的顺利通行。至元二十一年(1284)二月,疏浚扬州漕河。大德四年(1300)正月,疏浚淮东漕渠。大德十年(1306)正月,"浚真州、扬州等州漕河"。延祐四年(1317)十一月,两淮运司奏称:"盐课甚重,运河浅涩无源,止仰天雨,请加修治。"第二年,命都水监都事张奉政及淮东宣慰司官、江淮都漕运司官督修运河、运盐河,计开修 2 351 里。[②]

元代港口经济发达,比较著名的港口有泉州、上海、澉浦、温州、广州、杭州、庆元、台州、钦州港等,其中泉州、广州、庆元港最为重要,泉州港贸易最

① 张慧等:《蒙、汉文化影响下的元代都城建设》,天津:《河北工业大学学报》(社会科学版)2011年第4期,第69页。

② 谢永平:《元代两淮盐业与扬州城市的繁荣》,扬州:《扬州大学学报》(人文社会科学版)2002年第1期,第93-96页。

盛。以海港为枢纽，形成若干海上交通路线：(1)从大都经运河至黄河入海，东航可至今朝鲜开城；或由杭州等地沿海北上至登州(位于今山东境内)，驶向东北抵达开城；而后转道至日本。(2)由庆元(今宁波)、上海等港东航至日本。(3)由泉州或广州向西南航行至今越南河内、加里曼丹岛、菲律宾、印度尼西亚。(4)由泉州或广州航经今泰国、马来西亚、新加坡、印度尼西亚乃至印度洋并远达非洲。上述相关海港的建设，涉及对海洋的整治、利用和管理，无疑是宏大的治水工程。而据相关史料，还有一些航海路线的规划与运营，如在泉州港与杭州港之间，就设立了十五座过海站。[①] 由此类推，在其他港口之间，如泉州港与广州港之间，应该也有若干处过海站。

二、农田水利灌溉事业全面铺开

这里根据金曰寿《元代的水利建设》、秦新林《试论元代北方水利灌溉事业的成就》《元代南方水利灌溉事业的成就》[②]等论文，将元代南北方大型水利工程列表如下：

表 7-1　元代大型水利工程

<table>
<tr><td rowspan="4">北部地区水利</td><td>世祖中统元年(1260)</td><td>总管谭澄在怀孟路(河南河内、孟县一带)劝民凿塘造渠，引沁水灌田</td></tr>
<tr><td rowspan="2">世祖中统二年(1261)</td><td>提举王允中等在河南引沁水达于黄河，开凿广济渠，浇灌济源、河内(沁阳)、河阳(孟县)、温县等五县民田</td></tr>
<tr><td>郭元长等在赵城(山西赵城)县开凿善利渠，引汾水溉田，又开通利渠灌溉赵城、洪洞、临汾三县民田四万亩</td></tr>
<tr><td>世祖中统三年(1262)</td><td>郭守敬在磁州(河北磁县)东北滏、漳二水合流处，引水由滏阳(河北磁县)、邯郸、铭州(河北曲周东南)、永年，下经鸡泽和澧河，溉田三千顷</td></tr>
</table>

① 参阅：[元]苏天爵编《国朝文类》卷 41，《经世大典序录·兵杂录·驿传》；[明]宋濂等编《元史》，《世祖本纪》"至元二十六年二月"条、"至元二十八年八月"条。

② 金曰寿：《元代的水利建设》，天津：《历史教学》1962 年第 10 期，第 8-13 页。秦新林：《试论元代北方水利灌溉事业成就》，安阳：《殷都学刊》1985 年第 3 期，第 25-29 页。秦新林：《元代南方水利灌溉事业的成就》，安阳：《殷都学刊》1986 年第 1 期，第 20-24 页。

续表

北部地区水利	世祖至元元年（1264）	董文用、郭守敬在应理州（宁夏回族自治区中卫市）引黄河水复浚美利渠，灌溉中卫大片农田
		在宁夏平原上，张文谦在宁夏府路（宁夏回族自治区永宁县）复修唐来、汉延各渠，灌田九万余顷
	世祖至元年间（1264—1294）	青苑县令耶律伯坚，毁势家水硙以溉民田。彰德路（河南安阳）总管高文忠复浚万金渠，灌田千顷。平阳（山西平阳）总管郑鼎，在临汾县城西导汾水溉田千余顷
		立屯田万户府对渭水平原仲山旁丰利渠进行整治，经过历代修葺，溉农田四万五千余顷
	成宗大德初年（1297）	泌阳县尹程仲贤组织农民修复写仁陂堰，使一百多万亩农田得到水利保障
	武宗至大年间（1308—1311）	同知阿马特地在怀庆路（河南沁阳）引“丹水浇溉山田，居民深得其利”
	武宗至大三年（1310）	陕西行台御史王承德在泾阳洪口展修石渠
	泰定三年（1326）	在永平路（河北卢龙）筑堤以防栾（滦）水泛溢毁坏农田
	文宗天历二年（1329）	屯田总管兼管渠使郭嘉议自洪口渠引泾水入白渠，灌田七万余顷
	文宗天历三年（1330）	重修广济渠，置牐设堰，旱时放牐溉田，涝时排水防洪，恢复旧有的灌溉作用
	顺帝至正年间（1341—1370）	丞相脱脱等，以开畿辅农田，西至西山（北京房山），东至迁民镇（河北临榆），南至保定、河间，北至檀顺州（北京密云、顺义一带），皆修水利，于是“岁用大稔”，“京师足食”

续表

南部地区水利	世祖至元年间（1264—1294）	南安路（江西大余县南）总管张昉在该县筑石陂以防水患
		崇安（江西崇仁）县令麻合谋浚永丰陂灌田，使当地农业生产获得较好的收成
		荆南行省廉希宪决江陵（湖北江陵）城外蓄水，得良田数万亩，给贫民耕种
		大理等处巡行劝农使张立道，以昆明池（云南滇池）介在碧鸡、金马之间，环五百余里，夏潦必湮城郭，经修治后，泄其水得良田万余顷
		平章赛典赤·瞻思丁在云南昆明广兴水利：筑松华坝及六河诸闸，以溉东菑田万顷，“郡人感之，为立石将军庙以祀”；修建南坝闸，灌田数十万亩，“民甚赖焉”；置燕尾闸，筑两岸石堤，“束水于中，以资灌溉”；凿金汁渠，引松华水灌溉滇池东西农田，“至今滇人仰其利”
	成宗大德年间（1297—1307）	衢州路（浙江衢州）西南，旧有黄陵堰溉田数百万顷，因年久失修，水溢为害，总管朱景周复修溉田，遂获丰稔。州判皮元在平阳（浙江平阳）重建阴均斗门，溉田四十余万亩，“免乾溢之患有年”，“民为碑以颂之”。海盐州（浙江海盐）县令修浚永安湖，灌溉农田八千三百余亩。乌古孙泽在雷州（广东雷州）教民浚故河，筑堤堰，得良田数千顷
	仁宗延祐三年（1316）	总管郭朵儿等在兴化路（福建莆田）修建万金斗门，引木兰陂灌溉延兴、孝义、仁德、三里田亩
	仁宗延祐六年（1319）	知州马称德在奉化州（浙江奉化）大兴水利灌溉，先在州北重修进林碶，灌田数千顷。次年，在州东南开浚新河，立堰埭三处，蓄水灌田数十万亩；同年，又修置戚家堰、郑家堰、和尚堰等灌溉农田。此外，在延祐年间，还在休宁县（安徽休宁）修建塘堨灌田四千顷，修置方干堨灌田六百余亩
	英宗至治元年（1321）	知州马称德又在奉化州修建资国堰，引大溪之水东流于市河，溉民田三万七千余顷，又修建宣家堰、黄埭堰、归家堰、方胜碶、胡芝碶等一系列堰碶进行灌溉。同年，当涂（安徽当涂）县令陈昌浚市河溉民田数百顷

续表

南部地区水利	英宗至治二年(1322)	崇安(福建崇安)县令刘亢祖修浚陈湾陂,"垒石为闸,因旱潦而启闭,民赖其利"
	顺帝至元、至正年间(1335—1370)	东阳(浙江东阳)县令张希颜等修浚都督堰、南溪堰等以溉农田,"人莫不以为利焉"。四川廉访司吉当普重修四川灌县都江堰,"铸铁龟,民利之"。彭山(四川眉山西南)县令重修通济堰,恢复了原来灌溉彭山、眉州(眉山)等处田亩三百余里。邹伯颜为福建建宁(建瓯)、崇安县令,曾修长沟十里,溉农田数千亩。南安(福建南安)县令张夔"为民兴利",筑万石陂溉田万余顷
西南边疆和沿海地区	世祖至元二十九年(1292)	乌古孙泽在广西两江地区率众垦田、修渠灌溉,得到稻田数万亩,每年可收稻谷数万石。雷州半岛地近大海,潮水日夜冲刷侵啮,海水蓄积、水咸土碱,给农业生产带来很大危害。乌古孙泽在各地巡视,发现三条溪水白白流入海里,没有用来灌溉。于是组织当地居民疏浚湖泽,筑大堤横截三溪以蓄水,修渠二十四道引水灌溉。每条渠上分别设闸,按时关启,浇灌农田。盐碱土壤得到改良,大片荒旱土地很快变为良田
	世祖至元十年(1273)	张立道于昆明池(云南滇池)寻求泉源所出,泄治其水,得到土地百万余亩,很快成为良田
		赛典赤·赡思丁主持对年久失修、形成淤塞的滇池出水口——海口进行了疏通,又筑松华坝及六河诸闸,灌溉田地百余万亩;又修建南坝闸、燕尾闸,灌田数十万亩;凿金汁渠,引松华水灌溉滇池东西大片农田
		梁王在昆阳(云南昆明晋宁区)环绕东湖,修筑十里长的玉带堤,"跨水障湖",防御洪水为害农田;又筑梁王坝,灌溉田地数十万亩
		广东沿海的许多土地,受到潮水的日夜冲刷侵蚀,水咸土碱,无法耕种。乌古孙泽率领农民在当地兴修灌溉系统以后"濒海广泻并为膏土"

而其他民间自行兴建的中小规模水利，也非常多。在北方，中统年间(1260—1264)，临汾县村民段祐开利泽渠，引汾河水浇灌农田。至正二年(1342)，榆次县民范滟等开修永春渠，引大涂水，浇田一千六百多亩。至正二十二年(1362)，榆次县民刘时敏等开修万春渠，引洞涡水，浇灌农田一万二千余亩。在南方，民间兴修的小型水利工程如王祯所言，“难以数计”。典型的事例有东阳乡民合力于至元、泰定、至正年间在南溪修渠引水。

而基层社会用水管理，也能形成有效的协调机制，如至元十二年(1275)在平阳路霍邑县发生两村争夺水源的纠纷，原本属于杜庄村的水源被宋圣村民占用、污染，杜庄村民诉至县衙，后经宋圣村民委托另外四村的社长出面斡旋，双方达成和解，并写下和休协议，原、被告共同到官府撤销诉讼，平息纠纷。

三、河湖水患治理

元代黄河为患及其治理的情况，庾莉萍《元明清的黄河水患及治理》①一文介绍得比较清楚，兹作转述。元代前期与中期曾发生几次大规模的水患：

(1)元世祖至元二十三年(1286)十月，黄河在开封、祥符、陈留、杞、太康、通许、鄢陵、扶沟、洧川、尉氏、阳武、延津、中牟、原武、睢州等15处决口，元朝廷调动20余万民夫修筑堤防。

(2)至元二十五年(1288)年五月，黄河在开封决口，洪水泛滥使太康、通许、杞、陈、颍等州县都受到侵害。

(3)成宗大德元年(1297)七月杞县蒲口决堤之后，河南段的黄河几乎年年决堤，元朝廷被迫年年征集民夫堵塞决口，加固河堤。

由于黄河水患问题难以解决，且治理不见成效，泰定二年(1325)元朝廷成立了都水监，衙门设在开封，专管治河，而沿河州、县正官都要兼“知河防事，以便协调”。都水监设立之后，黄河大的决溢情况为：

(1)顺帝至正四年(1344)五月，黄河暴涨，白茅堤(今山东曹县、东明之间)决口，平地水深两丈有余。六月又在金堤决口，洪水向北、向东泛滥于济宁、曹州(今山东菏泽)、东平等将近20个州县，直至安山(今山东梁山北)灌入会通河，对漕运和两淮盐场构成严重威胁。

(2)顺帝至正五年(1345)七月，黄河又在济阴决口。

① 庾莉萍：《元明清的黄河水患及治理》，西安：《陕西水利》2006年第6期，第35-37页。

（3）至正九年（1349）五月，白茅河水东灌沛县，使该县处于一片汪洋之中。

至正十一年（1351）四月初四，顺帝下诏任命贾鲁以工部尚书的头衔出任总治河防使，授予贾鲁调动一切与治河有关的军民、随机自行处理一切与治河有关事宜的权力，督率汴梁（今河南开封）、大名（今河北大名东北）等十三路民工 15 万人和庐州（今安徽合肥市）等处驻军 2 万人，一同治理黄河。经过约 170 天的时间，动用人力近 20 万，合计用工约 3 800 万人次。用中统钞 184 万余锭，疏浚河道 280 余里，堵塞大小决口 107 处，修筑堤坝上自曹县，下至徐州，总计 770 里。

元代治河，基本上是不成功的，一直未能有效解决黄河决口问题。贾鲁治河虽然取得成效，但元朝很快就陷入政治动荡中，不过十余年即宣告灭亡。

环太湖水域，是元代的另一个治水要害。吴淞江自古就是太湖重要的泄洪通道，但从三国时期东吴、南朝、唐、五代乃至两宋，吴淞江下游开发"塘浦圩田"引发的问题逐渐突出。到南宋时期，吴淞江中游河段淤浅日渐严重，导致太湖积水难排。元代征服江南之后，本着实用的宗旨，为漕粮海运，开辟浏家港，使吴淞江北面的至和塘直通大海。对于吴淞江淤浅的问题，元朝廷则搁置了相当长的时间，最终导致积重难返，打破了原有泄洪排涝的格局，使吴淞江萎缩成为定局，这显然是元代治水的一大失误。但元代对太湖流域其他一些重要的湖泊，如练湖、西湖、南湖、淀山湖及永安湖等，进行了有效的修建和管理，不仅对所在地的农业和民生发挥着举足轻重的作用，有的水利工程对当地甚至整个太湖流域的水环境都具有重要调控功能，产生了良好的治水成效。①

① 钱克金：《从时空分布与工程价值看元代太湖流域水利的整治》，厦门：《中国社会经济史研究》2015 年第 4 期，第 18-22 页。

第二节
郭守敬的治水成就

郭守敬是元代著名的科学家，在水利、天文、数学、地理、测绘、机械工程等方面都取得了巨大成就。其中治水是郭守敬最重要的事业，具有很高的科学技术含量。而郭守敬的治水功绩，主要体现在三个方面。

一、在兴修水利用于农业灌溉方面，贡献突出①

31 岁时，郭守敬初次见忽必烈，面陈六条水利工程建议。其中第二条、第三条建议，是规划如何在家乡修渠以利于农田灌溉。第四条认为，若在磁州东北滏水和漳水合流处引水通往澧河，则沿途可以灌溉 3 000 多顷田地。第五和第六条认为，沁河有漏堰余水，如果和丹河余水相合，向东引流注入御河（即卫河），则沿途可灌溉 2 000 多顷田地。再修一条水渠，引黄河水穿过新旧孟州城之间，至温县南重新流入黄河，也可灌溉 2 000 多顷田地。这些建议得到忽必烈的赞赏和采纳。

至元年间，为发展西北地区农业，忽必烈令郭守敬主持整修原西夏河套平原的沟渠。郭守敬设计了“因旧谋新”的治水方案，以旧有河渠水道为基础，加以疏通和整修。经过三年的整治，不仅 400 里长的唐徕渠、250 里长的汉延渠可以重新利用，另外又添置了 10 条 200 多里长的水渠，以及 68 条支渠，总共可灌溉田地“九万余顷”。这些水利工程不仅使西北地区粮食富足，而且为之后河套地区几百年间的治水奠定了基本格局。

至元二年（1265）年，郭守敬任都水少监，主持元朝的农田水利工作。在郭守敬的引领下，元朝修复了众多水利工程，使农业经济得到健康发展。

---

① 《郭守敬——水利之学世师法》，石家庄：《河北水利》2016 年第 9 期，第 34 页。焦佳欣：《郭守敬水利思想及其影响探析》，郑州：《华北水利水电大学学报》（社会科学版）2018 年第 2 期，第 16-19 页。

二、大都的建设，郭守敬治水发挥了关键作用

燕京一带地理位置优越，很早就形成了都邑。但一直到辽国和金国统治时期，都未能成为真正意义上的首都，主要原因在于供水问题解决不了。郭守敬初见忽必烈时面陈的水利工程建议，第一条就是为大都供水而修复开凿运河。这相当于说，供水问题可以解决，为忽必烈做出营建大都的决策提供了重要支撑。

在营建大都的过程中，郭守敬沿用了金朝引水工程的旧渠道，导玉泉诸水汇高梁河引入城中，成功地解决了大都的生活用水问题。《元史 · 河渠志》"金水河"条记载：

金水河，其源出于宛平县玉泉山，流至和义门南水门入京城，故得金水之名。至元二十九年二月，中书右丞马速忽等言："金水河所经运石大河及高良河、西河俱有跨河跳槽，今已损坏，请新之。"①

据学者意见，来自金水河的水源解决了宫苑用水问题，即流经宫苑，注入太液池。② 元朝廷曾下诏禁止在金水河上源洗涤，可以证明金水河是元朝宫室生活取水之地。当然，金水河川流不息，除宫苑用水以特别渠道从受特别保护的上游引入，其他中下游渠段的流水便可作大都城市居民生活用水来源。

大都营建前后历 20 余年，消耗的土木主要取自西山，而往来运输颇为不便。郭守敬主张利用金朝废弃的金口河，将西山土木原料导入水运，《元史 · 郭守敬传》记载了这条建议：

金时，自燕京之西麻峪村，分引卢沟一支东流，穿西山而出，是谓金口。其水自金口以东，燕京以北，灌田若干顷，其利不可胜计。兵兴以来，典守者惧有所失，因以大石塞之。今若按视故迹，使水得通流，上可以致西山之利，下可以广京畿之漕。③

---

① [明]宋濂等：《元史》，北京：中华书局 1976 年版，第 1591 页。
② 侯仁之：《北京都市发展过程中的水源问题》，北京：《北大学报》1955 年第 1 期，第 151 页。
③ [明]宋濂等：《元史》，北京：中华书局 1976 年版，第 3846-3847 页。

这条建议同样体现了“因旧谋新”的治水思路：用的是被废弃的金朝河道，工程难度较小；而解决的是新出现的建筑材料运输问题，为大都的成功建设提供了运输保障。

可以说，郭守敬主导了大都建设过程中的水利用系统和水环境设计。意大利著名的旅行家马可波罗来到中国，见到元大都的壮丽景色，惊叹地说：“全城地面规划有如棋盘，其美善之极，未可言宣。”[①]考虑到古代城市规划中水体的至关重要性，郭守敬治水对大都建设的美善，是有大功劳的。

三、改造京杭大运河

隋唐以降到元代之前，中原地区是政治经济文化首善之地，大运河一直以洛阳、开封等城市为中心，而向北京、杭州两个方向呈扇形展开。沿水路从北京至杭州，需绕道河南。元朝以大都为政治经济文化中心，缩短京杭之间的运河航程成为现实需要。郭守敬主持了京杭大运河的设计规划工作，决定对隋唐大运河截弯取直。郭守敬经过详细考察，“乃得济州、大名、东平、泗、汶与御河相通形势，为图奏之”[②]，获得元世祖的批准，在山东一带开掘济州河，京杭之间航程缩短近800公里，奠定了元代迄今京杭大运河的基本格局。

郭守敬对京杭大运河交通的最大贡献，是亲自主持修建通惠河。以往运河北至通州为止，到通州后仍要依赖劳力运送货物，人畜疲乏，效率不高。修建连接大都到通州的运河，打通京杭大运河的最后一程，已经成为共识，但碍于水源不足问题，一直无法动工。郭守敬通过调查研究，解决了两大技术难题：一是从昌平县白浮村引神山、玉泉等处泉水至西门入都城，东至通州高丽庄入白河，即“白浮引水工程”；二是建立坝闸，实现“节水行舟”[③]。这是治水史上的两大创举。

因为“截弯取直”缩短航程，以及通惠河的修建，郭守敬对京杭大运河有着决定性的贡献，被后人尊称为“京杭大运河之父”。

中国古代治水，绝大多数情况下是以非专家型官员统领，水利专家为其

---

① 参见：马可·波罗口述、鲁思梯谦笔录：《马可波罗游记》，陈开俊、戴树英、刘贞琼等译，福州：福建科学技术出版社1981年版，第96页。

② ［元］苏天爵：《元朝名臣事略》，姚景安点校，北京：中华书局2019年版，第194页。

③ 谢剑荣：《郭守敬与京杭大运河的建造》，石家庄：《河北学刊》2007年第4期，第53页。李恩玮：《邢台：郭守敬与京杭大运河》，扬州：《中国名城》2008年第S1期，第29页。

所用。郭守敬以水利专家身份统领元朝的治水工作，典型地体现了科学技术对于国家建设的重要性，至今仍有启示意义。

（一）积极参与国家建设，才能发挥科技的巨大社会效用

中国古代科学家很多，元代也不少，为什么郭守敬治水会取得出类拔萃的成绩？因为郭守敬取得了最高统治者忽必烈的信任，适应了元朝建设与发展的需要。郭守敬主持兴修水利，是元朝发展农业经济工作中的重要部分。郭守敬主张修整金水河和金口河，是元朝新都城建设的有机组成部分。郭守敬改造京杭大运河，有助于确立、巩固和加强大都在元朝的政治、经济和文化方面的中心地位。学以致用，能满足国家发展需求，在国家层面积极发挥作用，这是郭守敬治水取得成功的重要原因。

（二）治水项目的科技含量高

郭守敬治水，以掌握大量的地理测绘资料为基础，并运用数学工具进行分析，态度严谨科学。郭守敬 21 岁时为家乡邢台制作了一项河道疏浚工程方案，被誉为“习知水利，巧思绝人”。所谓的“巧思”，就是指他运用了数学和测绘知识，做出了常人难以想象的成功设计。在西夏治水期间，郭守敬“挽舟溯流”，探寻黄河源头，进行地理科学考察。在金口河的修整问题上，郭守敬结合测绘资料进行精密计算，认为河道应开拓至 75 米宽，才能避免暴雨涨水时决堤之患。主管施工的官吏不信，凭经验将河道宽度定在 50 米左右，次年果然河堤溃决，造成灾难。郭守敬的治水成就表明，科技含量高，治水工程质量才能得到保证。

（三）在治水工程应用中发展科学技术

郭守敬善于根据实践需要进行科学创新。在长期的治水测绘实践中，郭守敬觉得应该确定衡量地势差异的统一标准。经过多年反复思考和探索，最终以大都东边的海平面为基准线，对大都到汴梁沿线各地的水平高度进行测量，并与海平面逐一比较，从而知晓汴梁的水离海较“远”，因而流速峻急；大都的水离海较“近”，所以流速徐缓。这种根据离海“远”“近”确定地势高低的方法，就相当于利用了现在的“海拔”这一概念，这是郭守敬地理测量方面的重要贡献。此外，郭守敬在修建通惠河过程中摸索出“建坝闸节水行舟”的基本原理，至今尚有影响，在长江三峡及巴拿马运河的航运设计中还得到了应用。

第三节
元代吴淞江治理

在历史上,吴淞江曾是太湖主要的泄水通道,也是三江地区沟通江湖海陆的重要交通航道。从宋代以来,对吴淞江的治理虽不断展开,但吴淞江最终由干流变为支流。根据历代史书和地方志的记载,吴淞江入海口在唐代宽度达二十里,到北宋时期河口宽度还有九里,其后河口逐渐淤浅为五里、三里,到元初还有一里,到元末则差不多已淤成平陆。明代中叶以后疏浚太湖出水通道,黄埔夺淞入海,河口成为黄浦口,这样吴淞江就成为黄浦江的支流,淤浅变窄的吴淞江后来就成为苏州河,最狭处宽约 40 米,中游最宽处有 600—700 米,还保留有古时河身面貌。[①] 历史上吴淞江的治理,整体而言是不成功的。

一、吴淞江淤塞问题的根源[②]

宋代以前,吴淞江的淤塞问题主要出现在下游,由海水涨潮回填泥沙引起。不过,来自太湖的水量充沛,吴淞江上中游冲刷泥沙的力度大。一则海水落潮时,河口泥沙会被冲带入海;再则吴淞江尚有东江、娄江两个辅助的入海口,可用于在秋冬干旱季节分流江水,使吴淞江下游特别是河口一段得到疏浚。所以在宋代以前,吴淞江并未出现严重的淤塞问题,而河口宽达二十里,足以说明这一点。

到宋代时,吴淞江成为漕运的交通要道,而太湖流域聚居的人口也大量增加。由于吴淞江上游与太湖连成一片,水深流急,漕运船只经常翻覆,成为需要解决的漕运难题。宋仁宗庆历二年(1042),朝廷在吴淞江源头修筑长达

① 李敏、段绍伯:《吴淞江的变迁和改道》,上海:《学术月刊》1996 年第 7 期,第 105-107 页。

② 王颋:《元代的吴淞江治理及干流“改道”问题》,西安:《中国历史地理论丛》2003 年第 4 期,第 83-91 页。

五六十里的长堤，作为太湖和吴淞江的明确分界，堤东为吴淞江，堤西为太湖。这种横截江湖的做法，使吴淞江水流趋缓趋浅，对于保障漕运安全显然是有利的。但水流趋向缓浅，不利于冲刷泥沙。

北宋时期，太湖流域成为“鱼米之乡”，而吴江为人口聚居大县。吴江县管辖范围跨吴淞江两岸，居民一半住在江东岸，一半住在江西岸。东西两岸人员往来，都得通过渡船。但吴淞江水宽流急，风涛险恶，一旦遭遇风雨则渡船不行，未能返还者常滞留彼岸漂泊无所。于是，庆历八年（1048）地方官府在吴江城东建利往桥，这样就把县城与城东连接起来，居民来往极为方便。桥东西长达130丈，俗称长桥。长桥的修建，会阻挡至少三分之一的流水，这也使其下的水流趋缓趋小，减弱了吴淞江水的刷沙能力。

由于上游水源减少水势减弱，而下游海水涨潮不断回塞泥沙，吴淞江不断淤塞成为难以挽回的必然趋势。同时，河道水量减少，露出许多空地，各种社会力量开始圈地，种植芦苇、茭菰等作物。当雨季大水漫灌时，这些作物的枝叶也会阻碍水流的速度，并且导致泥沙的沉积。从庆历以后，吴淞江下游就快速淤浅，入海口处不断变为浅狭，逐渐缩至五里，后又减为三里。对于这个问题，北宋的有识之士主张从根源上加以治理，任仁发曾言苏轼预料吴淞江长此以往必然淤塞，因而提出对策：

若要吴淞江不塞，吴江一县人民可尽徙于他处，庶使上源宽泻，清水力盛，泥沙自不能积，何致有湮塞之患哉。①

即，解决吴淞江堵塞的根本方法在于恢复到以前太湖和吴淞江在源头上连成一片的初始状态，将横亘在江、湖之间的堤岸拆除，将架在吴淞江上的长桥拆毁。而要做到这一点，需将整个吴江县的人口全部迁徙出去，使吴江县成为太湖、吴淞江水流的自由滋蔓之地。苏轼的主张无疑是能成立的，但吴江县在北宋时期已经成为人烟繁盛的鱼米之乡，出产极其丰富。为公共水利需要而放弃生存环境，这种主张在朝廷、地方政府和当地居民任何一方都不会得到赞同。而且搬迁一个县的居民，由此滋生的行政责任、经济损失和繁杂事务，是谁也不愿承担的，所以苏轼的建议未能得到实施。这样导致吴淞

① ［明］徐光启：《农政全书》卷13《东南水利上》，石声汉点校，上海：上海古籍出版社2011年版，第262-263页。

江淤塞的问题一直存在,成为吴淞江最终萎缩为支流的根本原因。

二、元代吴淞江堵塞问题转为不可逆

在元代初期,江南一带仍处于元军和宋军、起义军交战的状态,所以元代统治者对吴淞江的改造,不会去考虑水利问题,而是服从于战争的需要。正如任仁发《水利集》所记述的:

自归附以来,因吴江县一带傍太湖长桥下坝等七十余处出水口子或钉木植为栅,或以石筑狭河身为桥,或壅以土草为堰官司置为驿道。又有淀山湖、三泖通接河港,为盐军、歹人收松盐,为强盗出没,此处官司为□禁止,将诸港汊皆闭塞。以此清水日弱,浑潮日盛,吴淞江日就淤塞也。①

这里就提到,为阻遏宋军和起义军利用吴淞江开展军事交通活动,元朝军队不仅填塞了长桥若干桥洞,而且在上中游各处安设木栅栏,限制流水的宽度和速度。此外,在吴淞江河道较为狭窄的河段,用大石填塞造桥,并夯筑土草形成驿道,方便军队通行。而且,官府为了垄断盐业交易,防止吴淞江一带军队、商贩和强盗从事私盐贩运,封闭了上游湖水流入吴淞江所形成的港口,致使吴淞江湖水流入量大为减少。清水大量减少,水流受限变缓,必然导致吴淞江泥沙淤积,河道变浅。

另一方面,元代初期以武力征伐为国策,无暇顾及水利之事。两宋以来的水利设施被破坏殆尽,水利管理制度也被彻底废弃。而元朝派遣至吴地的新任长官,均系蒙古人或色目人,不能很好地理解水利对于吴地生产生活的重要性,对江南一带河湖网络的水利特点也不知晓,所以吴淞江堵塞的问题基本上处于放任的状态,如《元史·河渠志》所记载:

有司不以为务,势豪租占为荡为田,州县不得其人,辄行许准,以致湮塞不通,公私俱失其利久矣。

---

① [元]任仁发:《水利集》卷8《大德三年六月都水庸田使麻合马嘉议讲议吴淞江雷埋塞合拯治方略》。

可以看出，虽然疏通吴淞江堵塞对于太湖流域的治理至关重要，直接关系到民生问题，但元初的地方统治者和管理者根本不去关注，只是差遣了一些根本不懂行的官员敷衍了事。而当地的豪强权势，则趁机将泥沙淤积的浅水区域开辟为私田，在其间种植能够获利的水生植物。河道中遍布的水生植物，又会滞缓上游太湖来水的流淌速度，使泥沙不断淤积。最终，吴淞江上游的淤塞问题越来越严重，淀山湖东的小漕、大沥等处，元代以来新淤积的泥沙有数十里之广。

多种恶化吴淞江水流生态的因素在元代相继出现，导致吴淞江堵塞问题出现了不可逆性。正如当时人吴执中在上书中所说：

吴淞江旧云可敌千浦，今两岸涨沙将与岸平，其中仅存江洪不过二三十步，深亦不过二三尺，湖水所至，比之旧时，万不及一。①

吴执中用“万不及一”来描述吴淞江水体总量相对于之前朝代的萎缩，提示了吴淞江终将没落的必然结局：许多恶化水流环境的因素既已形成，便难根除，再怎么治理吴淞江也难以恢复原状。

三、任仁发治理吴淞江的理论

吴淞江堵塞造成的最大问题，就是丧失了其泄导太湖洪水的正常功能。一旦到了雨季，太湖洪水漫入，而河道浅塞，就会造成水灾，如《元朝典故编年考》卷五《开治三吴水利》所记载：“河港闭塞不能通流，湖水稍遇大雨，便致泛滥，淹没田禾，为害不轻。”如至元十九年（1282）、二十三年（1286）、二十五年（1288）遭大水，太湖一带如苏州、无锡、嘉兴、湖州等地农田被淹，百姓流离。到至元末年因为水灾损失税粮百万石，吴淞江的疏浚才受到元朝廷重视。之后虽屡次动工整治吴淞江，但一直未见成效。大德八年（1304），任仁发成功地主持了吴淞江的疏浚工作，得到元朝廷的表彰。如前所述，吴淞江堵塞的不可逆性，早在之前已经定型，最终只能通过改道才能解决。因此任仁发于大德年间（1305—1307）主持的吴淞江全面治理，其成效也只维持到至大三年（1310），前后约出现5年安定期。但是任仁发在《浙西水利议答录》（一名《水

① ［元］吴执中：《水利议》，［明］张国维：《吴中水利全书》，文渊阁四库全书本。

利集》)里提出的水利思想,对于太湖流域水系治理具有参考价值。兹据王绍良、黎沛虹《任仁发及其治理太湖的理论》[①]一文加以介绍。

(一)治理太湖必须深究太湖水系的特点

任仁发认为:"浙西地面,有江海河浦湖泖荡漾溪涧沟渠汊泾浜漕溇等名……水名既异,则拯治方略亦殊。"即对具体水流特性要作不同分析,提出不同治理方案。任仁发根据太湖流域的水性特征,提出"先度地形之高下,次审水势之往来,并追源溯流,各顺其性"的治水思路,充分考虑到了太湖为诸水渊源而水系受海潮泥沙影响较大的具体情况,从而展开全面规划和综合治理。

(二)善于借鉴前代治理太湖的技术路线

关于太湖水系的治理,范仲淹曾结合历代经验总结出三大技术要领:"修围、浚河、置闸,三者如鼎立,缺一不可。"任仁发沿袭这一技术路线,认为治水技术有三大要点:"浚河港必深泻,筑围岸必高厚,置闸窦必多广;设遇水旱,有河港深泻堤防而乘除之,自然不能为害。"具体到太湖治理实践上,他实施了如下技术线路:一是拓宽湖水进入吴淞江的渠道,稳定上游水源。二是设置闸窦,既用于防阻海潮逆行泥沙,也用以蓄积清水。三是集中所蓄的清水,选择恰当的时间冲刷泥沙,使吴淞江水道保持深度,不致淤塞。

(三)主张对太湖水系的水利进行条状管理

任仁发通过研究发现,五代时期和南宋时期太湖流域水利管理工作做得好,是因为施行条状管理,即由专门的水利机构负责太湖水系的治理和管理。元代按照行政区划对太湖水系进行块状管理,出现两个问题:一是存在"东州之官,莫问西州之利"的情况,难以实现流域治理的目标。二是地方官府工作人员治冗事杂,在治水方面不够专业。基于此,任仁发提出"通行管领,一体整治",即要有常设性的水利机构,统一管理太湖水系的水利工作,不仅要针对性地开展治水工程,也要对水利系统和水利设施进行日常管理和维护。

这些治水思想和理论,对明代水利专家治水是有启示意义的。对于后来太湖水系的治理和管理,也产生了影响。

---

① 王绍良、黎沛虹:《任仁发及其治理太湖的理论》,北京:《中国水利》1984年第12期,第33-34页。

第四节
元代亦集乃路治水及其渠社制度

亦集乃路，系元代至元二十三年（1286）建置，治所在亦集乃城。在大元开阔的版图上，亦集乃城地处东西南北往来的要道上，历史上已形成便利的交通条件，流动人口多，蒙古、色目、汉人等各民族人口汇聚于此。考古发掘表明，亦集乃城主干道东街、正街店铺罗列，存在广泛的商品交换，商业和中转贸易得到发展，是甘肃北部的区域市场中心。依水而建，是城市存在和发展的基本规律。亦集乃城地处西北干旱地区，引黑水修渠以提供水源与水利保障，成为不二选择。关于亦集乃路治水的情况，黑城出土文书有较为充分的展示，反映了元代西北近沙漠地区治水的特点。①

一、亦集乃路治渠的大致情况

学者们根据黑城出土文书统计，元代亦集乃路修建的干渠至少有8条：本渠、合即渠、额迷渠、吴即渠、沙立渠、莎伯渠、耳卜渠、玉朴渠。根据渠名判断，本渠应为西夏所固有，亦集乃路设置后又重新加以疏浚。合即等其他各渠，当为元代新修。其中合即渠的修建，《元史·地理志》“亦集乃路”条有明确记载：

二十三年，亦集乃总管忽都鲁言：“所部有田可以耕作，乞以新军二百人凿合即渠于亦集乃地，并以傍近民、西僧余户助其力。”从之。计屯田九十

① 孔德翊：《元代亦集乃路水资源与基层社会探析》，银川：《西夏研究》2012年第2期，第122-127页。霍红霞：《元代亦集乃路水利管理初探》，南昌：《农业考古》2012年第4期，第111-116页。李艳、谢继忠：《从黑城文书看元代亦集乃路的水利管理和纠纷》，哈尔滨：《边疆经济与文化》2010年第1期，第121-122页。王盼：《由黑水城文书看亦集乃路民事纠纷的调解机制》，银川：《西夏研究》2010年第2期，第41-44页。以上为本文重点参考的研究成果。

余顷。

由此大致可以推断，元代亦集乃路新修水渠由官府组织军民合作完成，目的是屯田种植粮食。从水渠的功能看，本渠应该是发挥其旧有用途，为城中居民提供日常生活用水，而新修的渠道则用于发展生产，灌溉田地草场。

那么，亦集乃路治渠引水，到底能浇灌多少亩田地？正常情况下一年又能出产多少粮食呢？在此以吴超《元代亦集乃路土地开发与利用初探》[①]一文为基础加以估算。如上所述，除本渠外，亦集乃路至少有7条用于灌溉的新修干渠。按《元史》记载，合即渠可灌溉田地91.5顷，即9 150亩，以此作为诸渠灌溉的平均数，则元代亦集乃路新修水渠灌溉田地亩数不少于64 000亩。又据考古工作者的调查，在黑城东北、东南、北方约50公里范围内都分布有渠道和农舍。[②] 则元代亦集乃路新修水渠应超过7条，而灌溉田地的亩数应在7万亩左右。按照春麦秋粟的保守产量计，其亩产应在280斤左右。仅从粮食效益角度计算，元代治渠引水可带来年均2 000万斤左右的主粮收获。

那么这些出产能否满足亦集乃路人口的消费所需呢？亦集乃路户籍人口，主要包括城内居民和在屯田上耕作的军民。定居在各渠所灌溉田地上的人口，每渠为100—150户，平均下来大致每渠有军民800人，总计约6 000人。而亦集乃城的居民，至多也不会超过此数。所以有学者估计亦集乃路户籍人口约在11 000人，是有道理的。但亦集乃城是商贸集散地，东南西北各地每天往来此地的流动人口当不少于城内居民人数。所以亦集乃路的渠田收获，差不多要为近20 000人口提供粮食保障。按照每人每年需要粟麦主粮500斤计算，全年需要约1 000万斤粮食，这需要耕种近4万亩田地。而亦集乃路的渠田远远超过此数，剩下的约3万亩田地，比如用1万亩来种植蔬菜瓜果和其他农作物，2万亩用来放牧牛羊，这样的出产完全能够满足亦集乃路户籍人口和流动人口的生活所需。

可以说，元代亦集乃路治渠达到了预期的目标，是元代沙漠绿洲地区治水的典范，渠田的出产为亦集乃城发展成为西北地区的交通商贸重镇提供了足够的生活物资，奠定了坚实的物质基础。

---

① 吴超：《元代亦集乃路土地开发与利用初探》，兰州：《开发研究》2013年第6期，第153-157页。

② 李逸友：《黑城出土文书》（汉文文书卷），北京：科学出版社1991年版，第18页。

二、亦集乃路的渠社制度

元朝在城市实行隅坊制。对广大乡村的管理，元朝则继承金代的村社制度来确立北方地区县以下基层社会的基本管理单位：县以下为乡，乡以下的自然聚落为村，以 50 户为一社，一村设立一社或者数社。这意味着，元代社会非城市地区最小的基层组织是社，社一般依托自然村落而存在。但亦集乃路是新设置的行政区域，情况比较特殊：(1)亦集乃路虽然管理区域广阔，但户籍人口很少，总计应不超过 12 000 人，且主要聚集在亦集乃城和渠田耕作区不到 100 平方公里的范围内，没有必要设置复杂的行政部门。(2)亦集乃路不存在因人们长期定居而自然形成的村落，亦集乃城内居民以管理者、商贩和从事服务行业的人员为主；渠田耕作区也多是招募过来从事耕作的人口，不存在乡村管理这个历史背景。又由于水资源、渠田收益是亦集乃路赖以存在的基础，所以亦集乃路不设置县、乡、村三级，而形成路—渠—社三级行政管理架构。因渠立社，是元代较有特色的一种地方行政体制，也是历史上值得注意的水资源管理现象。

在亦集乃路，河渠司是个重要部门。有学者根据黑城出土文书指出，亦集乃路河渠司不限于水资源治理和管理，还承担其他重要职能，包括向总管府呈报粟麦收成、向肃政廉访司呈报公文、催征税粮、拘收蒙古子女囚犯等，并参与甘肃行省主要官员的接待。① 亦集乃路河渠司兼掌其他政府职能，可以说明在以水渠资源为主要支撑的行政区域，水务事业是其命脉。河渠司以下设立渠长，统管一渠事务。每渠设置 2 个以上的社，每社设立社长，帮助协调以完成渠长交代的各项事务，社长之下又设有俵水一职，专事水资源的分配，此外没有其他复杂的机构和管理人员。根据相关研究，渠、社这两级组织，除了管理水务之外，其他主要的责任为：

(1)劝农种植。这一块任务应该不会繁重，因为耕作是渠田居民的基本工作，家家户户的生活物资和经济收益都来自渠田耕作。植桑种粮，圈养放牧，对于每个家庭而言，都是不言而喻的权利和责任，需要渠、社组织派人进行劝勉、督促的情况不会多见。

---

① 孔德翊：《元代亦集乃路水资源与基层社会探析》，银川：《西夏研究》2012 年第 2 期，第 122-127 页。

(2)户籍登记与工作安排。亦集乃路渠田耕作区并非固定的居民区,人员流动性相对较强。每年各社都有进出的人口,相应地渠田也要进行重新调整与分配,这一工作由渠长组织,而由社长具体实施。

(3)征收赋税。黑城出土文书多有涉及田赋的问题。如前所述,渠田赋税是亦集乃路地方政府财政收入的基本来源。亦集乃路渠田地处荒凉,为吸引人员前来耕种,不收丁税,只收地税。亦集乃路政府设立的征收机构为广积仓,具体的征收事宜,显然是由渠长布置下去,而由社长负责落实完成的。

路直辖渠,因渠而立社,这种行政体制的出现,是由水资源及渠田在亦集乃路行政运作过程中的主导性地位决定的。由此也可以看出,元代亦集乃路渠田的设置,主要出于行政需要,而非人们出于安居乐业意愿做出的选择。

三、亦集乃路渠社对于水资源的管理

在水分配方面,形成了定制定规。编号为 F116:W66 的黑城出土文书记载:"□社长□/□俵水/□官限○闭水口外其余官员赴府/○仰差/元统三年三月初六日施行(加盖官印)。"分配渠田耕作的水资源时,路、渠和社三个方面都要参与,人员主要包括社长、俵水和路方面派遣的监督官员。路、渠、社三个方面共同参与,在制度上保障了农业灌溉的及时到位,也可以保证水资源分配的公平合理。编号为 F116:W66 的黑城出土文书记载"例自下而上分俵水",编号为 Y1:W66 的黑城出土文书记载"遵官司自下而上均俵水分",这表明亦集乃路渠田水资源的基本分配顺序是先灌溉水渠下游的田地,再灌溉水渠上游的田地。在西北干旱半干旱地区施行的这种先下后上的用水法则,是自秦汉以来就已经形成的惯例,而且在法律层面有明确规定。这样可以保障用水权利的公平,保证用水量的均匀,不致浪费有限的水资源。

由于干旱地区水资源紧张,会出现不遵守用水规定的情况,需要公开处理。编号为 Y1:W66 的黑城出土文书记载了亦集乃路渠田居民不按规定自行用水的情况:

均俵讹屈自合安分依奉官司却不合。不遵合官司区处,讹屈主意,都领汝足梅、吾即躯、汝中玉(亦称布贯驴)并嵬如法师雇。人班的等二十余将水揽夺尽行闸浇溉。讹屈。并吾即汝足梅嵬如法师等大小二麦糜谷。[①]

虽然出土文书有文字残缺，但大意是清楚的。即有人告发，在水渠上游的讹屈率领20多人，没有按照路、渠的规定，没有经过俵水的同意，强行开闸灌溉田地，这就影响到水渠下游的用水权。这些强行开闸浇灌的人户中，除普通老百姓之外，还有像嵬如法师这样的僧人。最后罚收讹屈、吾即（躯）、汝足梅、嵬如法师等大麦、小麦和糜谷若干。处罚之后，由可能是社长的马旺去做讹屈等抢水户的思想工作，使他们服从渠社的要求，遵照官方规定获取水资源。可见，解决水资源分配中出现的纠纷，也是亦集乃路渠社的重要管理任务。

承担祭祀水神的职能。亦集乃路虽然人口少，但亦集乃城为西北重镇，是甘肃地域性商贸中心。受人口流动性增强的影响，亦集乃路户籍人口来自不同地区、不同民族，有着不同的宗教信仰和思想观念。而祭祀水神，不仅可以宣示水资源对于亦集乃人至高无上的重要性，也可以将居民分散的思想统一到这个共同认可的信仰上，以利于官方对有限的水资源实行统一管理。从黑城出土文书来看，亦集乃路水神祭祀由官方办理，祭祀费用由官方支给，祭祀礼仪由官方确定，主要参祭人员也都由官方派遣。由于元代禁止民间“聚众作社”，所以民间组织和民间力量不参与亦集乃路的水神祭祀。[②] 公共祭祀在古代多是由官方专断的大事，官府往往借此引领公共领域的价值观，掌握公共事务的话语权。亦集乃路水神祭祀，也是一种政治权力运作，官方通过为水神举办公共祭祀活动，宣示其行使水资源分配权力的合法性，从而掌握对稀缺水资源的控制权。

① 塔拉、杜建录、高国祥：《中国藏黑水城汉文文献》第四册，北京：国家图书馆出版社2008年版，第749页。

② 孔德翊、屈耀琦：《元代亦集乃路祭祀初探》，银川：《西夏研究》2011年第1期，第84-91页。

第五节
元代的黄河治理

元代历史短，统治者对黄河水患治理的认识不够。虽然元代治河成就不多，但还是有可圈可点之处的，这里简要地加以介绍。

一、寻找与发现河源[①]

中国古代有一个成语，叫正本清源。又有一个成语，叫追本溯源。可见中国人很早就意识到，正源对于治水的重要性。寻找和确定黄河的源头，也是黄河治理的一个重要问题。

唐穆宗长庆二年(822)，刘元鼎出使吐蕃，顺带探索了黄河源头："河之上流，繇洪济梁西南行二千里，水益狭，春可涉，秋夏乃胜舟。其南三百里三山，中高而四下，曰紫山，直大羊同国，古所谓昆仑者也，虏曰闷摩黎山，东距长安五千里，河源其间。"[②]这一描述虽然不够准确，但已将黄河发源地大致定位在巴颜喀拉山一带。杜佑编纂《通典》，就肯定并采纳了这一成果。宋、辽、西夏并立时期，整体意义上的黄河不在特定政权的控制范围内，探索黄河源头的问题并不显得重要，自然不会受到重视。

元朝实现了统一，黄河完整地纳入了国家的地理版图。驿站交通方便，朝廷对边疆地区加强管理等，为探索河源创造了有利条件。郭守敬在西北地区主持水利工作时，认识到探究黄河源头的重要性，"尝挽舟溯流而上，究所谓河源"[③]，目的在于疏通黄河上游的漕运路线。虽然郭守敬黄河溯源的工作处于起步阶段，但他向朝廷提出探寻黄河源头的建议，得到重视。

至元十七年(1280)，忽必烈派都实为招讨使，佩金虎符，专门探寻河源，

---

① 陈广恩：《试论元代开发黄河》，南京：《江苏社会科学》2004年第5期，第232-236页。

② [宋]欧阳修、宋祁：《新唐书》，北京：中华书局1975年版，第6104页。

③ [元]齐履谦：《元文类》卷50《知太史院事郭公行状》，四部丛刊初编本。

意义显著。这是中国历史上官方首次组织人员，以实地勘测的方式专门寻找黄河源头，当时人梁寅对此予以肯定："今朝之究河源，盖得之目睹，非传闻者也。"①元朝廷派遣都实探寻河源，主要不是出于地理勘测的需要，而是当作全面开发黄河的重要组成部分。至元十七年，忽必烈曾就黄河漕运开发问题作出指示：

黄河之入中国，夏后氏导之，知自积石矣，汉唐所不能悉其源。今为吾地，朕欲极其源之所出，营一城，俾番贾互市，规置航传。凡物贡水行达京师，古无有也，朕为之，以永后来无穷利益。②

忽必烈想在黄河源头建立一座商业城市，疏通黄河上游的漕运，使西部地区的奇珍异宝能顺畅地输送到京都。这里说得明白，元朝廷组织探寻黄河源头，是其宏大行政管理规划中的有机组成部分，最终目标为全方位开发黄河。

都实系女真蒲察氏人，精通多种民族语言，他曾多次到过吐蕃，适合统领探究河源的工作。都实在至元十七年（1280）的行程，《元史·地理志》有记载：

至河州。州之东六十里，有宁河驿。驿西南六十里，有山曰杀马关，林麓穹隘，举足浸高，行一日至巅。西去愈高，四阅月，始抵河源。

都实返回大都后，绘制出《黄河源图》及沿途山川城镇图，作为呈送给忽必烈的工作报告。报告中应该有开辟航道、制造船只和筹建城镇的相关建议，但未见诸记载，难得其详。

按照朱思本所据梵文图书，都实认为黄河的源头在火敦脑儿西南一百多里，即位于星宿海西南面的一条河流上，大致就是现在的卡日曲。而这与现代水文学家、地理学家勘定的情况基本符合。虽然也有学者认为当以约古宗列曲为黄河正源，但这只是对黄河上源两条支流进行不同选择而产生的观点差异，并不影响都实勘察结论的历史价值。

---

① ［元］梁寅：《梁石门集》卷1，清光绪十五年重刊本。

② ［元］陶宗仪：《南村辍耕录》卷22《黄河源》，北京：中华书局1959年版，第265页。

二、元代有关治理黄河的议论

在历史上，元代黄河治理的实际成绩并不突出，但相关言论和争辩值得注意。这里主要根据赵彦风《元代的黄河治理——以元人治河言论为中心的考察》①予以介绍。

蒙古族统治者以军事征服立国，早期对于黄河水患，任凭地方自行处理，基本上是听之任之。王恽曾受命巡视黄河，较早呼吁元朝廷对黄河实行统一治理。在《论黄河利害事状》中，王恽以汴梁为讨论中心，提出了对黄河治理的看法：第一，黄河"北势既高，水性趋下"，水患不会危及北地，但对经济文化名城汴梁形成威胁，不能等水灾发生了再去治理，要做好预防工作。第二，受朝廷态度的影响，兼之黄河局部治理效果不佳，汴梁一带地方官员比较懈怠，治理黄河应该由朝廷来统一规划。第三，强调治理河患应由朝廷统一组织实施的重要性：黄河"万一侵犯，岂惟使民居荡析，且废通漕控制之利，民之大命又所系有重焉者"。即，水患导致漕运不通，以及大面积威胁百姓生命安全，这是朝廷的责任范围。不过，王恽提出的"增卑培薄分流杀势之议"，是宋代就已出现的治水观点，不足为奇。至于王恽提出在要害处建立祠庙，祈求神灵庇佑，更是无关要旨的建议。

大德元年(1297)，黄河在北岸杞县蒲口决堤，河水在北方多地大面积泛滥。第二年元朝廷命大臣尚文巡视水灾并提出治水方案。尚文考察后认为，当地河岸南边高北边低，堵塞修复蒲口的决堤之处，不能解决问题。他建议任由河水从蒲口南流，在以西地面遥筑长堤抵御河水，下游徐、邳等地区受灾人口则迁离原地。尚文的建议对黄河以北地区有利，却遭到河南、山东地区官员的强烈反对。最终朝廷只好选择了塞堵蒲口的方案，如尚文所分析的，这当然不能解决问题。大德三年(1299)，蒲口一带再次被河水冲决。蒲口塞与不塞的争论，反映了元朝廷在治理黄河问题上缺乏统一规划，因而在黄河治理策略上摇摆不定。

至正年间，由于大堤多年没有得到有效维护加固，黄河频繁决溢。元顺帝至正四年(1344)五月，黄河在连续20多天大雨后决口，今河南、山东、安

① 赵彦风：《元代的黄河治理——以元人治河言论为中心的考察》，赤峰：《赤峰学院学报》(汉文哲学社会科学版)2017年第3期，第12-15页。

徽、江苏交界地区河洪泛滥，成为千里泽国。至正八年(1348)，河水侵夺运河，影响盐场和漕运。迫于水患严重，元朝廷于至正九年(1349)在山东、河南等处设立行都水监，这标志着元代黄河整体治理格局的形成。但是对于如何治理黄河的决口，朝廷相关官员意见不一，主要分成两派：第一，当时任漕运使的贾鲁认为："必疏南河，塞北河，使复故道；役不大兴，害不能已"。即大量征伐劳役，堵住黄河北边的决口，让河水回到过去的河道，同时在南向疏浚渠道，分流河水。第二，工部尚书成遵与大司农秃鲁于至正十一年(1351)春，"自济宁、曹、濮、汴梁、大名，行数千里，掘井以量地形之高下，测岸以究水势之浅深，遍阅史籍，博采舆论，以谓河之故道，不可得复"。成遵与秃鲁经过实地勘察，意见与贾鲁针锋相对，认为让洪流回到黄河故道，工程浩大不可行。虽然后来用了贾鲁的方案，但贾鲁治河有效期不长，成遵、秃鲁的预见也得到验证。这说明元代治河整体水平不高，难以兼取不同方案产生综合治水效益。

三、贾鲁治理黄河的实践[①]

元代黄河水患比前代严重。一则由于元代蒙古族统治者出身于草原荒漠地带，缺乏治水经验，未能意识到黄河治理的重要性。再则元朝崇尚放牧，盲目开垦，黄河上游地区草木植被破坏严重，黄河上游泥沙向下游淤泄的情况严重。所以元代黄河决溢频繁，历史记载的就有260多次，出现了三次大规模的改道。

但元朝统治者对于由朝廷出面来组织治理黄河水患，并不热心。元朝对汉族聚居区的民众实行隔离式治理，治河而大兴劳役可能会造成民众生怨，特别是大规模民众聚集，对于元朝统治者而言，是比较敏感的事。所以每次黄河为患之后，元朝政府主要对灾民进行赈济，小规模的治理由地方政府执行。

贾鲁治河是元朝廷组织的大规模黄河治理工程。其背景就是上文所述元顺帝至正四年五月的黄河决口，造成水灾。这次水患造成了全局性的灾难：(1)造成了大量人口死亡和大量人口流离；(2)河水侵入运河，影响到朝廷的运输命脉；(3)黄河下游沿海的盐场遭到洪流的破坏和威胁，而盐税是元朝

① 王永宽：《元代贾鲁治河的历史功绩》，郑州：《黄河科技大学学报》2008年第5期，第50-52页。张振旭、李可可：《元末贾鲁治河工程的初步研究》，北京：《中国水利》2015年第10期，第62-64页。陈晓梅、张淮范：《也谈贾鲁治河》，郑州：《河南水利》2006年第11期，第45转48页。

廷的重要经济收入来源。在这种不得已的情形下,元朝廷派遣人员在黄河洪流泛滥地区进行巡视,访求治河方略。在之后五六年时间里,都水使者贾鲁巡查河道,考察地形,往返数千里,掌握了河患的要害所在。贾鲁将视察所见绘成地图,提出两种治河方案:一种是修筑北堤,制止黄河洪水向北溃流,这样用工较省,但不能从根本上解决问题。另一种是疏塞并举,使洪水回复故道。后一种治理方案费工费料,但效果好。在执政宰相脱脱的支持下,贾鲁选用了第二种治河方案。

贾鲁治河,主要借鉴前代的治水经验,不仅堵塞决口,而且开挖一些新的河段用以疏导洪流。贾鲁治河有两个亮点:一是在河的东西两岸,各筑一段埽堤。修筑埽堤技术含量高,贾鲁专门从宁夏灵武一带和京城附近召集当时最优秀的水工群体,保证埽堤达到质量标准。二是在洪流急湍中,创造性地修筑石船大堤,完成了拦河的艰巨工程。即在洪流中逆水排列大船 27 艘,综合运用多种方式固定船体。在船内铺草、装满小石子,上钉合子板,又用草埽、竹木、绳索等加重并密封,将船沉入水中,再加固加高堵漏,完成拦河筑堤的工程。拦河大堤筑成以后,贾鲁又令人在河道两岸修河堤若干,补修缺口一百多处。到顺帝至正十一年(1351)十一月十一日,在黄河决口七年之后,贾鲁治河工程胜利完成。

贾鲁在治河过程中,疏、浚、塞三者综合运用很成功。而创造性的拦河工程设计,为后世治水者所推崇。但贾鲁治河动用几十万劳力,费料无数,不仅成本高,而且造成了民怨,这是其治理黄河的不足之处。无论怎么说,贾鲁完成了元代唯一的大规模治河工程,是值得赞扬的。

第六节
元代治水经验的公共管理学解读

元朝是中国历史上第一个由少数民族统治的大一统国家，疆域内水域面积十分广阔，但由于统治时间相对较短，元朝治水的典型案例较少。总的来说，元代在兴修水利方面的成绩可圈可点，在整治水患方面乏善可陈。这种治水状况的出现，与元朝少数民族统治者的政权运作方式有关。

在与统治利益密切相关的水利整治方面，元代朝廷和地方政府积极作为，成效明显。

(1)良好的城市水利建设，有利于维护和发展城市在不同地域范围内的政治经济文化中心地位，因而元朝统治者用心用力。以元大都为代表的城市水利建设极其成功，不仅为北京成为元明清乃至今日中国的首都奠定了坚实的水利基础，而且引领了元代城市治水整体水平的提升并超过之前历朝历代。

(2)海外贸易是元朝重要的财政收入来源，还能满足统治者奢侈消费的欲望，因而海港整治也成为治水的重点。元代以泉州港为代表的海港水利建设水平较高。海港建设不仅指对海洋的整治，还包括适应港市发展需要，对入海口在海港附近的大江大河实施整治，从而自然形成江河海港一体化整治的整体性治理状态。江河海港一体化整治，促进了元代以海为特色对外贸易的繁荣。

(3)整治基层农耕水利，既是元朝统治者维持社会稳定的需要，也是获取粮物赋税的基本保障。元代在基层社会实行保甲制度，与此相适应，基层农耕水利实行严格的网格化集体统一管理，因而基层水资源的利用与分配能做到公平有序，基层社会很少因为水资源而发生纷争。元朝统治者以积极作为态度整治的水利工程，基本上是按照军事化的严格要求进行组织和管理的，虽然效率较高，成就也比较明显，但缺乏民情民意的融入，因而显得生硬。

在处理不能增益统治集团利益的水患问题上，受多种因素的制约，元代朝廷和地方政府消极作为，原因如下。

(1)元朝统治者出自游牧部族，游牧部族的生活习惯是逐水草而居。逐水草而居潜藏着这么一种生存哲学：水患是自然灾害，不以人力去勉强加以改变，躲避是最好的办法，这与汉族文化传统所谓"人定胜天"积极改造自然的思想迥然异趣。在面对水患时，蒙古族统治者虽然知道治理水患是汉族伟大的传统，但在水患发生时，由于统治思想倾向不同，并不从积极肯定的角度理解治理水患的意义和成效，因而在行政管理层面上对整治水患表现得消极懈怠。

(2)元朝统治者崇尚武力统治和军事化管理，对治下顺民的劳动时间和生活方式管制严格，所以事先筹划好的水利项目一般都能顺利组织并如期完成。对于水患特别是突如其来的"江河决堤"这类大灾难，由于网格化管理下的顺民良民在正常情形下已承担过重的农耕任务，而元朝军队用于维持暴政也难以抽调，所以元朝很难组织大量人员去从事大型的水患整治项目。

(3)由于苛捐杂税繁重的压迫，元代倾家荡产的家户较多，流民约占基层社会人口总数的1/3。一般地说，将这些闲散流动人口调动起来用于水患治理，在管理上符合人尽其用的基本原则。但是，元朝对汉民实行暴政统治，非常忌讳汉民大规模地聚集在一起，尤其是持有铁器和有击打功用器物的人群聚集。这些见多识广、性格自由的流民，元朝统治者自然也不会将他们组织到一起，以防对自己的统治形成威胁。

从治水的角度看，元代的政治统治和行政管理有意压缩基层社会的发展空间，从而造成施政目标具有强烈的统治性，而缺乏涵容民情民意的公共性。这给当代公共管理提供了一个启示，就是要注重结合社会历史条件建设符合时代发展要求的公共管理文化，使公共管理活动始终围绕公共利益来进行，以确保公共管理正常展开并充分体现其公共性。

第八章 明代治水情况与特点

第一节
专业性凸显：明代治水的亮点

明代水患较多。根据《黄河水利史述要》的统计，从1368年到1642年间，大大小小的河患共计发生了112次，平均每2.4年一次。① 另据缪启愉研究，明代太湖流域发生较大规模水患的频率为3—7年一次。因此，明代在治水问题上着力较多，治水成就也是多方面的。

一、出现了许多有代表性的治水专家

明代著名的治水专家有潘季驯、刘天和、白英、徐贞明、汤绍恩、沈启、左光斗、徐有贞、海瑞、叶宗行、匡思尧、陈瑄等。这里选择潘季驯、刘天和、白英、徐贞明的业绩加以简介。

（一）潘季驯

潘季驯曾4次出任治河的最高官员，前后主持治河工作10年。②

（1）嘉靖四十四年（1565）七月，黄河在江苏沛县决口，附近大运河被泥沙侵入淤塞200余里。潘季驯采取"开导上源，疏浚下流"的治河方案，开新河140里，修复旧河52里，建筑大堤3万多丈、石堤30里，完成治理任务。

（2）隆庆三年（1569）七月，黄河在沛县决口，次年又在邳州决口，约100里的运河水道淤平。潘季驯采取"加堤修岸""塞决开渠"两手抓的方案："筑近堤以束水流，筑遥堤以防溃决。"最后堵塞决口11处解除水患，又修筑缕堤3万余丈，疏浚了淤河，恢复了旧堤。

（3）嘉靖末年，黄河下游徐州以上河道分汊达13支之多，淤积严重，连年为患。万历六年（1578）潘季驯第3次主持治河，在前两次治河实践和吸取前

① 《黄河水利史述要》编写组著：《黄河水利史述要》，郑州：黄河水利出版社2003年版，第236-239页。

② 《潘季驯——四治黄河立奇功》，石家庄：《河北水利》2016年第11期，第31页。

人治河经验的基础上，针对黄河含沙量大的特点，采取“以河治河，束水攻沙”的方法，取得了良好的效果。

（4）万历十六年（1588）潘季驯第4次治河。他在南直隶、河南、山东等地，对原有的27万多丈堤防闸坝普遍进行了一次整修加固，又在黄河两岸大筑遥堤、缕堤、月堤和格堤，共长34万7千丈，还新建堰闸24座，土石月堤护坝51处，堵塞决口和疏浚淤河30万余丈。潘季驯治河，继承了大禹治水的牺牲精神，具有崇高的人格力量。

（二）刘天和

嘉靖十三年（1534），刘天和以副都御史总理河道，之后两年一直治河，取得成功。①

（1）刘天和治河亲自勘察黄河实际情况，注重数据的量化分析，对地形地势、泥沙运动规律等认识深刻，有的放矢，治理措施能切中要害，改正了以往文人治河尚空谈的缺点，在明清治河史上具有里程碑式的意义。

（2）刘天和治河期间，采用目标导向工作制，抓住治理大运河以通漕运这一目标，以此作为主要矛盾来带动其他问题的解决，纲举目张，因而治河工作效率高、效果好。

（3）在治河过程中以人为本，体恤河工。虽然工期紧张，但刘天和禁止鞭挞劳工。即使粮价上涨，也不减少劳工的口粮，也不降低劳工的伙食标准。关心劳工疾病，为劳工队伍配备医务人员和足够的药材。因此，广大河工非常支持刘天和：“于是众心和悦，群力毕效，彻水者夜以继日，重浚者至再至三，咸忘其劳，百工告成，运道复通，万艘毕达。”

（三）白英

白英的治水特色，在于他以民间治水专家的身份，成为帮助官方解决问题的权威。② 明永乐年间，会通河挖通，但遇到无法解决的难题：水流不通，舟船难以航行。白英很准确地分析出问题的原因，并提出了系统的解决方案：把分水点放在会通河最高点南旺镇，这里是南北河的“水脊”，符合分水往低处流的自然规律。由于北面水量不足，白英安排堵塞元代修建在汶河堤坝上

① 卢勇：《明代刘天和的治水思想与实践——兼论治黄分流、合流之辨》，太原：《山西大学学报》（哲学社会科学版）2016年第3期，第68-70页。

② 王玉璧：《明代民间治水专家白英》，哈尔滨：《水利天地》1987年第5期，第30页。姜怠占：《白英治水》，哈尔滨：《水利天地》2004年第5期，第16页。

将水导向济宁的斗门，另于汶河支流坎河（今汇河）下游筑坝阻挡汶水，使汝河来的水流全部流到南旺入运河。此外，白英又创设安山、南旺、马场、昭阳四湖，形成"水柜"，这样运河的供水就有了稳定的保障。明代避开河患侵夺的运河工程历时九年大功告成，白英居功甚多。

（四）徐贞明①

明成祖迁都北京后，北方农业发展滞缓，京城及边防驻军的粮食供给主要靠运河运输，而运河航道并不能时常保持通畅。至隆庆、万历年间，这成为突出的矛盾。徐贞明主张在北方兴修水利，特别是在畿辅发展农业生产。明万历十三年（1585），明神宗授徐贞明尚宝司少卿之职，主持北方水利兴修工作。徐贞明根据自己的治水主张，进行实地勘察，掌握相关河流的第一手资料，进行了有效的疏浚。他又招募民工开垦水田，仅用三个月就开垦水田三万九千余亩，而不宜改水田的地方依旧实行旱作。朝廷权贵由于自身既得利益受到损害而对其加以阻止，徐贞明的治水计划中途夭折。但有识之士指出，若按照徐贞明的规划实践，可以消除京城及北方缺粮的隐患。

二、出现了一批治水专著

就治理黄河的相关著作而言，已有学者根据《明史·艺文志》和《千顷堂书目》等初步统计出40余种。现今传世的明代治河类著述大约有14种，主要有王琼《漕河图志》、刘天和《问水集》6卷、万恭《治水筌蹄》、潘季驯《河防一览》14卷、黄克缵《古今疏治黄河全书》4卷等。另外还有一些见于著录，但现今很难见到的治河书，主要有吴道南《国史河渠志》2卷、潘大复《河防権》12卷、吴继志《河防要书》10卷等。② 此外，清人陈士鑛编撰的《明江南治水记》，还记录了夏原吉、况锺、李克嗣、吕光洵、海瑞、许应逵等明代官员关于治水的议论。③ 由此可以看出，明代治水著述数量较前代大为增加，以下根据既有研究成果择要予以介绍。

---

① 王永厚：《明代京畿地区治水营田的一次实践——徐贞明及其〈潞水客谈〉》，南京：《中国农史》1993年第3期，第71-74页。甘章成：《明代北方治水名家——徐贞明》，哈尔滨：《水利天地》1991年第3期，第29转28页。

② 蔦文玲：《明代治河类著述略说》，兰州：《图书与情报》2007年第2期，第107页。

③ 冯贤亮：《明代江南水利简史一种——介绍〈明江南治水记〉》，北京：《文献》2000年第1期，第251-259页。

（一）王琼《漕河图志》①

《漕河图志》是目前所见我国最早的一部关于运河的专著，成书于明弘治九年（1496）。王琼弘治时擢升管理河道的工部郎中，其间得总理河道侍郎王恕所编的《漕河通志》。王琼感于《漕河通志》“收录之博，用心之勤，惜其书之不多见也”，就因袭《漕河通志》的体例，增减史料，重新编排，定名为《漕河图志》。《漕河图志》共 8 卷，近 20 万字。《漕河图志》详细记载了运河工程、水源、工程管理和漕运管理诸方面的历史资料，这种分门别类的体例为同类史书所少见。书中保留了明前期洪武至弘治年间 120 多年的大量原始治水史料，弥补了正史和其他有关运河书籍记载的缺漏，是今天我们了解明代前期京杭大运河沿革、工程技术状况、运河在国家政治经济中的作用、工程和运输管理等情况以及研究运河史的重要历史文献。

（二）刘天和《问水集》②

《问水集》全书分为文章和奏议两大部分，内容主要包括：刘天和对黄河迁徙原因的分析；古今治河方法的异同研究；堤防、疏浚、工役、植柳等的方法、规制；白、卫、汶、淮、运诸水的水文情况，以及大量的奏议上疏包括河道迁改、荐举治河官员的意见等。《问水集》各篇文章独立成章，编排体例大体类似当前的文集汇编。其价值主要包括：(1)保留了大量的治水一手资料；(2)制作了珍贵的黄河变迁图说；(3)凝炼了精辟的治水思想。《问水集》在明清治河史上具有里程碑式的意义，书中的“植柳六法”、以民为本的治水思想、分流理论等都达到了那个时代的最高水平，对今天黄河等河流的治理依然具有参考价值。

（三）徐贞明《潞水客谈》③

徐贞明在《潞水客谈》中陈述的主要观点为：在西北地区兴修水利，实现粮食自给自足，是实现兴国大计的一个重要着力点。徐贞明所说的西北，是广义的，主要指北方和西部边疆地区。该书认识到，在北方全面治水兴农，工程量浩大，确实存在短期内难以见效的问题，可以采取由近及远的方略，从京

---

① 谭徐明：《中国古代水利名著（选介）〈漕河图志〉》，北京：《中国水利》1986 年第 9 期，第 40 页。许涛：《〈漕河图志〉内容与价值述略》，长沙：《湘潮》（下半月）（理论）2008 年第 1 期，第 77 转 79 页。

② 卢勇：《〈问水集〉价值、版本及其卷数考》，南京：《中国农史》2016 年第 5 期，第 101-102 页。

③ 刘春田：《徐贞明：从〈潞水客谈〉到治理京畿水利》，宜昌：《中国三峡》2015 年第 7 期，第 102-106 页。

都畿辅开始治水，逐步向外拓展。《潞水客谈》流传之后，受到广泛赞誉。顺天巡抚张国彦、副使顾养谦则按他的办法在蓟州、永平、丰润、玉田等地进行了实践，取得了预期的成效。著名科学家徐光启在论及西北水利时全文引用了《潞水客谈》，并冠之以《西北水利议》的名称。并且，徐光启在《农政全书·凡例》中评价说，在西北水利问题的规划上，"徐孺东先生《潞水客谈》备矣"。

(四)潘季驯《河防一览》①

《河防一览》成书于万历十八年(1590)。《河防一览》卷一是明代嘉靖、隆庆、万历三代皇帝给潘季驯的诏书和黄河图、运河图；卷二《河议辨惑》，以问答的方式阐述了潘季驯"以河治河，束水攻沙"的治河主张；卷三《河防险要》，分别讲述了淮河下游南北两岸，以及山东、河南、北直隶一带河道险要工程的主要问题和应采取的措施；卷四《修守事宜》，系统记述了堤、闸、坝等工程的修筑技术和堤防岁修、防守的严格制度；卷五《河源河决考》分为"河源考"和"历代河决考"，考证了周代以后黄河决口的情况，是研究河道演变的重要资料；卷六收集了一些宋、元、明代有关治河的文章；卷七至卷十二是潘季驯从他200多道治河奏疏中挑选出来的，是他认为较重要的41道有关治水的奏疏，这也是他四次主持治河过程中重大问题的原始记录，概括了他治河的基本过程和主要经验；卷十三、卷十四是潘季驯引证的古人以及同时代人的著述、奏疏、明记、碑文等。该书全面继承了前人治河经验的主要成果，又系统地总结了潘季驯长期治河的实践经验，是"束水攻沙"论的主要代表著作，反映了16世纪我国河工水平、水利科学技术和管理水平的最高水准，是我国水利典籍中的佳作。《河防一览》在其问世后的300多年中，对治河方针和河工实践一直起着指导性作用。

三、治水制度在基层发生渐变

明代治水制度的渐变和土地分配与农业生产关系的调整密切相关。土地的大规模重新分配，是中国历史上稀有的事件，即使改朝换代也未必会进行。② 从汉代到元代这一漫长历史时期内，中国农业生产关系基本上有四种

① 郭涛：《16世纪的治河工程学——〈河防一览〉》，北京：《中国水利》1987年第1期，第44页。戴甫青：《摩挲再读平成书——浅谈〈河防一览〉》，北京：《中国水利报》2020年4月30日。

② 刘晓艺：《〈醒世姻缘传〉中折射出的明代自耕农经济兴衰——兼谈一条鞭法和"黄宗羲定律"》，南京：《明清小说研究》2018年第2期，第103页。

形态：(1)军屯军耕；(2)地主—佃户制；(3)家族集体耕作；(4)农户自耕。而农户自耕的情况，在明代之前只占很小的比例。明取代元之后，朱元璋朝廷主导了土地的重新分配，将农田分配到户。根据相关研究，当时全国可耕种田地的总亩数约在 6 亿亩，官田约占 1.1 亿亩，地主阶层约占 1 亿亩，而自耕农占 3.9 亿亩[①]。在明代，自耕农占有较多田地第一次成为农业生产关系的主导形态，这要求农业生产关系进一步细密化。而在更小的范围内明确用水的权利和义务关系，就成为一种自然趋势。

水权确认一直是中国农业社会发展的基本问题，但在明代以前，由于自耕农所占比例很小，所以治水的相关制度主要是规限阶层、集团与行业之间用水的权利和义务，基本上不涉及个体。明代农业用水问题比较复杂，出现了几种不等对的争水主体：一是各级地方政府，由于处在河(渠)道水流的上游或下游不同位置，因此在水利建设和水资源分配方面需要争夺，这种争水主体历来都有。二是皇族和宗藩，他们封地的用水权原则上要优先保障，这个问题在明代表现得非常突出。三是大小地主阶层，他们中的大部分并没有特别的政治身份，这一点和之前历代不同，所以必须依托地方政府、地方势力或强大的宗族保障自己用水的权利。四是自耕农，处在争水生态的最底层，其单门独户作为争水主体，显然势单力薄，所以一般会依托宗族的集体力量。不进行宗族集体耕作，而以自耕农身份依托宗族保护自身用水权，这是明代基层社会水资源利用的新特点。由于前三种争水主体具有政治、经济、文化方面的阶层优势，在水资源的获得方面以协调为主要表现形式。而在自耕农阶层内部，自耕农之间争水纠纷发生的情况就特别多。宗族内部成员之间争水，一般由家族长老出面解决；而不同村落之间自耕农争水，经常会演化成不同宗族之间的群体斗殴。自耕农阶层争水纠纷的普遍存在，自然推动明代基层社会将农业用水权细化，最终落实到各个村落乃至各家各户。

而江南一带圩长制的出现，也与自耕农阶层的兴起有关。元代以前，圩田管理主要实行军屯模式，或者由政府承包给特定方。相应地，圩田水利兴修与水资源利用，也实行统一管理。明代则将圩田分配给自耕农，由地方政府向他们收取赋税。分散的自耕农在圩田里各自为耕，为着增收与水争地、与人争水，处于无序发展状态，导致河道淤塞，水事矛盾增多。圩长制就是针

① 王有业：《论明初自耕农的大量存在及对社会发展的影响》，沈阳：《辽宁大学学报》(哲学社会科学版)1981 年第 6 期，第 60-61 页。

对圩田用水和管理自耕农问题而施行的。从诸暨知县刘光复为治理浦阳江推动实施圩长制的情况看，圩长的主要职责为①：

（1）做好防汛准备。每年初夏从自耕农（圩民）那里征集足够的竹簟、竹篙、松木、杉木和几十上百只旧麻袋，放置于住在埂上的人家，并让每家每户都准备锄箕索篾。住所居于洪流难到之处的人家搭一些草棚作躲避风雨应急之用。住所靠近水流容易被水淹设的圩民，要准备门板船作逃生用。

（2）组织抗洪抢险。一旦出现洪涝险情，“圩长执锣，夫甲执梆，夜各高揭灯笼一盏巡视；遇有警急即鸣锣击梆，声柝相闻，齐力救卫，钉桩护泥，囊沙截水。人力胜天，亦未有不济者”。

（3）日常巡查。对将圩田用作堆木场等危害河道的行为以及堤埂破损情况，及时发现和处置。

（4）圩长评估确定防汛物资的数量、价值，收取管护费用和物资。

（5）以调解的方式管理圩田里的自耕农，以及解决自耕农之间的水事纠纷。

① 邱志荣、茹静文：《明代浦阳江治水史上的杰出创举——诸暨知县刘光复推动实施河长制》，北京：《紫光阁》2017 年第 2 期，第 92-93 页。

第二节 潘季驯治理黄河

潘季驯是明代首屈一指的治水专家。他以勤勉的态度敬奉其事,由一个不懂治水的官员,成为治理黄河的能臣,并系统总结了自大禹以来3 000多年的治河理论,为明清治河开拓出新的途径,是我国古代杰出的治水专家和水利思想家。

一、束水攻沙[①]

黄河在下游地区经常决堤滋蔓,造成水患,有时还会改道,造成难以预料的灾难。当时大家都知道问题出在水的含沙量太高,但水沙混融,好像没有好的方法去治沙,所以一直放任这个难题。潘季驯知难而上,通过多年实践发现"水之力大则沙随水走,水之力微则水走沙积",由此认识到:可以约束河道,让水势猛涨,流速加快,强大的水流会将淤沙迅速带走,使河道变深,这就是著名的"以水攻沙"思想。

在实践中,潘季驯采用了"筑堤束水"的治理方案。束水的堤防系统包括遥堤、缕堤、格堤、月堤。遥堤用于拦截洪水,防止溃堤,是"筑堤束水"的屏障。缕堤用所束之水,冲带走河流所含之沙,是"束水攻沙"的核心。为增加缕堤的坚固性,另筑半月形两端接缕堤的月堤。格堤在遥堤、缕堤之间,是滞蓄洪水的地带,既可保护遥堤底端不受冲刷,又可截留洪水挟带的泥沙。

筑堤束水,稳定了黄河河道的走向,也保证了河道内水流的流量和冲击力。这样沙随水走,河道就不会因为泥沙淤积快速变浅。潘季驯"束水攻

① 郭涛:《潘季驯以水治沙的治河方策》,郑州:《人民黄河》1983年第1期,第72-75页。周魁一:《潘季驯"束水攻沙"治河思想历史地位辨析》,北京:《水利学报》1996年第8期,第1-7转8页。侯起秀:《潘季驯束水攻沙理论研究——兼论21世纪"水沙分离、高效输沙"治黄设想》,北京:《水利规划设计》2002年第2期,第30-35页。

沙”，在思想上是创新的，在实践上也是有良好效果的，成为之后300多年黄河治理的圭臬。

二、引淮入河保运[①]

以河水攻河沙，是极有价值的治水思想。但在实践层面，仍存在两个问题：一是因河水分流，导致黄河下游水量小、水流冲击力不足；二是河水含沙量大，攻沙效果会受到一定程度的影响。潘季驯认识到，如果为黄河下游引入大量稳定且含沙量少的水源，这个问题就可以解决，于是提出了“蓄淮刷黄”的方略：

当借淮之清以刷河之浊，筑高堰束淮入清口，以敌河之强，使二水并流，则海口自浚。[②]

通过这段话，我们可以了解到潘季驯“蓄淮刷黄”的工程实施方案：组织人力修筑坚实宏阔的高家堰，将淮水拦入洪泽湖，与堤内原有的万家湖、泥墩湖、富陵湖等洼地连合为一体，使洪泽湖成为藏蓄淮河水的巨大水库。而在清口这个地方，让洪泽湖水泄入黄河，一则增加黄河水的流量，再则冲减黄河水的含沙量，最终达成“攻沙”的效果。根据记载，这次大治理之后，“两河归正”“沙刷水深”“海口大辟”“漕运畅通”，即之后若干年，黄河和淮河没有出现决堤的情形。黄河水道维持较为稳定的深度，黄河入海通畅，而运河没有黄河流沙的侵入，畅通无阻，出现了治河史上难得一见的大好局面。

三、撰述著作总结治河经验[③]

潘季驯将治河事业当作自己主要的人生价值追求，不仅致力于通过治河

① 陈陆：《潘季驯：明代河工第一人》，宜昌：《中国三峡》2012年第2期，第82-89页。康复圣：《对潘季驯治淮功过的一点看法》，北京：《中国水利》1993年第11期，第35页。

② ［清］傅泽洪主编、［清］郑元庆纂辑：《行水金鉴》卷34《河水》，北京：商务印书馆1936年版，第1265页。

③ 周铮：《潘季驯〈河防一览图〉考》，北京：《中国历史博物馆馆刊》1992年，第109-117页。孙果清：《潘季驯与〈河防一览图〉》，北京：《地图》2007年第5期，第106-107页。黎沛虹、李可可：《水利史研究的一项开创性成果——评〈潘季驯评传〉》，蚌埠：《治淮》1997年第2期，第48-49页。郭涛：《16世纪的治河工程学——〈河防一览〉》，北京：《中国水利》1987年第1期，第44页。

建立功绩，还将治河的见闻、资料、经验和思想付诸著述，写有《宸断大工录》《两河管见》《河防一览》《两河经略》等，提出了许多有价值的治河理论，并绘有《河防一览图》。正因为有这些著述，《中国思想家评传丛书》将潘季驯列为传主，肯定了潘季驯的治河思想是中华优秀传统文化的重要组成部分。根据《潘季驯评传》的总结，潘氏治河在思维方法上主要有三个特点："实地勘验与历史考察相结合的实证调查方法"，"博采众议与逻辑论辩相结合的思维方法"，"整体思考、统筹兼顾的系统思维方法"。随着时代推移，社会进步，潘季驯治河成功经验的边际效应不断递减，但其治河思想所包含的价值内涵，仍然可资当今治水者借鉴和参考。

潘季驯治理黄河，不仅是为了履职，也是当作寄托人生价值的事业来做的，因此能做到不辞劳苦，全身心投入，为后人治水提供了有益的启示。

（一）深入一线的治水精神

潘季驯因为工作勤勉，绩效显著，而被朝廷派任统领治理黄河的重要工作。潘季驯刚到任时，对黄河治理工程基本上一无所知。他不辞辛劳，勘察了黄河下游的危险地段，到治黄工作人员和黄河沿岸居民中收集他们的看法建议，了解治黄问题的重点和难点，作为自己提出治黄策略的基础。潘季驯治河不摆长官架子，乐意将工作地点放到治黄现场，经常出现在黄河湍急水流中的木船上。河工对潘季驯感到亲切，对他的现场指导也很钦佩，因此做事有积极性，治河效率很高。明神宗万历十八年（1590），潘季驯第四次治河，河防工程基本结束时，数万官民船等待启碇北上，突然出现狂风暴雨，山洪将新修的堤防冲出多处决口。官吏民夫惊慌失措，准备逃散。当时潘季驯已70岁高龄，且患背疽，他忍着疼痛赶到了工地，督率民工抢堵决口，官民受到激励，群情振奋，使河堤化险为夷。潘季驯治河的成就，又一次证明了治水工作中领导者深入一线工作的重要性，所以张居正评价他说"功不在禹下矣"。

（二）因河制宜的务实态度

潘季驯是在黄河治理处于困境和出现危机的局面下接受重任的，之前朝廷治黄方略主要有分水论、改道论、疏浚海口论，各不相让，但显然都不能奏效。潘季驯通过大规模实地踏勘黄河发现：

黄流最浊，以斗计之，沙居其六。若至伏秋，则水居其二矣。以二升之水,载八升之沙,非极迅溜,必致停滞。①

即黄河不同于其他河流,黄河水的特性是含沙量大。沙泥淤塞徐邳河段,淤塞清口,淤塞淮扬运河,淤塞海口,这是黄河经常泛滥成灾的主要原因,因此黄河治理的主要任务就是治沙。潘季驯认识到,之前各种治黄方略,都将黄河等同于清水河流,思维局限于治水,而未致力于治沙,均采取了疏导的错误决策。有了正确的认识之后,潘季驯采用与"疏导思路"截然相反的拦截堵束流水的治河方略,以所束之水冲沙。这一治河方略与大禹治水所形成的疏导治水传统背道而驰,因而遭到许多朝廷大臣的反对。但由于潘季驯掌握了黄河水的特性,此方略适合黄河治理的实际情况,因而"束水攻沙"成效显著。

(三)跨流域治水的典范

明嘉靖四十四年(1565),因黄河泥沙入侵运河导致漕运不通,朝廷任命潘季驯为总理河道,协助工部尚书兼总理河漕朱衡开展工作。在治水问题上,朱衡认为疏浚包括黄河段在内的运河航行通道是重点。而潘季驯认为要解决运河不被泥沙堵塞的根源问题,重点应放在治理黄河上。朱衡的主张,是基于做官履职的经验和立场,因为做官任期有限,在任期内完成朝廷布置的任务,是看得见的成绩,容易履职立功。而治理黄河工程复杂,难度大,任内如果不能完成,到接任者那里很容易中断。潘季驯本着做事业的态度和追求,认为既然朝廷授以重任,就要从根本上解决黄河经常泛滥成灾的问题。于是潘季驯到黄河泛滥灾害所及的各地"相度地形",确定黄河、淮河、运河、入海口为他治河四大主要相关因素。潘季驯认为:黄河运河连通,治理黄河就是维护运河;黄、淮相汇,治淮与治黄是一体的;不能离开治黄谈保运,也不能将治淮和治黄割裂。潘季驯治河,综合考虑了黄河、淮河、运河、海洋之间的系统联系,具有整体性思维的特征。其治河成功,是中国古代跨流域治水的典范。

(四)权力集中对于治水的重要性

中国治水有几千年的悠久历史,出现了许多治水经验、思路和方略,这些被潘季驯同时代知识丰富的文臣引经据典讲得头头是道,形成不同的治水主

---

① [明]潘季驯:《河防一览》卷2《河议辩惑》,文渊阁四库全书第576册,台北:台湾商务印书馆1983年版,第170页。

张,引发争论。但朝廷上的治水争论,多是在争论者没有深入了解河水特性及河患具体情况下展开的,对潘季驯的治河实践而言,是意义不大的干扰和掣肘。潘季驯在第二次治河期间,曾因为众议纷纭,谤声汹涌,有人诬告,治河工程因此受到严重影响。

第三次治河时,潘季驯上疏朝廷,说明治河工程艰难,劳师动众,一定会造成怨愤,易涣散人心导致失败。他要求朝廷给予独立处置重要事务的治水大权,同时立下了军令状:若三年治水不成,愿意接受军法处置。朝廷答应了潘季驯的要求,这就有效排除了各种不切实际的治水主张和无关政治斗争的负面影响,有效保障了治河工程的独立性和自主权。这种通过责任承诺换取主事权力的做法,具有明显的契约精神。

第三节
明代山东运河系统水柜建设的特点

水柜是中国古代水利系统的重要组成部分,其形态相当于现在的大型水库,是在山丘地区筑坝截取溪流或在平原河流沿岸低洼地带拦蓄水源,或者从天然河流引水,设闸控制,用于调节运河水量的设施。在运河缺水时,水柜放水入运。① 运河涨水时,可以泄水入柜蓄存。具有水柜功能的水体形态出现较早,如东汉陈公塘、晋代练湖等,都可归为此类,但都没有统称为"水柜"。

从现存资料看,"水柜"之名出现在北宋。汴渠是京城开封的交通命脉,由于是引黄河水入渠,泥沙较多,淤积问题严重,于是北宋朝廷决定改引洛水为源。洛水清洁少泥沙,但水量不够充足。元丰二年(1079),为解决洛河水量不足问题,宋神宗朝廷讨论在汴渠引洛水口之东(今郑州中牟一带)开挖整修出36处陂塘,蓄水备用。该项目后来顺利实施,建成的水体设施称为"水柜"。"水柜"一词,从使用之初就带有三种内涵:(1)水柜是一种包括陂塘湖泊、具有水库性质的大型综合性水体。(2)水柜主要指专门用于调节运河水量的航运专用水库,保障运河通航是其首要功能,其他功用都是附属性质的。(3)水柜一般是由朝廷出面建设的水体设施,按照今天的说法就是"国家工程",有着独立而严格的管理制度。概言之,水之称"柜",取其储蓄和可按需启闭之意②,而启闭水柜的决定者,是朝廷相关管理部门。北宋之前性质类似的水体不能称为水柜,主要是因为其缺乏与水体设施相匹配的严密管理体系。当然,随着实际用途的拓展,"水柜"概念的外延也有所扩大。正如一些论著所指出的,水柜也可以用于民间农用水利工程,用于军事对抗甚至用于

① 王晞月:《中国古代陂塘系统及其与城市的关系研究》,北京:北京林业大学2019年博士论文,第59页。

② 牛素娴:《两宋都城的用水及水源卫生》,保定:河北大学2009年硕士论文,第16页。

制造人工瀑布等景观[1]。不过,如果因此说一般的农用水利工程、军事用途的水体设施就是"水柜",这样理解显然是不够准确的。根据相关研究成果,明代山东漕运河道治理工程中的水柜建设是中国古代水利史上的著名案例,明显体现了水柜的性质和特点。

一、水柜设置因运河改道而变迁

对于明代山东漕运河道治理工程中的水柜建设,人们往往有一个固定的印象:"北五湖"为一水柜,调控济宁以北运河的水量;"南四湖"为一水柜,调控济宁以南运河的水量[2]。但有学者指出,山东漕运建设,其实经历了由湖泊变为水柜的过程,"水柜"并非自运河开通之初就存在,而是嘉靖时期主管运河建设工程的官员有意塑造的观念[3]。即,山东一带水柜,是因应着运河建设的情境需要而不断更新设置的。明代运河主要有三次人工改道,大致情况如下:

(1)永乐年间,明朝廷决定修浚会通河,由工部尚书宋礼、刑部侍郎金纯、都督周长等主持这一工程,征调民工 30 万人,历"二十旬而工成"。这次整修运河,虽然主体上沿用元代会通河旧道,但其中自汶上袁家口往北到寿张沙湾一段,东移运道 50 里,经安山之东,另外开挖新河道,比旧渠更为顺直。

(2)嘉靖四十四年(1565),黄河决口,泥沙淤平山东境内部分运河通道。工部尚书兼总理河漕朱衡找到盛应期在过去所开凿的运河沟渠,发现已被泥沙填平为陆地,就决定在旧河的东面 30 里开凿新河。至隆庆元年(1567)五月竣工,当时称为漕运新渠,又名南阳新河或夏镇新河。

(3)万历二十一年(1593),黄河泥沙之患再次导致运河水道淤塞,朝廷决定开凿泇河。前后历时十余年,直到万历三十三年(1605)得以竣工。这条河道自沛县夏镇李家口引水,至邳州直河口进入大运河,全长 260 里,避开了黄河 360 里河道,既缩短了原来的航程,也避开了将黄河作为运道的种种麻烦。这是山东运河河道的又一次改迁。[4]

① 郭志安、王瑞蕾:《宋代水柜简论》,沈阳:《兰台世界》2013 年第 2 期,第 63-64 页。

② 陈诗越、吴金甲:《运河水柜——南四湖与北五湖的历史与变迁》,聊城:《聊城大学学报》(社会科学版)2014 年第 4 期,第 15-19 页。

③ 凌滟:《从湖泊到水柜:南旺湖的变迁历程》,上海:《史林》2018 年第 6 期,第 69-78 页。

④ 朱年志:《明代山东运河与沿运水柜的形成》,呼和浩特:《前沿》2014 年第 Z4 期,第 226-229 页。

水柜的设置,无疑要随着运河水道的改线而变化。比如第一次疏浚会通河时,就建有南旺分水枢纽工程。在汶河下游建戴村坝,引水南旺,分流南北。再如嘉靖末年运河水道移至南阳湖和昭阳湖之东。由于运河此时地势高于湖面,遇山水暴涨则将运河之水泄于昭阳湖,昭阳湖由水柜变成了"水壑"。又如万历年间运道改移,导致南四湖格局的形成,成为保持山东济宁以南运河水道通畅的水柜。从明代山东漕运的建设情况看,水柜建设与运河修整是相辅相成的,水柜处于辅助地位。因运河航道疏通而生,因运道改移而调整,这是水柜建设演变发展的基本规律。

二、水柜是属于朝廷直接建设与管理的漕运项目

关于这一点,我们只要摘录一些明代大臣专门讨论水柜问题的文字片段就能够明白。《漕河图志》载:

(南旺湖)萦回百五十余里,中为二长堤,漕渠贯其中。西堤有斗门,上有桥,以便牵挽,外蓄水,号为"水柜"。①

《漕河图志》成书于明弘治九年(1496)。作者王琼,字德华,太原人。弘治年间升为管理河道的工部郎中,在任凡三年。《漕河图志》系以总理河道侍郎王恕的《漕河通志》为基础编撰而成。《皇明嘉隆两朝闻见录》记载:

以旂上言:"水柜以备蓄泄,河溢则悬河以入湖,河涩则悬湖以入河。"遂任恕力复水柜,迄今赖焉。②

这段文字记述的,是王以旂奉朝廷之命治理山东漕运期间,在水柜建设方面所做的突出贡献。隆庆三年(1569)总理河道都御史翁大立上言:

夫漕河故资泉水,而地形东高西下,非有湖为之积潴则涸,故漕河以东皆有水柜;非有湖为之宣泄则溃,故漕河以西皆有水壑。③

---

① [明]王琼:《漕河图志》,姚汉源、谭徐明点校,北京:水利电力出版社1990年版,第37页。

② [明]沈越:《皇明嘉隆两朝闻见纪》卷6,第43(a)页,哈佛大学图书馆藏。

③ 佚名:《明穆宗实录》卷31"隆庆三年四月丁丑"条,北京:中华书局2016年版,第809-810页。

这里不仅讨论了水柜的问题，还提出了与水柜相关联的“水壑”这一完整的概念。而先后四次出任总理河道都御史的潘季驯也曾评论说：

运艘全赖于漕渠，而漕渠每资于水柜。五湖者水之柜也。①

这里明确阐述漕运与水柜之间的密切关联：运河得以正常通航运粮，主要依赖水柜对水量的调节功能。

从上述材料大致可以看出，讨论水柜建设问题，一般是在朝廷层面展开的。而水柜建设任务，主要由来自工部的高级官员统领完成。或者说，水柜的建设与管理，是朝廷直属的“国家项目”，地方政府没有主导权。

不过，水柜建设要对水体进行扩充与改造，牵涉到田地征收、居民迁徙安顿、田产湖产地产权益变更转移等复杂的问题，因而难免与地方官府、当地豪强势力和周边居民发生矛盾冲突，相互之间需要不断协调。根据凌滟的研究②，山东漕运水柜建设必然地导致了一些突出的利益矛盾：

因为新修运河水道，要占用村舍民田，需要对涉及的相关居民进行安置，而这一问题主要由河道管理部门统筹解决。为了处理这些问题，河道管理部门就可能会以朝廷名义，有意扩大水柜的范围，通过安排迁移之民耕种湖田、捕捞水柜水产等方式加以解决。水柜未曾设置之前，湖泊水产权是地方官府管辖、当地豪强势力把持和邻近居民自由捕捞三结合的。一方面，水柜设置后，相关权力转归河道管理部门，对原有借此谋利者，自然就形成了利益侵夺。另一方面，水柜建设圈走大量田地，致使当地官府的税收减少。而且水柜建设成功后，水体及规划范围内的湖田由河道部门管理，也会造成与地方势力的利益矛盾。如就藩济南的德王朱见潾曾以朝廷无法按照规定足数拨付给他银两为由，向朝廷申请本府可自备船只，采撷菱角、藕、鱼、虾，即获取水柜水产之利，类似情形无疑会加剧水柜的利益之争。

河道管理部门、藩王、地方官府、当地豪强与周边居民之间围绕着湖田、水产利益的明争暗斗，从山东漕运水柜成型之时到明末，彼消此起，一直未曾

① 潘季驯：《河防一览》卷3《河防险要》，台北：台湾商务印书馆1986年版。

② 凌滟：《一分为三：明代运河水柜南旺湖权益分化的演变》，广州：《中山大学学报》（社会科学版）2020年第4期，第28-36页。

停歇。凡是朝廷积极关注这一问题,河道管理部门权限就增强,其他方面的利益争夺就会退让。一旦河道管理部门权力掌控有所松弛,地方官府及藩王就不断扩大其非正式的管理权,以此增益财税。而水柜周边居民试图突破河道管理部门界限,对湖田及水产不断蚕食鲸吞,则是一贯存在的趋势,而且与藩王、官府也会形成经常性的矛盾冲突。

可以说,“水柜”是中国水利技术不断发展的产物,是体现中国运河建设水平的重要水利设施。“水柜”的价值核心,并不在于技术因素,而在于其反映了国家宏观项目建设能力,以及对运河水利管理体系的整体操控能力。

第四节
明代地方农耕水资源的分配与协调

中国古代以农耕社会为基础,民以食为天,粮为政之首。耕种作物需要充足的水资源作为保障,这就牵涉到基层社会水资源的分配与协调问题。明代农耕水资源的分配与协调,主要在官府、藩王、民间三种势力之间博弈,三者互动形成了地方水资源管理的基本生态。

一、官府主导型[①]

广济渠的建设,是明代地方官府主导水资源管理的典型。万历二十八年(1600),袁应泰调任河南怀庆府河内(今河南沁阳)知县,其时正值天旱。本来河内县有山有水,土地肥沃,按理可以应付过去,却由于水利年久失修,百姓受灾纷纷逃荒。为改变河内百姓的生产生活条件,袁应泰决定带领百姓兴修水利。经过调查研究,袁应泰提出,在邻县济源的五龙口凿穿孔山,引沁河之水,经过济源流入河内县。据清代高世芳《凿山创河记》,五龙口山石质坚硬,锤砸而石不裂,工匠们架火烧岩,烧而后凿,用了3年时间凿出引水的石洞。3年间,为了修建水渠,袁应泰把自己的全部俸禄约一万金都捐献了出来。据《济源县志》记载,袁应泰在五龙口右侧凿山开洞时,“悬闸于洞内两崖间,闭闸阖水,永无崩塞之患”。袁应泰新修的渠首石洞长133多米,宽26多米,使沁河水得以就近进入河内。引水洞凿开后,袁应泰又请侯应时率领众人修建带有闸门和引水桥梁的水渠,前后5年,得以成功,借用以前水利工程命名“广济渠”。新广济渠引水100多公里,使沁河下游济源、沁阳5个县的

① 本部分内容主要依据程森:《自下而上:元以来沁河下游地区之用水秩序与社会互动》,西安:《中国历史地理论丛》2013年第1期,94-106页;刘青:《禹后一人——袁应泰》,郑州:《河南水利与南水北调》2012年9期,第15-16页;张君弘:《袁应泰史迹评述》,沈阳:《文化学刊》2013年第2期,第141页;并加以提炼。

农田得到了灌溉，如清代高世芳在《凿山创河记》所说的："发于济源，盘绕于河内，波及于温、孟、武陟，浸润二百里，灌溉数千顷。"

当时五龙口新凿和疏浚了三个引水洞口：一是上述河内县负责开凿的广济洞，再往东是济源县负责开凿的永利洞，又往东是河内县负责疏浚的利丰洞。这三个从沁河引水的洞口在水利上如何分工，现在已不很明确。但整个广济渠是袁应泰带领河内百姓修建的，所占用济源县的土地，是向济源县政府和居民购买的，因而河内县在广济渠水源的分配方面，有着绝对的话语权。

广济渠建成后，袁应泰将其分为二十四堰：永益堰、永利堰、长丰堰、天福堰、永福堰、和丰堰、广丰堰、大丰堰、大有堰、太平堰、广有堰、永济堰、广阜堰、新兴堰、广隆堰、万盈堰、长济堰、兴隆堰、兴福堰、宏福堰、万亿堰、大济堰、永通堰、广福堰。每一堰就是一个巨大的蓄水池，从广济渠引水，再输送到田地里。其中济源分有 5 堰，河内县 16 堰，孟县、温县、武陟三县各 1 堰。为防止各县出现水利纷争，袁应泰立约规定"定渠堰以均利泽"，即以二十四堰为定数，禁止上游"强有力者擅开一堰"，导致下游"涓滴不沾"。而且申明严格的用水次序：每月灌溉两轮，照号轮灌，"自下而上，挨次引灌"。由第二十四堰向上，依次灌溉，先下游武陟，再温、孟二县，然后是河内，最后是济源。

由于明代广济渠是县级官府出面组织建设的，渠成之后又由官府出面制定了严格而相对公正的用水基本原则，公信力有保证，因而渠水的使用效率很高，灌田数百万亩，之后百余年当地百姓都得以丰衣足食。

二、藩王优先型

明代先后受封的藩王达到 50 个，分布在山西、陕西、江西、河南、广西等行政区域内。所谓的受封，就是得到朝廷赐予的田地，每藩封地都有数十万亩。受封的田地可以界定，但相关水利权限无法明确，需要王府与封地关联的地方官府、乡村民众自相协调。目前学界对晋藩与地方水利的关系研究相对充分，从这些成果看，由于藩王享有政治上的特权，其封地在水利的使用和分配方面具有明显的优先权，对基层社会农耕用水的基本权利在一定程度上构成侵扰。[1]

① 以下三个文字段落，主要综合自胡英泽：《晋藩与晋水：明代山西宗藩与地方水利》，西安：《中国历史地理论丛》2014 年第 2 期，第 122-135 页；张亚辉：《灌溉制度与礼治精神——晋水灌溉制度的历史人类学考察》，北京：《社会学研究》2010 年第 4 期，第 146-151 页；并加以提炼。

这种用水的优先权,明显体现在“王府用水,自有号令”这一规定上。对于王府基本生活用水与基本建设用水特权,会有专门文件予以规定,即使在农耕用水不足的情况下,也要予以保障。对于王府其他方面的用水,如景观建设等,也会慎重对待,尽量照顾。比如嘉靖年间,永和王打算改马跑泉水道以环绕汾州城,虽然因为高叔嗣提出此举会影响民田灌溉导致生业艰难而受阻,但仍有山西御史中丞等一些官员捧场,而且山西布政司要专门组织会议讨论,对王府用水意见的重视和优待是不言而喻的。

对于受封的田地,王府一般会以军垦的方式建立庄园。这种带“军”字头的屯田,带有国家权力强制色彩,因而在水资源的获取与配给上,自然地享有优先权。这种优先体现在用水次序上,比如嘉靖年间晋水北河,从每年三月到十月耕田轮水,日程安排为:三月初一日,晋王府屯田引水,初二、三日宁化王府屯田引水,初四日至初六日村民田地引水,如此类推。这种轮流用水方式,俗称“军三民三”,王府屯田用水先于百姓。在用水量上,藩王屯田也更为优越。正如学者所指出的,到明代,由于藩王在北地大量屯田,晋水分配由宋、元时期的“南七北三”变成“南三北七”,北边田地亩均享受的水量,要比南地多20%左右。而且,出现了王府侵占水权之事,如北渠渠长将民间夜水投献于晋府之后,近80年间民地夜间引水的权利被剥夺,需要用钱财向晋王府购买。告状到地方官府,官府以王府有政治特权为由说难以干预。

由于水利共享而王府占优,在水利建设方面,王府也会积极参与,比如晋王府在汾水泛滥之后,也曾拨银修桥,恢复晋水灌溉之利,使百姓得占其利。灵丘王为修建王府园林而开凿新渠,并向两岸供水,而沿渠一带的旱地因此变为良田。这似乎可以说明,虽然藩王在地方水资源使用方面与民间用水构成矛盾冲突的紧张关系,但相互之间也有取予舍得的平衡策略,再加上地方官府的居中调停与裁决,从而形成勉强可以共生共存的水利共同体。

三、民间争利型

争水是农耕社会常有之事,由此发生争执乃至殴斗,是传统基层社会矛盾冲突的典型表现。明代民间争夺水利,有两个显著特点:一是由于聚族而居的情况普遍,争水往往以村落为单位展开,而以宗族力量作为支撑。二是当民间争水涉及不同的行政区域,判案的行政方一般尽量不作深度介入,以免生出更多麻烦。明崇祯年间李少文曾为一民间争水案判词如下：

审得黄熊二族，田亩界联，共湖而荫。某年月日，两姓各用桔槔戽水，时方亢旱，争一勺不啻续命之膏，遂并持锋刃，格斗于田间。而标三者，熊科十之雇工人也，受伤立毙矣。科十告于丰城，黄公四亦以黄范五被杀，告于清江。据两县尸单，似人命俱非诬捏，但两县互关，两词互抵，终无讯结之时。乃两造自度各殒一命，若各求其抵，葛藤滋起，牵累无休，直以标三、范五两命相当，遂合词拦简吁息。窃谓两命果真，应各究下落，杀标三者未必范五，杀范五者未必标三也。但查律例，同谋共殴之人，监毙在狱，尚准抵命，况同在殴场者乎！则免折骸之惨，而解蜗角之争，似亦原情而不戾于法者也。然讼固不可终，凶民亦不可不创，合引金刃伤人之律，熊科八、熊甲一、黄廉六、黄寅五，分别首从，各拟鬼薪。三尺伸而三宥，亦非纵矣。

首先要注意文中所说的“审得黄熊二族”，说明这桩民间争水案，虽然是针对个别人员的殴毙问题，其实是沿着两大宗族争斗的视野展开的。从处理结果看，被惩处人包括熊姓二人、黄姓二人，也足以说明这场争水事件是以宗族力量为支撑的。① 从法理上讲，正如学者所指出的，李少文无疑是对的，因为标三不一定是黄范五打死的，黄范五也未必是标三打死的，不存在两命互抵的问题。但由于该案熊姓向所在的丰城县起诉，黄姓向所在的清江县起诉，如果严格按照法理追究，丰城县与清江县要相互到对方县域里调查取证、追捕案犯，而这有可能会引起行政纠纷。所以两县达成一致意见，从宗族争水的角度处理，黄、熊两族各死一人，两命互抵。李少文当时是南昌府的法官，而丰城、清江都在其治下，他从法理角度判决，不用担心前述因为案属行政区划不同而导致节外生枝的问题。

另根据学界对《万历四十一年至四十三年休宁县升科水利河税事抄招》的相关研究②，相关案卷涉及的也是争水诉讼事件。争水诉讼的双方，一为隶属徽州府休宁县二十五都的汪姓族人，一为隶属徽州府休宁县二十四都的许

① 徐忠明：《明代争水群殴致人死亡案》，北京：《中国审判》2007 年第 11 期，第 76-77 页。上述引文也转自该文。

② 阿风：《明代大造黄册与水权诉讼——以〈万历四十一年至四十三年休宁县升科水利河税事抄招〉为中心》，合肥：《安徽大学学报》（哲学社会科学版）2019 年第 3 期，第 1-8 页。

姓族人，在双方争逐临近处溪河之利的过程中，宗族始终是主要依托力量。汪姓以洪方口一带田地的禾苗无塘取水为理由，申请将原属许姓的洪方口一带的溪河正式纳入"文昌户"内，成为汪姓宗族的公产，同时也编入黄册，进入国家的赋役系统。当时休宁县二十五都的里长朱大道、沈戴朋等奉县府之令核实了汪姓族人村落的实情，结果被休宁县二十四都的许姓族人以"受贿作弊"列入诉讼对象。由此可见，行政力量介入非管辖范围内的宗族争水事件，是有麻烦的。而许姓族人村落所属的休宁二十四都的里长，在诉讼过程中始终没有出现，似也可说明基层行政人员对宗族聚居村落争水事件倾向于选择尽量回避的态度。

综上不难发现，明代地方官府、宗藩和民间基层社会之间在农用水资源分配方面，存在比较突出的矛盾。而地方官府（一般是县级）相互之间、藩王相互之间以及村落相互之间，也经常发生水利纠纷。虽然官府以尽量公正公平的方式加以处理，使多数基层水资源分配问题得以协调解决，但效率不高。随着解决水资源分配问题的难度加大，明确水权并以钱财交易的方式获取水权，自然就成为一种社会需求。

第五节
明代治水经验的公共管理学解读

明代治水,在一定程度上摆脱了官员治水的藩篱,而比较注重利用水利技术专家统领治水大局,在治理河患和整治运河方面成效卓著。同时,明代治水也关注社会各阶层的利益诉求,治水的公共性得到明显体现。

黄河与大运河的治理,面临复杂化、动态化和多样化的外部环境,任何单一的部门或其他参与主体都难以单独应对各种突发的或事关全局的问题,需要不同层级、不同部门乃至不同组织之间进行协作、整合。潘季驯治理河患,总结前两次治河不彻底的教训,向朝廷指出治理碎片化问题是“治河”的最大阻碍因素,因而要求统揽治河权责,以便于统一调度各地治水、防洪、航运管理等方面的人才、人力和物资,并将黄河、淮河、运河及大量湖泊整合为一个水域系统加以治理,最后完成了“以河治河,束水攻沙”的治水目标。明代“水柜”是大运河整治工程的杰作,也是将运河及附近大量湖泊整合为一个水域系统加以统一筹划改造的结果,体现了跨流域思维在治水过程中的优势。潘季驯治河及明代水柜的成就,突破了“就黄治黄”“就运治运”的狭隘治水思路,是中国古代治水领域实施整体治理的典范工程。

明代治水在公共产品创新方面,是值得称道的。在制度方面,为缓解乡村基层用水的无序状态,诸暨知县刘光复创立了“圩长制”这一基层治水制度。“圩长”统一负责所辖片区的防汛、抗洪、水资源日常管理和协调等事务,促进了圩田的利用,有效缓和了基层水事矛盾,这是明代在治水方式上的一种创新。在工程建设方面,明代运河治理专家尝试将河道与湖泊连接在一起,丰水期时利用湖泊藏蓄河水,枯水期时便从湖泊中往运河注水以维持往来船只所需水位,在大运河山东段分别建立了“北五湖”和“南四湖”两大“水柜”。此后依据运道的变迁,在其他河段也加以推广。运河水流平稳通畅,提高了货物运输效率,有利于商贸往来,对明代经济的蓬勃发展起到了促进作用。在文献方面，明代专家善于总结治水的经验教训，整理和撰著了许多有关治水的著作，为当时和后代治水提供坚实的技术资料。“圩长制”“水柜”和“治水著作”属于全社会共有的精神财富或工程设施，没有显著的阶级性，具有公共产品的属性。

明代基层出现了水资源多中心治理的新格局。多中心治理之“多”，强调不同参与主体均可以充分发挥其在治理过程中的独特作用；“中心”，则寓示了不同主体在各自的范围内拥有一定程度的自治权利。明朝对土地进行了大规模的重新分配，自耕农数量迅速增加并成为水资源利用与管理的一大主体。与此同时，明初的分封制安排也使得地方水资源格局中存在着藩王这一特殊势力。此外，征收赋税和实施行政管理的地方各级官府，对水资源也有管理权。在这三类治水主体里，藩王最为强势，无疑是“强中心”；自耕农群体最为弱势，属于“弱中心”；地方官府虽往往扮演着居中协调的角色，但行政大权在握，事实上也是“强中心”。就三者而言，藩王占据绝对话语权，甚至有与朝廷讨价还价的特权。官府在尊重藩王特权的前提下，能够在较大范围内主导地方水资源的利用与管理。而由于力量薄弱，在与藩王、官府等强权以及外族的水权斗争中，自耕农只能依托宗族的力量来维护自身的权益；在宗族内部，则主要依靠具有公信力的宗族头领来负责协调自耕农个体户之间的水资源分配。虽然“强中心”主体在水资源利用过程中拥有支配权，但他们一般不会过分侵犯自耕农群体的水权，发生水权纠纷时也能遵照律法、规矩和惯例依理而行。而乡村基层的水资源管理事务及自耕农宗族内部或宗族之间的水权纠纷，基本上属于自耕农群体的“自治”范围。明代地方水资源分配，实际上形成了由藩王、官府和自耕农三者共同构成的多中心治理格局，虽然不同主体有强弱之分，但都具有一定的“自治”空间。

明代水资源管理淡化了国家威权意志，提倡水利水患的整体治理，注意维护水资源的公共性，也能照顾到水资源分配的社会公平，从而放松公权力的覆盖强度，而让民间用水权在“自治”领域适度生长，这使明代治水具有融合人心的社会温情。这种社会温情，正是公共管理不可或缺的一种文化内涵。

第九章

清代治水情况与特点

第一节
积弊难消：清代水资源管理的新变化

清代水资源管理的体制、主题和方式，大体上是沿袭明代而不断深化。在体制上，大致格局为条块结合：流域面积广的江域、河域、湖域以及海域，由朝廷设置垂直机构进行管理。地方性的水利、水事，则根据不同情况，交由地方官府进行办理。在主题上，朝廷治水以“治理黄河—运河”为重点，地方上则以“处置农业灌溉用水事宜”为核心。在方式上，朝廷治水经费由财政统筹，主要依仗官员和公务人员行使治水的专门职能；而地方治水，由官府协调地方士绅阶层联合办理，行政权力的实施依赖基层社会的配合。当然，由于朝代更换、社会发展，清代治水又出现了显而易见的新变化。

一、清代水事纠纷大量出现

据相关学者统计，清代中国每县民事案件“一年当有上万件之多”[①]，其中水事纠纷占有相当的比例。清代人口从清初的 1 亿左右不断增长，至咸丰时期达到 4.3 亿左右的峰值[②]。一方面，对于以农业为经济基础的清代社会而言，人口不断增加，意味着个人平均可耕种土地面积缩小，由此带来农业用水权的细化。人口的增加和用水权的缩减，必然导致水权纷争大量出现。另一方面，清代时期水旱灾害频发[③]，在学界被认为是自然灾害群发期[④]，农业生产

---

① 徐忠明：《明清诉讼：官方的态度与民间的策略》，石家庄：《社会科学论坛》2004 年第 10 期，第 42 页。

② 朱义明：《清代中前期人口数量及增长率的辨析与重估》，长沙：《中南大学学报》（社会科学版）2012 年第 6 期，第 45-46 页。

③ 闵宗殿：《关于清代农业自然灾害的一些统计——以〈清实录〉记载为根据》，北京：《古今农业》2001 年第 1 期，第 9-16 页。

④ 周万福：《公元 1581—1670 年群发性自然灾害的分析》，西安：《灾害学》1987 年第 2 期，第 34-40 页。朱浒：《中国灾害史研究的历程、取向及走向》，北京：《北京大学学报》（哲学社会科学版）2018 年第 6 期，第 125 页。

风险加大，这也加剧了人们在水权方面的争夺。这是清代水权纠纷大量出现的主要原因。

（一）因水权引发个体纷争而致命案的情况已经成为突出的社会问题

相关研究指出，仅就清嘉庆年间的情况而言，《清嘉庆朝刑科题本社会史料辑刊》中涉及灌溉用水纠纷的命案就有7个题本，属于上报朝廷的"督抚题本"有4个，属于下达施行的"刑科抄出题本"有3个[①]。其中广西雒容县民黄老猫因争水灌田殴伤小功堂叔黄定理身死案、福建龙溪县民林宝因农田用水纠纷戳伤缌麻服兄林豹身死案、江西鄱阳县彭子林因用水灌溉打死无服族侄孙案，都发生在同族亲属之间。在宗族背景相同的情况下，个体冲突所代表的，其实就是不同家庭之间的利益纠葛。根据题本所述，在发生争水冲突之前，当事双方的关系是"素好无隙"或"从无竞争"。由此可见，与土地耕种相关的农业用水紧张的问题，已在社会基层家庭之间引发大量矛盾，导致大量冲突，造成社会消耗。

（二）集体（群体）之间水权争讼的情况复杂多样

最普遍的是村落之间的农业争水，在清代中国许多村庄是聚族而居的，所以水权争讼也经常呈现为不同姓氏之间争水。稷山县博物馆所藏《为断明水利合村人等焚顶叩恩碑》记述了黄花峪胡家庄、马村为水权争讼。[②] 清代雷州一块清代水利碑刻，记载了扶柳村柯、宋姓与林大群村朱、吴、冯三姓之间为柯四苟塘和严家滩水利而争讼。[③] 有些发生在农户与非农户之间，如永济市虞乡镇《石佛寺断水碑》记载了张姓农户与石佛寺为水权争讼多年[④]。清代佛山涌道的开凿与清理，则牵扯到商户与农户之间的水权利益争斗。[⑤] 光绪年间武昌县樊口建坝案，反映了大渔户联合起来与该地区农业人口争夺长江

① 程泽时：《清代刑科题本中的民间"向例"及其成长逻辑——以清嘉庆朝7个争水灌溉纠纷命案为中心》，兰州：《甘肃政法学院学报》2013年第4期，第33-39页。

② 李麒：《观念、制度与技术：从水案透视清代地方司法——以山西河东水利碑刻为中心的讨论》，北京：《政法论坛》2011年第5期，第87页。

③ 陈国威：《清代雷州的水权问题探析——源于雷州一块清代水利碑刻》，南昌：《农业考古》2017年第4期，第132-133页。

④ 李麒：《观念、制度与技术：从水案透视清代地方司法——以山西河东水利碑刻为中心的讨论》，北京：《政法论坛》2011年第5期，第87页。

⑤ 衷海燕：《清代佛山的水事纠纷研究》，广州：《广东广播电视大学学报》2009年第2期，第33-35页。

渔业资源，这实际上也是水权之争。[①]

（三）地方官府也常在水事问题上卷入矛盾冲突

（1）由于江河湖泊具有流域性，其水事纠纷往往会涉及不同的行政区域，而地方官府在水政方面，一般都坚持行政区域本位主义立场，由此产生矛盾，如镇番《县署碑记》记述了镇番、永昌、武威三县的争水纠纷，需要三县知县“亲诣勘讯”进行处理。[②]（2）地方官府在处理基层水事纠纷时，也会遭遇不满而直接成为纷争的一方，如光绪年间城固县五门堰纠纷中，西高渠民众不遵行裁断，官府只好“选派练兵营弁勇”强行干涉。又甘州府临泽县《违规筑坝争占水利碑文》记述了张掖县民徐得祥、王元恺为争水利恃众拦阻官府兵丁的行为[③]。（3）由于清代设有专门的水事垂直管理机构，而地方官府对辖区内水道堤岸也负有维护安全的义务，所以两者之间在水事处理的权力和责任方面也会产生矛盾和争执，但这关系到官家体面，也牵连到官方水事运作的内幕，所以见载于典籍的相关资料并不多。

二、清代水资源管理制度较为完善

清代水资源管理制度主要由两部分构成，一是朝廷设置的以“河工体系”为代表、针对大江大河的管理体制，二是由地方官府主导的水事管理体制，两者相互配合，形成了较前代设计更为完整且行之有效的水资源管理制度。

（一）河工体系就黄河与运河防汛、建设、管理、工式、经费、职官设置、河官队伍、修防条例、考成保固、禁令设置等都做了明确的制度规定

如在机构设置上，分河、道、厅、汛、堡五级管河机构，有文职、武职两套治河系统。在用工上施行雇募制与河兵制相结合的制度。在经费上确立河工由公共财政支出的属性，并在控制河工支出、控制工程造价、控制河费侵冒方面建立了严格的经费使用管理制度。在考成保固方面，推行工程责任追究和职责范围内官员赔修全覆盖制度[④]。这些制度设计，保证了所有重要的黄河

---

① 肖爱：《清代水事纠纷解决途径及其启示》，南宁：《广西政法管理干部学院学报》2011 年第 1 期，第 35 页。

② ［清］许协、谢集成：《镇番县志》卷 4《水利考·县署碑记》，中国方志丛书本，台北：成文出版社有限公司 1970 年版，第 221 页。

③ 潘春辉：《水事纠纷与政府应对——以清代河西走廊为中心》，兰州：《西北师大学报》（社会科学版）2015 年第 2 期，第 48-49 页。

④ 郭泽杰：《清代河工体制的翻阅》，南昌：《江西水利科技》2018 年第 1 期，第 74-75 页。

或运河段落都有专职人员进行日常管理和维护，在出现险情、决堤时有专门机构组织人员进行抢险和维修，在工程维修结束后出现问题时能够进行责任追究。这在中国古代，是朝廷水政顶层设计的最高水平，在实际运作过程中也确实有成效。

（二）清代地方官府主导的水事管理体制，较为松散但灵活实用

跟清代基层社会以乡绅自治主导相一致，基层的水事包括水利维护、处理水权纠纷等，如果是发生在农户之间，或是村落之间，县府以上的行政机构尽量不予干预，而交由基层社会的乡绅阶层、村落长老等开会协商处置，这种水事处理机制所付出的管理成本较低。若基层社会乡绅、长老通过协商解决不了水事问题，如发生群体械斗、出了人命案或出现争讼，官府就要出面裁决，给出明确的结论。官府裁决基层水事纠纷的过程比较严谨，既要调查事件的原委，考虑到当事各方的利益诉求，也要倚重乡绅阶层的意见和威望，并考虑历史遗留的水权状况和水资源分配的惯例，这样形成的判决基本上都是合乎情理的。[①] 清代地方官府对水事的裁决被大量刻成碑文立置，而为民众遵奉多年，说明清代地方官府对基层水事纠纷的裁决整体而言是有公信力的，反映出清代基层水事管理体制是有效的。除水事纠纷外，清代地方官府在水事上的常规责任与历代情况大致相同，就是组织兴修水利、防洪、抗旱以及防止居民侵占公共水域等，但管理方式往往根据气候、地理、风俗、民情等区域特点而呈现出丰富的变化。

（三）清代水资源管理制度的执行

如前所述，尽管清代水权细化导致基层社会水事纠纷繁多，但官府、乡绅、长老、民众在水事问题的解决上，整体而言互动良好，成本不高，富有成效。在朝廷设置的水政体系这一块，正如许多学者所指出的，清代“河工贪冒”问题非常突出。这直接受到当时“三年清知府，十万雪花银”这一官场贪赃风气的影响，但最重要的还是出于河务工程的特殊性：一是工程量大，虚报工程用料用工数额难以清查；二是河防经常出现需要应急处理的状况，应急施工时的工程耗费难以确切估算，到最后往往成为一笔糊涂账。这在执行层面上，就会造成常规性水道河堤维护工程项目偷工减料，修复性和应急性工程项目经费虚报，甚至有故意导致决口以谋取应急财政经费拨付的情况。这

① 王荣、郭勇：《清代水权纠纷解决机制：模式与选择》，兰州：《甘肃社会科学：模式与选择》2007年第5期，第99-103页。

些无疑损害了清代河工制度。尽管贪冒问题严重,但由于清政府拨付了超量的财政经费,河工制度的执行仍然可以说是差强人意的。清代黄河、运河、淮河治理的成绩及水报制度的建立①,都可以证明这一点。真正使清代水资源管理制度朝不可逆方向全面败坏的,其实是因为西方列强入侵之后中国陷入半殖民地半封建的社会状态,导致朝廷政治和原有社会体系处于崩溃状态。

三、城市发展带来的水环境污染治理问题

水环境污染,是中国古代乡村、城市和江河湖塘普遍存在的问题。不过,清代以前中国整体而言人少地广,工业活动规模小,江河湖塘有汛期水流的冲刷和水体置换,乡村有地方规约的限制,城市有相应的管理制度,所以通过水流自然置换和人工疏浚、填埋和治理,水环境污染问题基本上能够得到解决。到清代中晚期,人口上升至4亿左右,不仅乡村人口密集,城市规模也处在快速扩张进程中,交通运输便捷的城市工业生产及城市消费规模增加,造成了更为突出的城市水环境污染问题。

(一)有一些之前就存在的城市水环境污染问题仍然存在,但因为城市扩张和人口增加显得更为严重②

如作坊排水污染,根据乾隆二年(1737)《苏州府永禁虎丘开设染坊污染河道碑》,从染坊流出的污水对苏州虎丘一带造成多方面危害:(1)污染了水源,造成市民生活饮水不洁问题。(2)水源不洁,茶汤失色变味,傍山经营茶棚的经营者生意做不下去。(3)“青红黑紫”不同颜色的水流在污臭沟渠里横流,花园胜景和名山景观遭到破坏,以致“各图(村)居民,无不报愤兴嗟”③。再如城市粪便污染水体,包世臣曾在《齐民四术》卷2《答方葆岩尚书书》中指出:“夏秋潮通内河,而夹河多妓馆,净桶上泼,居民即于下流汲用。”④同治年间,永嘉县居民“甚至造坑厕于湖边”⑤,污染了公共取水之地。这些水污染,

① 庄宏忠、潘威:《清代淮河水报制度建立及运作研究》,合肥:《安徽史学》2013年第2期,第104-114页。庄宏忠、潘威:《清代志桩及黄河“水报”制度运作初探——以陕州万锦滩为例》,北京:《清史研究》2012年第1期,第87-99页。

② 余新忠:《清代城市水环境问题探析:兼论相关史料的解读与运用》,北京:《历史研究》2013年第6期,第71-79页。

③ 苏州博物馆等编:《明清苏州工商业碑刻集》,南京:江苏人民出版社1981年版,第71-73页。

④ [清]包世臣:《齐民四术》,潘竟翰点校,北京:中华书局2001年版,第83页。

⑤ [清]陈宝善:《疏浚河道示禁勒石(1863年)》,金柏东主编:《温州历代碑刻集》,上海:上海社会科学院出版社2002年版,第365页。

成为困扰清代城镇居民生活的大麻烦。

(二)城市工业污染问题也逐渐显现

在1840年鸦片战争之后,五口通商促使中国城市形态向近代化方向演进,城市水环境污染问题也变得突出。1843年上海开埠,虹口北外滩因当时苏州河、黄浦江沿岸地价优势和低廉的水上运输成本,至清末已形成以船舶制造、机器制造、火力发电、烟草经营、棉纱纺织为主体的工业体系。① 一方面,这些效仿西方发达国家的工业生产,需要大量用水和排水,造成上海的城市水环境污染。另一方面,上海工业体系的形成导致人口集聚,促进消费行业和服务行业的发展。根据相关研究,北外滩工厂的工人、为工人生活消费提供服务的从业者,许多就居住在苏州河沿岸和一直向北延伸的虹口河沿岸,有一些甚至就是长期居住在水上的船民。② 这一带在清代晚期属于行政管理松散失效的区域,生活垃圾甚至排泄物的倾入,导致水体常年污浊秽臭。晚清时期中国其他城市虽不如上海典型,但大势所趋,工业化进程都在不断推进,也在不同程度上造成了相应的水环境污染问题。

(三)城市水环境污染成为公共议题

(1)晚清时期报刊业的兴起,是中国社会转型的重要标志之一。③ 城市水环境污染一向是社会舆论的焦点,在报刊业兴盛之后,就成为城市知识阶层的公共议题,不仅引发社会广泛关注,而且推动包括市政在内的各方力量参与解决,这是城市水环境治理一种新的生态。保存完整的《申报》,就载有许多关于城市水污染问题的报道与讨论。(2)鸦片战争以后特别是洋务运动开展之后,出国游历的清朝官员增多,他们看到国外卫生良好的社会状态,因而反思国内城市的水污染问题,代表人物是同治六年(1867)出使欧美而途径日本的张德彝④。而晚清时期许多从国外回国的留学人士,虽然主要关注政治制度的变革,但他们通过中外对比而不满于当时中国城市的水污染状况,是不言而喻的。而来清朝考察的外国人,对中国城市水环境污染状况也留下了

① 龙钢:《北外滩:中国近代工业的发祥地》,上海:《档案春秋》2020年第6期,第59-61页。

② 计小敏:《清代以来淮扬水上社会的研究(1644—1649)》,扬州:《扬州大学学报》(人文社会科学版)2017年第3期,第124-125页。

③ 梅琼林:《中国近代报刊发展与社会转型》,昆明:《云南社会科学》2005年第5期,第104-107页。

④ [清]张德彝:《航海述奇·欧美环游记》,钟叔和主编"走向世界丛书",长沙:岳麓书社1985年版,第631页。

不少议论。[①] 外来视角为当时人观察清代城市水污染问题提供了明晰的“卫生观念”。(3)清代城市割让给外国建设的公共租界,为中国城市提供了进行水环境建设的样板,如上海租界于同治九年(1870)建成自来水供应系统,受其影响,晚清官府兴办了自来水公司,为中国趋向卫生、健康、便捷的饮水模式奠定了基础。

① 佘新忠:《清代城市水环境问题探析:兼论相关史料的解读与运用》,北京:《历史研究》2013年第6期,第71-79页。

第二节 桂柳运河建设的军事背景

桂柳运河是唐代岭南地区的重要水利工程。《临桂县地名志》记载：临桂陡河与兴安陡河（灵渠）并称为桂林府东西二陡河；兴安陡河居桂林府之东，又称东渠；临桂陡河位于桂林府西南，亦称南渠。[①] 这里所谓的“临桂陡河”，就是桂柳运河。

桂柳运河开凿于武则天长寿元年（692），名相思埭，长约16千米，使漓江与柳江之间的航运路程大大缩减。桂柳运河仿照灵渠，设置多层级陡门。据《资治通鉴》，武则天延载元年（694）十月，“岭南獠反，以容州都督张玄遇为桂、永等州经略大使以讨之”[②]。显然，桂柳运河的开凿，是为了维护岭南一带的稳定局面，有着明确的政治和军事目的。据相关学者的看法，唐敬宗宝历年间李渤任桂管观察使，唐懿宗咸通年间鱼孟威任桂州刺史，他们在整修灵渠的同时，也对相思埭进行了治理[③]。可以说，唐代兴建桂柳运河，与灵渠性质相同：最初是朝廷为军事行动而设，平叛任务完成后为民所用，也能在商贸交通、文化交流和防洪灌溉等方面发挥综合性功能。[④]

宋元时期的桂柳运河不见载于史志，这并非意味着其被废弃，其作为地方商贸文化交流通道和防洪灌溉渠道应该一直存在，只是政治军事上的意义不突出，无须记载而已。桂柳运河在军事上的价值，主要在于军队能借其溯柳江而上运兵运粮至黔地。而宋朝在西南地区的内外征战，集中表现为与安南的战争，以及征伐四川、云南一带，涉及黔地的情况较少。元代军队军事实力强大，在元朝廷铁腕统治期间黔地基本上没有出现势均力敌的对手与之对

① 马本旺：《临桂县地名志》，桂林：临桂县地名委员会1986年版，第197页。

② ［宋］司马光：《资治通鉴》卷205“则天顺圣皇后中之上延载元年十月壬申”条，北京：中华书局1956年版，第6497页。

③ 韦韩韫：《广西旧志中的水利工程建设史料》，南宁：《广西地方志》2018年第2期，第28 34页。

④ 唐凌：《论清朝大修桂柳运河的功与过》，南宁：《广西地方志》2010年第3期，第34-38页。

抗。所以桂柳运河在宋元时期，没有受到朝廷的重视。

明代万历年间，朝廷出面整治过桂柳运河。清代康熙、雍正、乾隆年间，朝廷都对桂柳运河进行过大规模的整修疏浚。其整治原因，都和黔地的战事有关。[①] 详情如表 9-1。

表 9-1　明清对桂柳运河整修情况

<table>
<tr><th>事件</th><th>大致经过</th><th>整治桂柳运河的用途</th></tr>
<tr><td>杨应龙反叛</td><td>反叛自万历十八年(1590)始，前后十余年，至万历二十八年(1600)被明军镇压[②]</td><td rowspan="7">桂林在明代为首善之府，在清代为省会所在地，不仅地处南北交通要道，而且是屯兵的军事重镇。当黔地出现战事，朝廷一则要动用桂军进行围剿，再则要防范黔地武装力量进击广西。柳江上通贵州，为便于武装和粮草及时供应作战需要，桂柳运河就显得重要</td></tr>
<tr><td>防范西南地区反清势力</td><td>桂林、柳州曾为南明朝廷与清兵交战多年的军事要地。而吴三桂在西南反清，虽被清朝廷镇压，但遗留了西南地区反清的传统[③]</td></tr>
<tr><td>镇箄反征服武装起义</td><td>康熙四十二年(1703)，桂、黔、湘三省满汉官兵进逼镇箄、勒令归诚，苗民起义，被镇压[④]</td></tr>
<tr><td>九股苗反台拱</td><td>雍正十年(1732)，苗民起事，杀台拱通事，攻破台拱大营，击败清军，后为广西援兵所败。次年为二千湘兵、一千桂兵所镇压[⑤]</td></tr>
<tr><td>雍乾苗民起义</td><td>雍正十三年(1735)，包利号召苗民起义，击败包括广西在内的七省数万官兵。乾隆初失败，遭清兵屠杀。残部走入广西，坚持斗争到乾隆五年[⑥]</td></tr>
<tr><td>乾嘉苗民起义</td><td>自乾隆六十年(1795)至嘉庆十一年(1806)爆发的湘西、黔东北苗民抗清起义，曾击溃包括广西在内的清军十八万人，前后历时十二载[⑦]</td></tr>
</table>

① 唐凌:《清朝大修桂柳运河原因探析》，桂林:《广西师范大学学报》(哲学社会科学版)2010 年第 5 期，第 84-89 页。

② 李世模:《从杨应龙之乱的发展进程看其叛乱性质》，遵义:《遵义师范学院学报》2009 年第 5 期，第 6-8 页。

③ 范同寿:《吴三桂:清初贵州战乱的祸殃》，贵阳:《当代贵州》2010 年第 15 期，第 49 页。

④ 张传跃:《试析改土归流与湘西政治格局变动》，长沙:《民族论坛》2016 年第 6 期，第 37-39 页。

⑤ 余宏模:《清代雍正时期对贵州苗疆的开辟》，贵阳:《贵州民族研究》1997 年第 3 期，第 70-71 页。

⑥ 马国君:《论雍正朝开辟黔东南苗疆政策的演变》，北京:《清史研究》2007 年第 4 期，第 21 页。

⑦ 马少侨:《清代乾隆、嘉庆年间的苗民大起义》，天津:《历史教学》(哲学社会科学版)1956 年第 6 期，第 10-14 页。

其中雍乾年间为镇压苗民起义,清政府军几万人马就是从桂林经桂柳运河,溯柳江开赴贵州。时任广西巡抚金鉷在《临桂陡河碑记》中对此作了明确记载:“乙卯岁(1735),王师赴黔征苗,粮饷戈甲,飞输挽运,起桂林经柳州者,胥是河通焉。”[①]据此可以推断,历代封建朝廷介入桂柳运河的整治工作,基本上都是为了应对黔地的战事。

因为是服从于军事行动需要而开凿,没有从水利的角度进行整体规划,桂柳运河存在的问题明显:当处于枯水期时,来自会仙湿地的蓄水虽可以供给军需,却不足以维持日常通航。有一个著名故事可以说明这个问题:清代浙江诗人张炯慕名远道来游桂柳运河,刚好临近枯水期,不凑巧遇军需船,因来自会仙湿地的蓄水要保证军需船优先通行,张炯只得等到军需结束,由于处在枯水期,上游蓄水所剩无几,在运河行船比步行还慢。结果,张炯前后在西陡门村留住了四旬之久。[②] 桂柳运河在历史上没有成为治水的典范工程,与其枯水期没有足够的水源维持航道通畅直接有关。

① 转引自刘小花:《清前期治边思想的新突破——对广西“一府两运河”独特现象的解读》,南宁:《广西地方志》2008 年第 4 期,第 40 页。

② 谢德裕:《临桂区会仙镇西陡门村:桂柳运河的史书》,桂林生活网,2017 年 3 月 20 日。

第三节
乾隆年间松阳县任命圳长告示解读

乾隆十七年(1752)松阳县正堂黄槐为十三都下源口等四庄派定水期任命圳长的告示,反映了清代基层社会农田水利资源管理的大致情况。根据学界研究成果,该告示中出现的“圳长”“堰长”,是官府认可和备案的民间水利管理者,与现在的“河长”性质接近,可借以理解河长制的历史渊源①。这里转录该告示全文并加以解读,从中可以看出清代政府管理基层社会的原则和方法。

特授处州府松阳县正堂加一级黄为非吁矜准给示空费天恩事

据十三都下源口庄民徐士显、徐显鼎、徐士林、徐公柏、徐永佐呈前事,词称:“切念芳溪堰一条,荷自宋朝,经身始祖,开拨水坑,疏浚田亩。续有上安等庄,接流下灌,均沾水利。自古迄今,并无紊规。讵出上安庄势衿刘启琯等,挟恃人丁繁盛,又兼富盈,家无白丁,遂肆叛例,占设圳长,预埋坐享水利。渐渐图谋,屡用神机,贿求新旧前主,乞情翻断,以致身等叠受擒殴,讼累无休。幸逢宪天文星福松龙图铁面,号拿镜审,将凶犯刘逢遇等,分别责惩,斧断圳长各庄并设,毋许衿坦独占。其水利,身庄与项宅两庄,分期四日;衿坦与光因寺,亦轮四日,周而复始。其修拨圳坑,派分各庄,遵照种田匀工,及筑砌圳道需用,照依坐田多寡科领,毋许抗违。宪断如山,诚乃至公至明之天。泣念身等,均皆守法愚民,仰遵德化。无如衿庄丁强马壮,各自倚顶护符,料不加刑,恣肆夸雄无忌。若不叩求,赐给示禁,永杜紊争,宪天指日之候,势遭叛断,复萌故智,亡旧翻新,讼累无休,空费天恩。为此泪情再叩龙图铁面,始末全恩,舍准给示。恪遵天断,永杜抗违,毋使紊争。传颂千古,恩垂不朽,感

① 鲍宗伟、张涌泉:《古代“河长制”实物文献的宝贵遗存——以乾隆十七年芳溪堰告示为中心》,杭州:《浙江学刊》2018 年第 6 期,第 174-179 页。下引告示文也转引自这篇论文。

德上禀。”等情前来，据此合行给示。

为此示，仰源口、项宅、上安、广因四庄衿民人等知悉：尔等承灌芳溪第一圳水，毋论其年雨水之或盈或缺，遵照历任审断，概以正月初一日为始，先上安、广因，次源口、项宅，各轮四日，周而复始。至刘启琯等所称斯堰创自伊祖，刘姓应通为堰长之说，妄谬无稽，徒启争端。嗣后以刘启琯为正圳长，经理安、广二庄；以徐士显为副圳长，经理源、项二庄。如遇圳坝冲坍，互相稽查，应需工费，照依水期公同各半修筑，听圳长按亩公派。圳沟淤塞，四庄有田农民，齐力疏浚。敢有阻挠滋事，惟圳长是究。此本县为尔等剔除偏枯之弊，永息争端，一片婆心，其各凛遵毋违。须至示者，右仰知悉。

乾隆拾柒年陆月十二日给告示　押　发十三都下源口实贴

一、告示反映了中国古代农业生产常见的用水矛盾

明清时期松阳具有江南农耕文明的典型形态，自古有“处州粮仓”的说法。松阳基于完善的堰渠水利系统，农业生产发达。据《松阳县志》，明成化二十三年(1487)有堰坝42条。1926年调查时，全境有大小古堰坝122条，基本上都是清代遗存。[①] 由于水资源的分配和利用直接关系到农业收成，所以明清时期松阳境内有许多水事纠纷。而且越是优质的水资源，引发的纠纷越多。芳溪堰自北宋以来即为松阳著名堰坝，此后一直沿用，是周围农业生产的主要水源。根据松阳县档案馆及其他相关藏件，芳溪堰水事纠纷情况突出，该告示反映的是其中一个典型事例。

二、告示反映了背后的社会运作机制

中国古代社会有“皇权不下县”的传统，即国家政权原则上不介入乡村的直接管理。乡村基层社会的治理，主要通过宗族内部自治、乡绅相互协商完成。就治水而言，关系到政治、经济、文化命脉的大江大河，如黄河、运河等，其治理是国家任务，由朝廷组织实施；而农田灌溉用水秩序是琐碎的事，属于乡村自治范畴[②]。由于朝廷不管，兴修地方水利成为古代县级地方官最乐意

① 潘建英、谷慧香：《穿越时空的〈芳溪堰档案〉》，杭州：《浙江档案》2013年第11期，第44-45页。

② 吕海涛、张凡、杨英法：《论中国古代的用水秩序与水纠纷的调处机制》，邯郸：《河北工程大学学报》(社会科学版)2017年第3期，第1-5页。

选择的为民办实事项目。不过,由于没有足够的财政拨款可以动用,于是乡绅捐资就成为基层社会中小型水利工程最主要的资金来源。这在一定程度上造成了乡绅和一般民众在用水权力方面的不平衡。告示里陈述的水事纠纷,就是在这种基层社会机制中产生的。

三、告示反映了所述水事纠纷的性质

该水事纠纷之所以超越乡绅自治范畴而放到县府层面处理,是基于以下原因:(1)“水利均沾”的水资源使用原则被破坏,刘姓乡绅一家及其宗族成员独大,垄断水利,乡绅协商机制失效。(2)刘姓依仗强势,抓捕、殴打和起诉其他村庄民众,出现了恶性事件。(3)刘姓垄断水利、恃强凌弱,而能“贿求新旧前主,乞情翻断”不受惩处,已形成民愤。(4)刘启琯所在村庄民众宣称芳溪堰是其祖先主持修建的,所以应该一直由刘姓担任堰长,掌控水资源的分配权。说刘姓创设芳溪堰,与县志记载不合。而且始终由一姓一庄占据堰长,挑战了水利的公益、公共和公平等基本属性。

四、告示反映了县府处理此事的原则

从告示看,县府对待这一水事纠纷,把握了一个尺度:本府只是代行处理此事,是乡绅协商机制失灵情况下的无奈之举。所以县府强调,发布告示并非政府主动行为,而是回应徐姓村民的要求。告示申明了堰长由各方轮值,否定了刘姓祖先修建芳溪堰及应该长期担任堰长的说法,并且说明了利益共享和责任分摊的实施办法。但对徐姓村民强调刘姓“贿求官员”的说法,只是以“有则改之,无则加勉”的口气公布于众加以警诫,并不予具体回应和追究。在处理结果上,仍然承认被举报方乡绅刘启琯作为刘姓村庄利益代表人的身份。而文末的“一片婆心”则说得更明白:这是你们乡绅自治范畴内的纠纷,以后最好能自己处理,不要闹到县府这儿。

第四节
清代河工的贪冒问题

一、清代河道治理的顶层设计

清代对河道水患的治理,可以从“河务”“河政”“河工”三个层面来理解。所谓“河务”,指清代最高统治者将河道水患治理当作重要的国家事务加以对待。康熙帝曾言:“朕听政以来,以三藩、河务、漕运为三大事,夙夜廑念,曾书而悬之宫中柱上。”[①]后来清朝皇帝,也都奉行此训,重视河道治理问题。

所谓“河政”,是指清政府在朝廷层面,专门为河道治理建立了比较完整的规章制度。即以财政支持而言,设立常规的年度河道治理专项资金,包括岁修和抢修两方面内容。“岁修”指:“凡旧有埽工处所,或系迎溜顶冲,或因年久旧埽腐坏,每岁酌加镶筑,曰岁修。”“抢修”指:“河流间有迁徙,及大汛经临,迎溜生险,多备料物,昼夜巡防抢护。”[②]除此之外,还额外安排一些经费作为储备和常规费用的补充。从制度安排上看,清代河政是比较完善的。

所谓“河工”,就是“治理河道、防止水患工程”的简称。由于黄河古代称为“河”,所以“河工”也可以特指黄河治理工程。清代的河道治理,到了雍正时期就已经形成了专门的河工体系:

(1)高层有总河或河道总督管理,级别相当于一个省的总督。

(2)“河道”是各省派出的督河机构,官长级别介于巡抚和知府之间。

(3)“河厅”是省属各府派出的督河机构,官长级别比知府低半级。

(4)“河标”,河道总督所属军队,以营为单位,故也称河营,由参将统率营兵,掌河川修筑和守汛、防险。

河工官员体系实行垂直管理:河道总督兼管节制相关省属的管河道、府、

① 《圣祖仁皇帝实录(二)》卷154,《清实录》第5册,北京:中华书局1985年版,第701页。

② 《光绪朝会典》卷60,《续修四库全书》第794册,上海:上海古籍出版社2002年版,第580页。

州、县的管河官员，如管河道员、管河同知、管河通判、管河州同、管河州判、管河县丞、管河主簿、管河巡检、牐官、管河千总等。

各级管河机构都专设衙门或办公处所：道员亦称道台，其官署称“道台衙门”。同知、通判的官署，称“厅”。州同以下的办公之处，则通称“汛”。

各级管河机构分工明确：管河同知以下各官，各掌所分属河道之岁修、抢修及挑浚淤浅等工程；同知、通判督率州同、州判以下各官，分汛防守。

清代的河道治理，在顶层设计层面上，做到了“河务”“河政”“河工”建设三位一体，制度环境可以说是相当优越的。在所有的河流中，黄河乃民心所系，关乎国运兴衰，所以清朝廷每年都会从国库拨付巨额国帑用于治理黄河。而管理黄河的总督，在政治上也有特别的待遇，甚至可以越过工部直接向皇帝报告相关事务。虽然条件如此有利，但与前代治河相比及与同时代的运河治理相比，清代的黄河治理并没有因此取得突出的成绩。根据学界的研究，出现这种情况的主要原因，就在于“贪冒问题”①。

二、清代河工贪冒的主要特点

河工贪冒，指官吏职员内外勾结，通过贪污黄河治理工程款、虚报黄河治理工程费用而谋取不当利益。清朝廷拨付给河道治理工程的款项数额巨大，经常占到国库每年总收入的十分之一以上，贪冒问题极为严重，形成了不同于以往的明显特点。

（一）河工贪冒比例大、数额多

雍正年间，大臣齐苏勒曾针对黄河治理工程款项被贪污的现象上书指出：

臣细察其由，无非指称办料名色，将领去帑银营私肥己，兼以请银之时转详之道员、批发之总河各扣十分之一二，以致领银入手已耗十分之五六。②

朝廷下拨的工程款，经过层层克扣，到实际经办采购人员的手中，已经只有总额的40%—50%了。晚清冯桂芬记述，河工腐败情况自乾隆之后愈发严

① 宋先通：《清代黄河河工问题研究综述》，郑州：《华北水利水电大学学报》（社会科学版）2018年第6期，第26-29页。

② 《清世宗宪皇帝朱批谕旨》卷2下，文渊阁《四库全书》第423册，上海：上海古籍出版社1987年版，第109页。

重，两河岁修用银朝廷额定约每年五百万，“常以十之三办工”的官员，已经算是很谨慎的了。大多数贪腐者，将划拨经费真正用到实处的，“不过十之一二”，绝大部分都被各级经手人员“瓜剖而豆分之”。而有些刻薄的官员，“甚有非抢险不使一钱者”[①]。道光即位之后，河工成为“冒破侵贪”问题最严重的领域。根据相关学者统计，清政府的财政年收入，道光、咸丰时期是4 000万两左右，同治、光绪以后也不过7 000—8 000万两，而河工几耗三分之一。[②]其中被贪冒的钱款数额，平均每年不少于1 200万两，可以说是触目惊心。

（二）河工贪冒成为心照不宣的集体腐败

河工“风气”败坏，铺张浪费问题突出：“河工经费自乾隆末年而日钜，河工风气，亦自此而日靡。”[③]而上下贪冒，浮利均沾，形成稳固的利益共同体。道光二十二年（1842）御史参奏就指出：

河工各员，及书吏匠役，均利工程浩大。盖工大则差委必多，靡费必繁，邀请议叙于斯，侵销帑项亦于斯。若工小费俭，非惟不得遂其邀议贪肆之心，更恐工竣之后，裁撤河员，夺其利薮，同阻抑之术，倡者一而和者百矣。[④]

即河政官员为了防止内部有人揭发工程问题和经济问题，让体系内几乎所有人都有贪冒的空间，使河工体系成为具有内在凝聚力的贪冒利益集团。

而河工体系内的贪冒利益格局，也是相对稳定的。当时有一句话广为流传：“文官吃草，武官吃土。”“草”，即草料。文官吃草，指文官在购买治河用的埽工物料时，通过虚报物料谋取浮利。“土”，即土方。武官吃土，指负责带兵筑堤、打坝、施工的武官主要通过虚报工程量等进行作弊。[⑤]即河工体系内的各级官员乃至一般工作人员，都设法利用相互认可的贪冒空间，将治河经费揽入个人腰包。

---

① ［清］冯桂芬：《校邠庐抗议》，戴扬本评注，郑州：中州古籍出版社1998年版，第77页。

② 刘志松：《清代河工贪冒考论》，沈阳：《社会科学辑刊》2017年第3期，第112页。

③ 陈康祺：《郎潜纪闻四笔》卷7“乾隆间河工穷奢极欲”条，褚家伟、张文玲点校，北京：中华书局1990年版，第169页。

④ 中国水利水电科学研究院水利史研究室编：《再续行水金鉴：运河卷2》，武汉：湖北人民出版社2004年版，第789页。

⑤ 户勇：《公地悲剧：嘉道之际治水过程中利益集团的形成及影响》，南京：《江苏社会科学》2016年第5期，第256-262页。

三、清代河工贪冒积弊形成的原因

清代官府部门贪冒流行，那么为什么河工的贪冒问题，会严重到无以复加的程度？这主要跟河道治理的特殊性有关。

（一）河道整治工程量大，虚报不易被查实

乾隆皇帝深明其弊，曾明确指出，河工虚报用料用工数量以贪冒的情况普遍存在：

朕访闻得，各省营缮修筑之类，其中弊端甚多，难以悉数。或胥役侵渔，或土棍包揽，或昏庸之吏限于不知，或不肖之员从中染指，且有夫头扣克之弊，处处皆然。即如挑浚河道一事，民夫例得银八分者，则公然扣除二分，应做工一丈者，则暗中增加二尺，或分就工程，用夫一千名者，实在止有八九百人。①

而且由于上下勾结牟利，如果督察高官不亲自勘查过问，这些情况是很难查实的，正如乾隆帝所指出：

今以一堤而前后估计，自四万而减至六千。屡易其说，正恐六千之数，亦尚未为确核。该督等始则听信属员，以兴工为冒帑之计，及奉驳核实，亦不过随意减估。②

乾隆所说的，只是一段河堤的整修情况。但作为督察高官，也不能每段河堤都亲自逐一核实。由于风气败坏，河工虚报用料用工数量问题实际上是查不胜查，只好听之任之。

（二）汛期河道决堤无定处，为贪冒者提供了侥幸的机会

根据清代岁修与抢修规定，冬季至春初为少雨季，对河道进行岁修；春末至秋季为多雨季，若出现汛情，则对河堤出现险情处进行加固。清代河道管理实际上是搞包工负责制，所负责的河段只要不出现决堤的情况，该河段责

① 《高宗纯皇帝实录》卷94“乾隆四年六月上己卯”条，《清实录》，北京：中华书局1985年版，第437页。

② 《高宗纯皇帝实录》卷338“乾隆十四年四月上乙酉”条，《清实录》，北京：中华书局1985年版，第600页。

任官员的贪冒问题一般就不会被深究。岁修和抢修经费的分配,基本上是按河段长度平均配置的,但河道汛期时在哪个河段出现险情乃至决堤,具有很大的偶然性。出现险情和决堤情况的河段,若抢修经费不够用,岁修偷工减料的问题就会暴露。但一处决堤了,则其他河段的贪冒钱款就会被遮蔽掩盖,而安全地转化成各级官吏的实际收入。具体河段管理者都是精明的理性经济人,他们很清楚,虽然贪冒问题会导致河道决堤的可能性大大增加,但自己负责河段发生决堤的概率是极低的,决堤基本上是属于运气不好才会出现的情况。这就导致各河段管理者不仅普遍抱有侥幸过关的心理,而且还有期待别的河段尽快出事的不良心态。

(三)各级官员通过贪冒钱财,为赔修预做准备①

赔修是清代河工制度的创新,即以经济处罚手段让官员承担河堤冲决导致的损失。雍正五年(1727)颁布"赔四销六"定例:凡黄河一年之内、运河三年之内河堤冲决,经总督、巡抚确认无偷工减料作弊行为的,重修所用钱粮责令承修官赔付40%。黄河一年以上、运河三年以上河堤冲决,责令防守河段各官"共赔四分,其余六分准其开销"。至乾隆三十九年(1774),朝廷又将主管河官应赔的40%划为10份,河臣、督抚、河道、厅员、知府州县、参游、文武汛员具体分摊的赔付比例为:2∶1∶2∶1∶2∶1.5∶0.5,实行官员赔修全覆盖。② 由于修河工程巨大,一旦遇到决堤的情况,涉及的官员往往要赔付到倾家荡产。所以各级河官在平时都会通过大量贪冒,为赔修预做资金准备。河堤被冲决之际,要动用朝廷额外的应急经费,而这一块可以拨付的钱款弹性很大。由于处于紧急状况中难以核查,官员们在河堤冲决时,更是大量虚报土方、用料和用工的欠款数额,借以填充自己赔付所带来的亏空,甚至还能带来不少的盈余。

四、清代河工贪冒积弊形成的危害

河工贪冒积弊是清代官场腐败的典型,其由屡禁不止到蔓延扩张,严重

① 金诗灿:《清代中期的河工弊政及其治理》,郑州:《华北水利水电学院学报》(社科版)2012年第5期,第20-23页。郑获:《清代河工赔修制度研究综述》,开封:《开封文化艺术职业学院学报》2020年第11期,第13-14页。

② 郭泽杰:《清代河工体制的翻阅》,南昌:《江西水利科技》2018年第1期,第75页。

危害清代吏治，对其他部门、其他系统官员的腐败产生了直接而深刻的影响。

（一）人浮于事，钱浮于事，治水的核心价值虚化

许多高级河官对所管理的河务不感兴趣，不负责任：“从不出门一步，不知工段险要在何处，更不知河工修防为何事；虚糜俸饷，实堪痛恨。”①有些河官素质低下，最基本的治河知识都不具备，如包世臣所言：“河底之深浅，堤面之高下，问之司河事者，莫能知其数”，“报有志樁存水之文，测量实水，则与报文悬殊；问之司河事者，莫能言其故。”②官员在其位不谋其政，是清代河工的常见现象，“引领”了清代钻营者不学无术而尸位素餐的风气。

在具体施工层面，为了贪冒而自挖墙脚的情况经常发生。比如雍正年间，齐苏勒参奏李世彦、孙国瑜把已经修好的河堤故意损坏，希图借此侵冒钱款。到清代中后期，管理河政的官吏为了能够从朝廷例外的巨额经费拨付中侵贪，在没有险情的情况下，也会故意在堤坝上做手脚，导致河水决堤：

国家岁糜巨帑以治河，然当时频年河决，皆官吏授意河工掘成决口，以图报销保举耳。③

久不溃决，则河员与书办及丁役，必从水急处私穿一小洞，不出一月，必决矣，决则彼辈私欢，谓从此侵吞有路矣。④

这些情况的大量存在，足以说明清代河工到后来已经成为官吏用于牟利的金窟，治水的这一主要行政目标已经虚化了。

（二）执着于治河正业的，反而受到排挤、打击和冷遇

在治河技术上，绝大多数官员基本上是安于现状的：“上下不以公事介意，有讲求工程做法者，辄为同列所讪笑。”⑤道光十五年（1835），东河一带发明了“砖石工”，不仅费用节省，而且坚牢难破，但由此导致徐州一带秸秆每斤单价由原来制钱 10 文之多猛跌至不及 2 文，许多靠草料贪冒肥家的官员，竟

---

① ［清］周馥：《秋浦周尚书（玉山）全集》，台北：文海出版社 1978 年版，第 201 页。

② 黄河水利委员会黄河志总编辑室编：《历代治黄文选》下册，郑州：河南人民出版社 1989 年版，第 378 页。

③ ［清］小横香室主人：《清朝野史大观》卷 12《清代述异》，上海：上海书店 1981 年版，第 101 页。

④ ［清］欧阳昱：《见闻琐录·河员侵吞》，长沙：岳麓书社 1986 年版，第 167 页。

⑤ ［清］包世臣：《南河善后事宜说贴》，《中衢一勺》卷七下，《近代中国史料丛刊》，沈云龙主编，台北：文海出版社 1966 年版，第 547 页。

认为“糜费罪小，节省罪大”，极力加以反对，导致该项技术弃而不用。

在管理层面上，由于集体腐败积习成弊，朝廷派来的大员一旦想彻查账目，肃清纪律，就会因触犯河官整体的既得利益而遭到排挤和陷害。嘉庆年间，河政日渐败坏。南河总督徐端锐意改革，坚持“国家有用赀财，不应滥为糜费”的原则。一些有侵贪行为的河官，担心徐端在觐见皇帝时揭发他们，就想方设法多方阻挠，使得徐端终生未能入京，最终抑郁而死。同样是在嘉庆时期，康基田总督南河，发现积弊如山，决心加以革除。官吏们怕出事受罪，就上下勾结纵火焚烧了以往的账簿，又将责任推到康基田身上，导致他因此被罢官。

（三）派生出许多不必要的人事，侵占钱款

首先，大量闲散官吏被安置在河工体系之内，包括：通过向朝廷或地方政府捐纳钱物获得虚职的，借此落实待遇；有些获得晋升但暂时没有实职安排的，先到河工体系里挂职借以回旋；有些读书人考取了功名而无法安置的，也被派遣到河工体系里暂时容身。河工体系由于充塞了许多与河务无关的人员，导致机构膨胀，人数大增，产生了巨量不必要的人头费用。

其次，大量与河道治理无关的应酬开销，也成为一大积弊。《清实录·宣宗实录》就明确指出：

> 江南河工，时有过往官员及举贡生监幕友人等，前往求助。该河督及道厅等官碍于情面，不能不量为资助，以致往者日众，竟有应接不暇之势。①

如果是有一定级别的官员经过，河道部门在地相应官员自然要按照惯例加以接待。而没有身份的清客，如果事先获得了京城高官的推荐信，各级河道部门碍于情面和特定利益关系，也都要从河道整治经费中设法加以资助。

清代河工体系贪冒之“利”众所周知，久而成习，基本上得到了官场和社会的认可，所以该体系出现这些不必要的人事，可能在一定程度也被各方认为是应尽的义务。但清代河工体系的管理和运作效率低下，也由此可见一斑。

① 《宣宗成皇帝实录》卷401“道光二十四年正月乙亥”条，《清实录》，北京：中华书局1986年版。

五、小结

清代河道治理虽然形成了“河务”“河政”“河工”的完整格局，但在实际运作过程中未能做到平衡协调。治河成为国家事务，治河政令周全严密，这都是值得赞许的。但在“河工”层面上，官吏携手刻薄钻营，导致“河政”漏洞百出。这个问题在清代官场上是普遍存在的，而河工领域表现得最为突出。如何进行更为合理的制度设计，使国家财政支出真正用到公共服务上去，这是清代河工的问题，至今也有现实意义。

第五节
清代农业用水权的调解与确认

清代人口从顺治年间的不足 1 亿，至咸丰年间达到 4.3 亿，人口发展整体上是处于大量增长的状态。而人均耕地面积，由顺治、康熙时期的 5—6 亩，渐减为乾隆时期的 3—4 亩，以及嘉庆、道光、咸丰时期的 2 亩左右。人均耕地面积减少，意味着与耕地关联的权利被区分得更为细碎，由此造成权利纠纷增多。农业用水权就是与耕地关联最为密切的权利之一，而清代农业用水权的调节、转移与确认，在传统社会也是最有代表性的。

一、清代农业用水权的调解

在清代，县是最低层级的行政区划。县以下的农村地区，行政权威虽也通过保甲制度向下传导，但大部分社会事务的处理，只有在宗族管理、乡村自治和乡绅协调无能为力的情况下，才会移交至县府。清代农业用水权的调解，大致也是这种情况。

（一）长老调解

清代农村地区，民众基本上是聚族而居的。费孝通在《乡土中国》中所指出的“长老统治”，正是清代农村的普遍社会状态。如果同一村落两户之间发生农业用水权的纠纷，一般通过同姓亲戚的说合就可以化解。情况更严重的，就要摆到村中最有威望的几个人那里说理。由于长期居住在一起，无论血缘亲疏、情面大小，一般情况下当事户都能得到相对公平的对待，获得己方可以接受的用水权利。如嘉庆二十三年（1818）左右甘肃直隶秦州秦安县事例：“杨奉祖因与小功堂叔杨化南场堆地毗连，该犯场内流泄，嗣杨化南筑墙阻住水路，该犯向其恳求挖墙泄水不允，往邀小功叔祖杨维会调处劝解。”①不过，在聚族而居的村落社会里，调解这种用水纠纷基本上属于家族之事，甚至很少被故意地传播到村落之外，所以也很少见诸记载。

（二）水头调解

水头是若干村落共用沟渠的管理者、共用沟渠修建的组织者和水利使用秩序的监督者。水头不是官府工作人员，而由村庄推选并得到官府认可，履职后会得到官府提供的一定福利。由于推选的水头出自一定村落，如果长期由一人担任，或从一村选派，难免会有碍公正，所以各村轮值也是常见现象。当村落与村落之间出现农业用水纠纷时，照理说，水头出面调解义不容辞。实际情况是，如果水头德高望重，做事公道，是可以完成调解任务的。刘丝如《刘氏家藏高门通渠水册序》记载：自家水程被人强占二十余年，后来找到了水权字据，“随央渠长及乡党、户族、亲房人等，与刘太忠之子刘升理论多次，将水寻回。滋灌田亩，至今数十年不爽”②。但由于这种争水事端往往涉及水头所在的村落和亲友，水头难以理性公正地平衡各方的水权诉求，所以村落之间的水权纠纷，有时并不通过水头调解。

（三）乡绅协调

众所周知，乡绅是清代基层社会的一个重要阶层，由具有科举身份且有较高文化水平的中小地主、退休回乡或长期赋闲居乡养病的中小官吏、宗族元老等人物构成。乡绅阶层在兴修水利、造桥修路等公益事业上表现突出，见识广博且在县域范围内都有特定影响，公信力较高。正如论者所指出的：“在日常生活中，士绅参与管理水资源，而当争水纠纷发生时，士绅通常起到直接采用习惯法调解纠纷和间接影响官府裁决的作用。”“乡绅一方面被地方官委任去协调争水双方的利害关系，另一方面则广泛地发动自己的社会资源与社会力量解决问题。”③由于乡绅对乡村社会非常了解，协调时能够情理兼顾，不仅成本低，而且成功率高。所以清代村落之间的争水问题，实际上多数

---

① 转引自王荣、郭勇：《清代水权纠纷解决机制：模式与选择》，兰州：《甘肃社会科学》2007 年第 5 期，第 99 页。

② 转引自卞建宁：《民国时期关中地区乡村水利制度的继承与革新——以龙洞—泾惠渠灌区为例进行研究》，北京：《古今农业》2006 年第 2 期，第 74 页。

③ 牛静岩：《中国乡村争水问题研究的三种视角》，桂林：《社会科学家》2013 年第 2 期，第 48-49 页。

是由乡绅阶层出面协调解决的，而这在水利碑刻上有明显记录。[1]

（四）诉讼解决

整体上说，传统中国的乡土社会受儒家思想的熏染，有“以讼为耻”的社会氛围。清代基层社会也是如此，所以农业用水权纠纷多数是通过民间方式解决的。如果民间方式解决不了，就会诉诸县府。由于农业用水问题关系到基层民众的生产生活，县府一般都很重视并尽快加以处理。由于县府官员具有权威性，掌握详细的历史档案，法律知识全面，判断和解释水平高，水权纠纷经过地方官的审断，一般会得到解决与宁息。但是，通过诉讼解决水权纠纷问题，成本比较高，正如论者所指出的：首先是经济成本大，从买状纸到交纳诉讼费，对于很多农户而言是不小的负担。其次，人际关系成本大。“衙门八字开，有理无钱莫进来。”诉讼有可能牵扯到复杂的幕后运作和人际关系，一般人并不愿意卷入其中。再次，时间成本高。诉讼要走固定程序，而农业用水是要赶时间的，二者一有差错，即使赢了官司，也照样赔了粮食。

在实际调解过程中，上述方式经常是综合运用的。比如水头主持调解时，经常要求宗族长老和地方乡绅参与，反之亦然。而官府处理水权纠纷，既要讲法理、法据，也会尊重长老、水头和乡绅的意见，以尽量做到合情合理。

二、清代农业用水权的确认

村落之间的农业用水权纠纷经过水头调解、乡绅协调、官府审断并得到当事双（各）方认可后，需要一个水权确认的环节，以在此后的长时间内对当事双（各）方形成规约。确认的方式一般有三种：立碑、执契、入志。

（1）立水利碑。如果水权纠纷系由官府审断得以解决，一般都会立碑记事，以为规约，如雷州高雷镇扶柳村宣统元年（1909）水利碑记载：

兹会各绅，既经诣勘明确，亦以水利为国课所关，不忍此盈彼绌，断令两造水道仍照旧址，原流均沾，各管各沟。尔扶柳被大群毁凿之处，照原修复。两村息讼，以免滋事，两造均各悦服，遵断具结完结。除将讯断情形绘图样呈府宪立案，以杜翻控外，合行给谕。为此谕，仰兹两村人等节便勒碑遵守，以

① 张小军：《复合产权：一个实质论和资本体系的视角——山西介休洪山泉的历史水权个案研究》，北京：《社会学研究》2007年第4期，第48-49页。

垂久远。①

从“兹会各绅”“仰兹两村人等节便勒碑遵守”措辞及语气判断，碑由水权纠纷双方筹资，而以官府名义建立。

而通过民间协调方式化解纠纷的，如果影响较大，一般也会立碑以示警诫，申明水权。如咸丰九年（1859）《处理泉水堰纠纷碑》记载：

不料今岁七月十六日，有张文兴之子张武刚，陈正秀之孙陈二狗，李普之侄李茂春等，复恃强违例，将此堰上流截拦，勺水不下。堰长、田户情急往查，拿获伊等护庠、水车等物，即欲具禀恳究。伊等自觉情罪难容，请托武举关雄望邀约牌内绅士、田户说合，伊等情愿认立石碑，以志规例；演戏三日，晓众警顽。自此之后，勺水不敢入于旱田。②

从碑文记述可知，这是上游若干民户违反堰规偷水，被堰长（水头）带领下游田户拿获了罪证。最后通过地方士绅、堰渠管理者、上下游田户的协调，给予当事人惩罚：出钱立碑、请人演戏三日以示认错。

水利碑具有公信力，所以立水利碑，一般由官府指示。如果民间立水利碑，也要向官府报备。

（2）执水权纸质契约。中国传统社会的农业用水权基本上是随附地权的，一般简称为“以地定水”“水随地走”，所以转让地权的合约上往往有对相关水权的简要说明。如高台地区发现的嘉庆十年（1805）《王孟圣等绝卖田地文契》：

当中言明，作实价银每亩五两，共实价银贰拾叁两整，过粮画字银在内，同中交足，并不短少，亦无私债勒逼情弊，随地官粮每亩陆升五合，共粮三斗，税草束肆分五厘，沟壹日半，节年随地上纳，如有明示，听从过割。③

① 转引自陈国威：《清代雷州的水权问题探析——源于雷州一块清代水利碑刻》，南昌：《农业考古》2017年第4期，第133页。

② 转引自佳宏伟：《水资源环境变迁与乡村社会控制——以清代汉中府的堰渠水利为中心》，开封：《史学月刊》2005年第4期，第17页。

③ 转引自谢继忠：《清代至民国时期黑河流域的水权交易及其特点——以新发现的高台、金塔契约文书为中心》，济南：《理论学刊》2019年第4期，第163页。

“沟壹日半”表示，购买田地者自然获得相关用水权，即在一个排水周期内，该块田地能获得一天半的给水时间，这是通过契约确定“时间水权”。另如高台地区发现的道光十年(1830)的《许士荣等典田地水分文契》，对水权描述也很明确：“今将东山上泉水田地贰段，水一分，五人商议妥当，情愿典与堂兄许士秀名下耕种浇泡。”①

至于民间地水分离式的农业水权交易，也常执纸契为证。如乾隆十六年(1751)红河三村乡民为买卖水源订立契约：

立卖水源地界立约人周者得、宗枝甫、李三隆，系猛里娘铺二村居住，为因打洞村人尾得娘铺水源二箐，打洞荒山无能开成田亩，二寨公同商议，情愿立约卖到打洞村。罗相文、杨运初、罗仲德名下实买，得价纹银肆佰两整，入手应用。自卖之后，任随打洞村众人开放随挖，并无威逼等情。日后别寨不得异言，倘有异言，二寨一力承当。此系二比情愿，恐后无凭，立此卖契文约为据。②

纸契里规定了水权转让的内容、水权转让的价钱和经手人等详细情况。而且契文明确，一旦出现对于这份契约质疑的意见，水权转让双方为持共同立场的当事人，这些规定翔实并有针对性。

确认水权的纸契，一般是当事方各执一份，中人签字。但清代有些地方拟订民间水(地)权契约时，会购买官府提供的契约版本，并另外花钱存入官府的档案以备查证。

(3)载入地方志。一些具有地标意义的水利碑志，自然会被载入地方志，其中必然蕴含着水权确认的内容。一般知县及以上级别官员亲自出面解决的农业用水纠纷，其水权确认情况会见载于地方志。如清雍正十年(1732)，知府叶思华为审理水利纷争，亲自到场勘察，发现问题出在闸板积水过多，就将闸板减为三块，每块由原来的宽 8 寸、高 4 尺减为宽 4 寸、高 2 尺，“其启闭

① 转引自谢继忠：《清代至民国时期黑河流域的水权交易及其特点—以新发现的高台、金塔契约文书为中心》，济南：《理论学刊》2019 年第 4 期，第 163 页。

② 转引自王亚军：《从清代契约透视哈尼族农耕文明》，南昌：《农业考古》2012 年第 3 期，第 236 页。

惟以旧碑中字为准则”，若水位超过中字，就提二板泄水，以免塘上淹没。若水位降到中字以下，则提一板以资塘下灌溉。若水位保持在中字水平，则三板俱札，不得擅自开启或堵塞。此事载入光绪年间编撰的《遂溪县志》。[①] 又，直隶南雄州和丰陂下有三个村为争夺水源发生争斗，知州罗含章倡导修建均丰陂，并立规约：“沙水村放水一分，田心村放水二分，虎冈头村放水四分半。”此事见载于道光年间编撰的《直隶南雄州志》。[②]

当不同县、府之间出现水利纠纷时，维权的一方往往要在地方志中记载争取到的水权。镇番县农业用水来自武威县上游，武威县曾屡次支持居民开挖镇番县上游水道，以引渠垦殖荒地，均为镇番县所阻止。后来两县长官各自到上一级行政机构陈情，而府官做出了有利于镇番县的判决结果。镇番县为了明确水权，就将详细的争水案情记入地方志中，以期永垂，而免日后纷争。根据学界相关研究，镇番县为了宣示拥有上游武威县境内河道水权的合法性，特地将其命名为“石羊河”，并在镇番县志中加以界定。乾隆十四年(1749)编纂的《五凉全志》，认可了下游镇番县塑造的“石羊河”名，而所指代的武威县境内河流范围也得以划定。[③] 这意味着，由于府级地方志明确记载了“石羊河”，这相当于在法律层面上作了规定，其流域范围在武威县境内的，农业用水权归镇番县，武威县不得侵犯。

三、小结

清代农业用水权的调解和认定，可以说方式丰富多样，且能交互为用，与中国传统社会的政治社会结构相协调，整体而言能够形成良好的农业用水治理生态。随着我国传统农耕体系的解体，上述方法多已不再适用，但其所提供的“民间自治—乡绅协调—政府审断”的水权调解方式，对现在基层社会治理的多个方面，仍然有一定的启示意义。

---

① 乔素玲：《从地方志看明清广东的水权纷争及其解决》，北京：《中国地方志》2008 年第 9 期，第 47 页。

② 乔素玲：《从地方志看明清广东的水权纷争及其解决》，北京：《中国地方志》2008 年第 9 期，第 47 页。

③ 许博：《塑造河名　构建水权——以清代“石羊河”名为中心的考察》，西安：《中国历史地理论丛》2013 年第 1 期，第 122-126 页。

第六节 清代治水经验的公共管理学解读

清代水资源的利用与管理,从最高统治者到普通百姓都很重视。一方面因为人口增长,耕地开垦面积大增,加剧了水资源的紧张;另一方面水资源利用还受到了旱涝灾害频繁发生的影响。民间力量广泛、深入地参与到基层治水事务中,发挥着重要影响;而完善的水资源管理制度覆盖了从中央到地方的各级政府部门,明确了相关官员在治水问题上的具体职责。但是,清代治水成效并不理想,并表现出了制度困境。这种治水的制度困境主要包括两个方面的内容:一是官府设计了良好的制度,但没有产生相应的治水效果;二是新的水环境治理问题出现,没有相应的制度设计加以应对。

清朝中央政府主导设计的河工制,从上到下分别设置了河、道、厅、汛、堡五个层级,组成了垂直管理机构体系,明确了各层级、各部门的治水职责;同时,推行工程责任追究与赔修制度,每个河段都有专人专职负责,一旦出现问题则相应官员需要按规定支付赔偿款项并负责修复该河段。此外,对于工程的经费预算也有较为严格的使用管理制度以控制治河成本。从制度逻辑的完整性来看,这可以说是中国古代社会治水制度顶层设计的巅峰之作,制度完善程度达到了前所未有的水平。但是,由于清代官场贪污风气盛行,而治水衙门又是巨量钱物聚集之所,腐败空间与贪冒运作余地较大,导致治河成本极高而成效增益不大。这说明,完善的政府制度设计需要有廉洁高效的组织体系去实施,这要求组织体系的工作具有开放性,能公开接受社会的监督。但清代河工体系恰恰是封闭运作的,一般民众和社会组织难以对其进行监督。

清代基层治水所奉行的乡绅协商制,得到了官府和民间的双重认可,体现了基层社会自治的必要性与可能性,在解决基层水资源管理和分配问题方面发挥了重要的社会功能。但是,清代人口较之明代翻了几番,而可耕种的土地和可使用的水资源并没有成比例地相应增长,这就导致社会基层人均可耕种土地面积及可分配的水资源大量减少,以至于出现水权分化趋于细密的局面,从而形成民众争水纠纷大量发生的用水内卷现象。可以说,乡绅协商制虽然有助于协调解决众多个案性质的社会基层水资源分配问题,但在为基层民众大量增加可用水资源方面并无办法,因而不能从根本上对社会基层实行有效治水。或者说,乡绅协商制是一种有关人事的良性社会机制,但是人多水少的用水内卷问题,需要通过现代先进技术来解决。

水污染问题在清代以前一直就有,但农业时代乡村地区对受污染水的自我消化能力强,使其不足以构成社会公共问题。明代及之前,除宋代之外,一般都是通过控制居住人口数量的方式将水污染问题留置于城市核心区之外。即使在宋代,城市水污染问题也多来自居民生活,整治起来相对容易。清代水污染问题情况不一样,由于鸦片战争以后西方工业生产方式、西方城市人口消费观念逐渐产生影响,近代工业污染扩散到城市和城郊的广阔地域,近代城市生活方式也催生出新型的水污染形态。时值社会形态转型期,民众一方面逐渐涣散了既有的公共环境道德观念,另一方面又找不到可以遵照的新环境伦理体系,对水污染消极应对。而脆弱的清政府自保不暇,对水污染造成的近代公共环境问题认知不深,理解不足,无能力去进行针对水污染问题的制度设计。所以晚清时期的水污染问题具有近代社会的属性,封建性质的清政府对新型水污染的管理处在“制度缺失”的困境之中,只能放任水污染问题不断恶化。

第十章 民国时期治水情况与特点

第一节
治水现代化的开端：民国时期水资源管理格局一新

中华民国在性质上是辛亥革命以后建立的民主共和国，与传统封建皇权时代相比，从政权组织方式到基层社会形态都发生了翻天覆地的变化。水资源的利用与管理形态，自然也随着形势发展相应变化。就与水资源相关的社会景象而言，民国时期与以往可谓迥然不同，如水上警察机构代替了水师系统，渔业公司出现并主导水产经营，而江河治理工地上普遍用上了电力驱动的现代设备。水资源管理形态焕然一新，展示了深层次的社会变革，标志着水资源管理进入了现代化进程。

一、建立了现代水利管理体系

清代及以前的水利管理，主要有两大系统：朝廷层面的监管决策机构和基层工程实施系统。朝廷层面的监管决策机构有着明显的人治色彩，而基层工程实施系统在一定程度上有着“占山割据”的性质，二者都有着浓厚的封建衙门习气。而民国时期建立的水利部门，具有显著的现代行政管理特征，监管决策比较强调规则程序，基层工程实施也成为公共管理事业的一部分。南京国民政府对水利部门在当时行政管理体系中的安排，体现了根据实际情况不断提高行政效率的现代追求。根据夏茂粹《民国时期的国家水政》、曹必宏《南京国民政府时期中央主管水利机关概述》等论文，民国时期水利部门的建构、变迁与整顿情况大致如下。

（一）北洋军阀统治时期

民国成立之初，国家水利事务办理沿袭旧制，为内务、农商两个部门分别主管，在内务部属于土木司管理，在农商部属于农林司管理。从现代行政管理体制安排的角度看，这存在职权范围混杂的问题。1914 年，北洋军阀政府设置全国水利局，置总裁一人，总理全国水政，但内务、农商两个部门仍然有

处理水务的职权。之后,北洋军阀政府又设置许多水政机构:

1915 年,设督办广东治河事宜处。

1917 年,设顺直水利委员会。

1918 年,设督办运河工程总局,专办河北、山东两省运河工程事宜。

1920 年,又设督办江苏运河工程局及督办苏浙太湖水利工程局。

1922 年,设扬子江水道讨论委员会(后改名为"扬子江水道整理委员会")。

但这些机构不仅基本称谓有所不同,而且分属不同体系,有的属于国务院,有的由多个部门分派人员组合而成,隶属于全国水利局的只有江苏导淮测量处。对于地方河道的管理,中央一直未设专管机关,由大多数省自行设"局"处理。① 这一时期,没有形成统一的水政管理体系。由于条块掺杂、各地自管,同一条河流的管理政出多门就成了常态。系统庞杂导致水政难以统筹,互相扯皮导致效率低下,钱财浪费等弊端突出,统一水政成为亟须解决的问题。

(二)南京国民政府统治前期②

南京国民政府建立初期,水政职能分散在不同部门,内政部负责水利调查测绘和水源水道的保护、水灾防御,建设委员会主管水利建设(1933 年改归内政部),农田水利由实业部负责,河流疏浚职能属于交通部,而黄浦江的治理则由外交部负责。对一些重要河流,则分别设有专门委员会,如导淮委员会、黄河水利委员会、督办广东治河事宜处、太湖流域水利工程处(后改名为"太湖流域水利委员会")、华北水利委员会(由顺直水利委员会改组而成)、整理海河善后工程处等。过去水政职能混杂不清的情况依然存在,而且到了非解决不可的程度。

1932 年 12 月,南京国民政府内政部拟定《统一全国水利行政以利建设案》,并经第二次全国内政会议讨论修正通过。国民党中央政治会议指定委员,会同外交、内政、财政、实业、交通等部代表对此案进行审议后,呈经政治会议第 371 次会议议决通过,并转令行政院拟具整理办法。又经过国民党中

① 夏茂粹:《民国时期的国家水政》,上海:《档案与史学》1999 年第 1 期,第 65-66 转 71 页。王资峰:《中国流域水环境管理机构演变论析》,昆明:《云南行政学院学报》2012 年第 6 期,第 85-89 页。

② 曹必宏:《南京国民政府时期中央主管水利机关概述》,南京:《民国档案》1990 年第 4 期,第 125-127 页。

央政治会议第394次会议决议，最终于第415次会议修正通过。该案主要内容，就是决定“全国经济委员会为全国水利的总机关，原属各部会掌理之有关水利事项，统交全国经济委员会办理”。从1934年12月1日起，全国经济委员会开始接收原属不同主管部门的水利机构，全国水资源的行政管理得以统一。南京国民政府统一水政，经过科学论证、公开讨论和程序审查，是具有现代内涵的理性决策。

（三）全面抗日战争开始之后

全面抗日战争时期，和平发展的社会环境不复存在，水资源行政管理格局也随着形势需要屡经变更。1938年在新成立的经济部下设水利司。1941年9月，设立水利委员会，直属行政院，虽只是接管经济部水利司的部分职能，但这是中央专设的水利行政机关，水利部门行政级别得到提高。抗日战争胜利之后，为适应经济建设的需要，南京国民政府行政院于1947年4月将行政院水利委员会扩大并改组为水利部，仍直属于行政院，掌管全国水利行政事宜。水利部的设置，标志着现代水利管理体系格局的形成。中华人民共和国成立之后，仍沿用了“水利部”的行政建制。

二、水利教育和科学研究事业的兴起

以科学研究为基础，不断推进和发展水利事业，这是水资源管理现代化的重要标志。在民国时期，水利教育科研事业蓬勃发展，主要表现在创办水利期刊、兴办水利教育、组建水利学术协会和召开学术会议等。①

（一）兴办水利教育

据刘建华《中国近代水利教育发展初探》，张謇倡导建立的河海工程测绘养成所“以储治水第一步之人材，其学科专修工程测绘，入学学生，以中学毕业或有中学相当之程度者为合格，毕业年限为二年”。教育方针为：注重学生道德思想与身体健康，以养成高尚之人格与勤勉耐劳之习惯；教授河海工程上必需之学理技术，注重实地练习，以养成切实应用之智识。凡测绘养成所毕业生，由全国水利局及该省巡按使指派服务3年。这是现代水利教育兴起的标志，之后江苏省河海工程测绘养成所、山东省河海工程测绘养成所、河南

① 侯玉婷、沈志忠：《近代中国水利事业建制化研究》，南京：《中国农史》2020年第1期，第25-35页。

省水利工程测绘养成所等，都是受此影响而建立的。

1915年成立的河海工程专门学校，是我国第一所高等水利工程学校。在此基础上，1924年设立"河海工科大学"，从此水利教育事业有了大学建制，之后不少大学成立水利院系，开设的科目有"引水学""水利学""城市泄洪学""河渠学""隧道学""河海工程""城市地下工程""城市工程学"等，水利专业课程内容逐渐丰富，形成了较为完整的水利学科格局。

（二）创办水利期刊

根据侯玉婷、沈志忠《近代中国水利事业建制化研究》，民国时期共出版水利科技期刊50种。其中对我国水利学科产生较大影响的有《河海月刊》《河海周报》《河海季刊》《江苏水利协会杂志》《水利》《督办江苏运河工程局季刊》《太湖流域水利季刊》《水利杂志》《督办广东治河事宜处报告书》《华北水利月刊》《扬子江水道整理委员会月刊》《陕西水利月刊》《黄河水利月刊》《水利周刊》《浙江省水利建设汇刊》《水利特刊》《行政院水利委员会季刊》《西北水声》《水文气象简报》《水利署水利季刊》《水工》《黄河流域水利工程专科学校校刊》《黄河通讯》《黄河堵口复堤工程局月刊》《水利通讯》《长江水利季刊》《水力通讯》等。

在上述期刊中，作为中国水利工程学会会刊的《水利》最有成就、最有影响力。《水利》创刊于1931年7月，到1948年3月停刊，十余年里刊载了一大批水利精英的文章，对民国时期水利科学知识的传播、水利科学的研究和水利人才的培养产生了关键影响。[①] 通过这些期刊崭露头角的水利人才如张含英等，后来为新中国的水利事业做出了重要贡献。

（三）组建学术协会和召开学术会议

1931年4月，中国水利工程学会在李书田、孙辅世等的努力下成立，学会驻址南京，宗旨为"联络水利工程同志，研究水利学术，促进水利建设"。该学会在全国水利工程的规划与启动、水利科研的执行与监督、水利会议的组织等方面，发挥了重要作用。1946—1947年，中国水利工程学会又在济南、南京、福州、桂林、长沙等城市成立21个分会。根据侯玉婷、沈志忠《近代中国水利事业建制化研究》，民国时期中国水利工程学会的成立加速了中国水利技术由传统向近现代转型，会员中有海外背景的技术人才比例较高，能在中

① 宋孝忠：《〈水利〉期刊的创办及对水利科技的贡献》，郑州：《华北水利水电大学学报》（社会科学版）2017年第3期，第43-46页。

国水利建设中成功应用发达国家的先进理论和技术，而且他们与政界实现了良性配合，取得了以水利建设事业推进社会变革的效果。学会自1931年成立到抗战胜利，除去1937—1940年，每年都举办年会。每届年会不仅以讨论、提案形式解决水利事务，还举行演讲，并安排学会领导人向社会公开演讲。受此影响，民国时期各地小型水利会议也基本上能秉持务实作风，解决了不少水利问题。[①]

三、确立了现代水利法律法规体系

中国古代是农业大国，与封建时代和农业社会相适配的水利法律法规形成了独特体系。民国时期重起炉灶，整体而言确立了具有现代内涵的水利法律法规体系，为我国水资源管理的法制化做了不少基础性的工作。

首先，民国时期有关水利的法律法规数量多，形成了现代水利法治体系基本格局。郭成伟、薛显林《民国时期水利法制研究》附录“民国时期水利法律法规”29种：

《水利部组织法》《水利建设纲领实施办法》《利用义务劳动兴办水利实施办法》《兴办水利奖励条例》《行政院水利委员会中国农民银行会同推进各省农田水利联系修正办法》《各省酌拨田赋超收部分成数兴办农田水利办法》《乡镇储蓄拨充地方造产部分提成兴办农田水利办法》《农田水利贷款合约蓝本》《办理各县小型农田水利贷款暂行办法纲要》《行政院水利委员会派驻各省区农田水利视察工程师服务规则》《整理江湖沿岸农田水利办法大纲》《整理江湖沿岸农田水利办法大纲执行办法》《灌溉事业管理养护规则》《行政院水利委员会整理航道工程竞赛实施办法》《行政院水利委员会所属各查勘队测量队及水文站工作竞赛实施办法》《奖助民营水力工业办法》《江苏省各县征工浚河规程》《江苏省制止围垦太湖湖田办法大纲》《江苏省各县修筑圩堤暂行办法》《陕西省水利通则》《水利建设纲领》《水利法》《水权登记规则》《水权登记费征收办法》《水利法施行细则》《河套灌区水利章程十条》《宁夏灌区管理规则》《陕西省泾惠渠灌溉管理规则》《黄河水利委员会防护堤坝办法》。

---

① 侯玉婷、沈志忠：《近代中国水利事业建制化研究》，南京：《中国农史》2020年第1期，第25-35页。

这些显然并非民国时期全部的水利法律法规，但足以看出，其中既有水利的基本法则，又有组织办法，还有实施细则；既有宏观的水利通则，也有关于具体问题的细则；既有全国性法律，也有地方性的法规；可以说格局是较为完整的。

其次，民国时期有关水利的法律法规现代特征明显。(1)表达形式的现代化。文本整体上用白话文，不使用文言文是基本倾向，对水利相关人的权力、责任、义务的表述更为清晰明确。在统计数据上，多用阿拉伯数字表示。有的法规如《行政院水利委员会所属各查勘队测量队及水文站工作竞赛实施办法》，还使用英文字母“a\b\c”来标示行文层次。(2)借鉴了西方水利法律法规。中国古代水法也重视水权的确认，但主要是为了解决实际用水过程中产生的水事纠纷问题，并没有上升到制度层面对水权确权作原则性规定。民国时期的《水利法》第三章为“水权”，列11条；第四章为“水权之登记”，列17条。此外，《水权登记规则》和《水利法施行细则》中有关规定，对明确水权问题作了更为详细的说明。水权法则在民国时期的《水利法》中占据核心地位，这明显受到西方水利法治思想的影响，将水权确权以成文法的形式确立下来，作为水资源分配、利用的制度性依据。(3)显示了民国时期的新思想、新观念。相关水利法律法规使用“人民”这个概念，如《水利法》第二章第十二条：“人民兴办水利事业，经主管机关核准后，得依法组织水利团体或公司。”《水利法施行细则》第二章第六条：“人民依水利法第十一条，设立水利参事会，其组织章程应呈经中央主管机关核定之。”而水资源管理的公共性也得到了强调，如《水利法》第三章第二十三条提出私人水权要服从于公共事业的需要；第八章第六十七、六十八条则提出，对违反水资源管理规则导致公共危险者，要予以惩罚。

四、小结

尽管民国时期水资源管理展现了新格局，但由于其处在新旧交替的社会转型期，加上国家处于战乱动荡状态，所以只能说是初具现代水资源管理形态，实际成就不尽如人意。水利行政管理体制不稳定，屡屡发生变更。水利教育和水利研究事业常为经费短缺所困，难以持续健康地发展。而水利法律法规受制于旧有习惯，施行效果往往大打折扣。这就决定了民国时期水资源管理体系，虽为我国现代水资源管理开辟先路，但在性质上只能是由旧中国到新中国过渡的时代产物。

第二节
民国时期南京的水道治理

在民国时期，南京是中国最为重要的城市，特别是在1927年民国政府定都于此之后。随着国际化都市定位的确立，民国时期南京城市内河治理也逐步得到重视。总而言之，这一阶段南京城市治水是不成功的，但具有转型期的特点。民国时期南京城市内河治理的主要问题体现在以下两个方面。

一、内涝灾害频繁发生

南京城紧邻长江，汛期若江水高涨，不仅城内积水无法排泄，而且江潮升至高位后会倒灌入城。所以明清时期修筑了东、西水关等堤防水闸，防止江水倒灌入城。民国之后，东、西水关年久失修不能发挥效用，加剧了南京城的内涝，每逢大雨，南京城尽成泽国，如1921年、1922年、1923年，南京城均因大雨出现严重内涝，交通运输、粮食供应、市场营业等民生事业受到全方位影响。低洼处居民的棚户房屋，有多处倒塌。特别是1931年出现全国性大水灾，南京城大面积内涝，城内积水无处宣泄，而长江水位暴涨，江水倒灌入城，灾情极为严重：

南京除紫金山脚、雨花台畔等高地外，一片汪洋，全城淹水处陆地行舟，小船经成贤街可一直撑到太平门。一般受淹地区，2—3个月后水才退去。

电厂被迫停产，铁路运输中断，郊区各圩皆溃，梅子洲死亡百余人，全市共有灾民4.5万余人。①

南京城容易产生内涝的原因，出于其自然气候和地理位置，这是难以改

① 南京市地方志编纂委员会编写：《南京水利志》，深圳：海天出版社1994年版，第280页。

变的。在人为避免和消减内涝的层面,当时其实已经大致有定论:一是根据南京城现代化建设的需要,对明清时期遗留的排水管道设施进行修整改造;二是内秦淮河水道、白鹭洲水道、道路沟渠等排水沟渠经常淤塞不通,要加以疏浚;三是寄希望于南京城市沿水居民提高自身素质自觉保护水体,不将废物倾入水体,也不去侵占河岸、填埋河道来兴建房屋,以保持水体的蓄水能力,维持河道的正常深度。

二、水体污染

民国时期南京城市人口急剧增加,而城市的公共设施保障水平和民众的生活素质并未明显提高,产业、居民的排泄物和废弃物进入水体,以及城市内河向长江宣泄不畅,使得水体污染成为长期存在的问题。如 1926 年夏天酷热少水,市民多从水源地东水关汲水,饮水不洁导致病疫大规模流行。秦淮河是南京名胜,但水体污染也一直严重。1927 年,一位外地游客到了秦淮河之后感慨:

一朝亲临不免令人失望,污秽臭腥的沟水,简陋狭隘的房屋,一到了这地方就使你伤心失意,只觉得软绵绵地如坐在一个污秽的烂絮筐里。[①]

1933 年一位作者在《中央日报》发表文章,说秦淮河只是一条大阴沟:

水是浑浊的、深黑的,简直是鱼虾不幸的刑场,水发出教你不愉快的一种化学上的臭味。[②]

1936 年有一篇文章中写道:

和南京离开已经快五年了,五年来的南京已经大大地改变了。马路已比从前加多,街道也比从前整齐,只是秦淮河还是臭水一沟。[③]

秦淮河是南京最重要的内河,污染都如此严重,民国时期南京城市水体

① 佚名:《寄新都友人的信》,上海:《申报》,1927 年 8 月 25 日第 19 版。
② 佚名:《南京的臭阴沟》,南京:《中央日报》1933 年 7 月 18 日第 8 版。
③ 佚名:《问话南京》,上海:《申报》,1936 年 8 月 4 日第 18 版。

的整体污染情况之严重由此可见一斑。这已经成为当时民众诟病、备受媒体关注的社会民生问题。而且，1927 年之后南京是民国首都，各国外交人员往来频繁，水体污染严重无疑也会影响国民政府的国际形象。对南京城水体污染进行治理，实际上成为民国时期各级政府和社会各界的共识。

由于有共识、有定论，民国时期的中央政府、江苏省政府和南京市政府对南京内河治理一事算是相当重视的。但受时代局限，民国时期南京内河治理整体上是不成功的。原因大致如下。

（一）出于转型之困

民国时期是中国由封建帝制向民主共和制艰难转型的阵痛阶段。旧时代南京内河治理，官府的作用主要是出面号召，真正的治水工作由地方士绅主持办理。尽管士绅主持的治水有诸多缺陷，南京内河治理的成效也未可称道，但确实形成了广为认可的南京内河治理运作机制。国民政府建立之后，南京市政府制定了专门的治水法规，成立了专门的市政机构，经费来源固定化和制度化，成为南京内河治理的主体。但是，抛弃旧的治河运作机制后，新的治河工作如何开展，实际上是处于眉目不清的摸索阶段。

另一方面，作为民国首都的南京，虽以“现代化都市”作为建设目标，但其建设的基础和改造的对象，却是封建时代遗存的古都。是主要改造利用明清时代的排水系统和沟渠水道，还是推翻重新设计施工，当时民国政府并没有想清楚。而且，民国时期南京建设“现代化都市”的目标，是以西方发达国家城市为比照的，施政者关注的是马路、建筑、灯光和街道，对作为现代城市支撑的地下管道的铺设，并不重视也没有明确认识，更遑论掌握复杂的现代工程技术。

南京内河治理转型之困的典型表现，就是当时制定的《首都计划》。其中有关城市防洪规划部分，并非建立在工程勘测和科学设计的基础上，只是政策制定者根据通常情况估算所需水道、渠道的数量及规格，基本上属于没有施工价值的推想。

（二）受制于经费紧张

政府成为治水主体之后，南京市内河治理经费主要来自国民政府的财政补助。民国时期国弱民贫，又受 20 世纪 30 年代世界经济危机影响，军费开支巨大且不断增长。而河道治理工程耗费庞大，中央政府的财政补助入不敷出，这就导致河道治理、水利建设多次暂停施工，如城北下水道工程长期搁置，秦淮河疏浚一再拖延等。为完成治水工程，南京市政府曾呈请行政院转饬铁道部，希望在铁道附加税项目下拨款。但铁道部告知该项目钱款已用于辅助南京自来水建设，不愿意再行拨款。国民政府无计可施，就开会决议将荷兰庚款退还部分的65%，计国币130万元，作为专项水利经费。1935年5月，中荷庚款董事会议定，城南水利工程需费560余万元，议定75%用庚款，25%由市府负责。由于每年来自庚款的数额不足100万元，且须逐期拨付，而南京市政府自筹治水款项也非易事，所以经费实际上仍然有较大缺口。[①] 重点项目城南治河工程的经费都如此紧张，整个南京内河治理的经费紧缺情况可想而知。

（三）政局动荡导致治水难有功效

根据历史经验，治水项目要由特定负责人领导持续推进，才易见成效。但民国时期政局动荡，南京市市长变动频繁，给南京水道治理带来负面影响。自1927年国民政府定都南京，至1937年南京沦陷，11年间先后有刘纪文、何民魂、魏道明、谷正伦、石瑛、马俊超等7任市长，除石瑛任南京市市长3年，其余均未及2年。众所周知，南京城内水道治理费钱耗时，不容易见到政绩，预估到任期短的市长，一般不会在这方面着力。另一方面，政局动荡导致国民政府上下级关系未能理顺，下级政府难以正常履职。南京为国民政府首都，行政系统庞杂，市政机关备受掣肘，水道治理既定规划难以按部就班地开展。如马超俊就曾公开表示：

> 市府一切设施常为少数人所轻视，以为地方机关之政令可不必受其限制……本市处于首都最小机关之地位，一切庶政，推行不易。[②]

此外，国运沉沦，也导致南京水道治理事业中断。如前述利用退还庚款建设南京城南水利工程，由于政府关注，经费基本有保障，是有望成功的。但由于南京失陷，其最终被迫中止。

民国时期南京水道治理的困局表明，如果没有坚强有力的政府领导、健康和平的社会环境和充足可用的财政经费作为支撑，包括水务在内的城市建设是无法有效展开的。

---

① 刘亮：《清代至民国南京内河水环境治理模式演变研究》，北京：《中国地方志》2018年第6期，第72页。

② 《首都与南京》，南京：《南京市政府公报》1937年第176期，第156页。

第三节
民国时期治水经验的公共管理学解读

中华民国结束了中国几千年的封建帝制，推行共和政体，我国治水事业也在这个阶段开始迈向现代化。在短暂的37年里，由于战乱频发和时局动荡，不具备建设重大水利工程和整治重要水患的社会条件，民国治水也呈现为零散的状态，罕见治水成功的典型案例。但随着西方文化观念和先进科学技术的传入，我国治水理念、治水组织形式和治水技术方式也都出现变革，为中国治水事业实现现代化，指示了明确的方向。

方向之一就是治水要坚持科学与民主的基本原则。兴办专业性的高等水利教育、创办钻研技术问题的水利期刊、组织有关水利的学术团体并举办有关水利的学术研讨活动，是不见于历朝历代的传授与发展现代水利知识的科学活动，这将中国治水事业提高到了追求科学技术前进的层面。1932年12月南京国民政府内政部拟定《统一全国水利行政以利建设案》并经第二次全国内政会议讨论修正通过，这是按照现代行政程序出台的公共管理条例，具有现代公文的内涵。具有现代特征的水利法律法规体系确立，标志着治水成为全民参与的公共事业。而报刊这一新兴媒体发表水患问题的文章，促使治水言论成为人皆可言的公共舆论力量。行政措施、法律规定与舆论制约相互为用，体现了这一时期治水事业的民主化色彩。

方向之二就是治水要将现代科学技术与解决实际问题相结合。李仪祉是民国时期最有成就的治水名家，他通过到欧洲留学，掌握了治水的现代科学技术。回国后李仪祉在陕西主持建设了泾、渭、洛、梅“四大惠渠”，其中前期科学勘测工作就用了两年时间，体现了治水的科学态度，最终以较低的修建成本完成了泾惠渠等高质量水利工程。另一方面，由于民国时期局势动荡，人员难以组织，治水资金难以筹集，以现代科技运作较大规模工程如整治黄河等就难以实施。李仪祉曾提出按照“防洪、灌溉、航运、水力发电一体化”

的思路对黄河下游进行治理，显然是基于现代科学技术对河患进行整体治理的思路，但限于当时的局势紧张未能付诸实践。多种因素导致施工项目数量少，成为民国时期治水实践的短板。民国时期治水的这一困境表明，中国的水利科学技术不仅要向西方发达国家学习，也需要通过足够的项目工程实践，才能健康地发展。

方向之三就是要注意融汇西方工程技术与中国传统治水经验。民国时期南京城是首都，其水污染治理得到了各级政府和社会各界的广泛重视，所得到的经费支持在当时条件下可以说也是较多的，而且当时治水已经可以利用现代勘测技术、电灯照明、电话组织、电动设施挖掘、汽车搬运等手段实施，但南京城的水污染治理成效甚微。其中一个重要原因在于，西方工程技术对于在租界这样全新的地方系统地创建具有防洪、排涝、去污、饮用等综合性功能的水体设施，具有显著优势。但南京城水污染治理在性质上是对旧城防洪、排涝、去污、引用水体系统的改造，于是就有必要将西方较为先进的治水工程技术与中国传统治水经验结合起来。民国时期南京城水污染问题难以治理，一方面出于传统治水经验已经被当时的主事者所轻视，另一方面工作人员对利用现代治水工程技术改造旧城显得陌生，当然也就谈不上二者的有机结合了。

民国时期治水虽然成绩很小，但有破局之功。新中国成立以后，水利部门一定程度上顺承民国时期所提示的治水新方向并不断进步，完成了许多声名卓著的大型治水工程。

参考文献

图书：

1.[元]马端临.文献通考:第1册[M].北京:商务印书馆,1936.

2.[民国]武同举,赵世暹.再续行水金鉴[M].南京:中华民国水利委员会,1942.

3.淮南子[M].[东汉]高诱,注.北京:中华书局,1954.

4.[宋]王溥.唐会要[M].北京:中华书局,1955.

5.[宋]司马光.资治通鉴[M].[元]胡三省,音注.北京:中华书局,1956.

6.[清]毕沅.续资治通鉴[M].北京:中华书局,1957.

7.[清]严可均.全上古三代秦汉三国六朝文[M].北京:中华书局,1958.

8.[唐]皮日休.皮子文薮[M].北京:中华书局,1959.

9.[西汉]司马迁.史记[M].北京:中华书局,1959.

10.[元]陶宗仪.南村辍耕录:卷22:黄河源[M].北京:中华书局,1959.

11.[汉]班固.汉书[M].[唐]颜师古,注.北京:中华书局,1962.

12.[南朝·宋]范晔.后汉书[M].[唐]李贤,注.北京:中华书局,1965.

13.沈云龙.近代中国史料丛刊[M].台北:文海出版社,1966.

14.[宋]宋敏求.长安志[M].[清]毕沅,校证.台北:成文出版社,1970.

15.[晋]陈寿.三国志[M].[南朝·宋]裴松之,注.香港:中华书局香港分局,1971.

16.[唐]魏征,令狐德棻.隋书[M].北京:中华书局,1973.

17.[唐]姚思廉.梁书[M].北京:中华书局,1973.

18.[唐]房玄龄.晋书[M].北京:中华书局,1974.

19.[唐]姚思廉.陈书[M].北京:中华书局,1972.

20.[南朝·梁]沈约.宋书[M].北京:中华书局,1974.

21.[宋]欧阳修,宋祁.新唐书[M].北京:中华书局,1975.

22.[唐]李延寿.南史[M].北京:中华书局,1975.

23.[后晋]刘昫.旧唐书[M].北京:中华书局,1975.

24.[明]宋濂.元史[M].北京:中华书局,1976.

25.[元]脱脱.宋史[M].北京:中华书局,1977.

26.笔记小说大观:第28编第1册[M].台北:新兴书局,1977.

27.[唐]柳宗元.柳宗元集[M].北京:中华书局,1979.

28.[清]小横香室主人.清朝野史大观[M].上海:上海书店,1981.

29.[唐]欧阳询.艺文类聚[M].汪绍楹,校.上海:上海古籍出版社,1982.

30.[清]董诰,等.全唐文[M].北京:中华书局,1983.

31.[明]潘季驯.河防一览[M].台北:台湾商务印书馆,1983.

32.[唐]李吉甫.元和郡县图志[M].贺次君,点校.北京:中华书局,1983.

33.逯钦立.先秦汉魏晋南北朝诗[M].北京:中华书局,1983.

34.清实录[M].北京:中华书局,1985.

35.[宋]李昉.太平御览[M].北京:中华书局,1985.

36.[清]张德彝.航海述奇·欧美环游记[M]//钟叔河.走向世界丛书.长沙:岳麓书社,1985.

37.[宋]李焘.续资治通鉴长编[M].上海:上海古籍出版社,1986.

38.[明]潘季驯.河防一览[M].台北:台湾商务印书馆,1986.

39.马本旺.临桂县地名志[M].桂林:临桂县地名委员会,1986.

40.[唐]许嵩.建康实录[M].孟昭庚,孙述圻,伍贻业,等点校.上海:上海古籍出版社,1987.

41.张永禄.唐都长安[M].西安:西北大学出版社,1987.

42.[清]焦循.孟子正义[M].沈文倬,点校.北京:中华书局,1987.

43.国语[M].[三国·吴]韦昭,注.上海:上海书店,1987.

44.[英]李约瑟.四海之内:东方和西方的对话[M].劳陇,译.北京:北京三联书店,1987.

45.[唐]杜佑.通典[M].北京:中华书局,1988.

46.[元]马端临.续文献通考[M].杭州:浙江古籍出版社,1988.

47.黄河水利委员会黄河志总编辑室.历代治黄文选:下册[M].郑州:河南人民出版社,1989.

48.周礼·仪礼·礼记[M].陈戍国,点校.长沙:岳麓书社,1989.

49.[明]王琼.漕河图志[M].姚汉源,谭徐明,点校.北京:水利电力出版社,1990.

50.[清]陈康祺.郎潜纪闻四笔[M].褚家伟,张文玲,点校.北京:中华书局,1990.

51.李逸友.黑城出土文书:汉文文书卷[M].北京:科学出版社,1991.

52.[北魏]杨衒之.丛书集成初编:洛阳伽蓝记(及其他一种)[M].北京:中华书局,1991.

53.[唐]李林甫,等.唐六典[M].陈仲夫,点校.北京:中华书局,1992.

54.[汉]刘安,等著;许匡一,译注.淮南子全译[M].贵阳:贵州人民出版社,1993.

55.新刊四书五经:诗经集传[M].[宋]朱熹,注.北京:中国书店,1994.

56.南京市地方志编纂委员会.南京水利志[M].深圳:海天出版社,1994.

57.[清]徐松.河南志[M].高敏,点校.北京:中华书局,1994.

58.[北魏]郦道元.水经注[M].谭属春,陈爱平,点校.长沙:岳麓书社,1995.

59.[宋]王钦若.册府元龟[M].台北:台湾中华书局,1996.

60.[唐]杜佑.通典[M].颜品忠,点校.长沙:岳麓书社,1995.

61.《中国地方志集成》编辑委员会.中国地方志集成:江西府县志辑[M].南京:江苏古籍出版社,1996.

62.[清]冯桂芬.校邠庐抗议[M].戴扬本,评注.郑州:中州古籍出版社,1998.

63.何宁.淮南子集释[M].北京:中华书局,1998.

64.《十三经注疏》整理委员会.十三经注疏·周礼注疏(下)[M].北京:北京大学出版社,1999.

65.[清]严可均.全晋文[M].何宛平,珠峰旗云,王玉,等审订.北京:商务印书馆,1999.

66.[宋]周去非.岭外代答校注[M].杨武泉,校注.北京:中华书局,1999.

67.[宋]苏轼.苏轼全集[M].傅成,穆俦,点校.上海:上海古籍出版社,2000.

68.[清]包世臣.齐民四术[M].潘竟翰,点校.北京:中华书局,2001.

69.[战国]吕不韦.吕氏春秋新校释[M].陈奇猷,校释,上海:上海古籍出版社,2002.

70.《黄河水利史述要》编写组.黄河水利史述要[M].郑州:黄河水利出版社,2003.

71.[英]李约瑟.中国科学技术史[M].北京:科学出版社,2003.

72.尚书译注[M].李民,王健,译注.上海:上海古籍出版社,2004.

73.[元]脱脱.宋史[M].北京:中华书局,1977.

74.李修生.全元文[M].南京:凤凰出版社,2004.

75.中国水利水电科学研究院水利史研究室.再续行水金鉴:运河卷2[M].武汉:湖北人民出版社,2004.

76.[宋]李焘.续资治通鉴长编[M].北京:中华书局,2004.

77.何清谷.三辅黄图校释[M].北京:中华书局,2005.

78.郭成伟,薛显林.民国时期水利法制研究[M].北京:中国方正出版社,2005.

79.[清]王鸣盛.十七史商榷[M].黄曙辉,点校.上海:上海书店出版社,2005.

80.[唐]张鷟.朝野佥载[M].赵守俨,点校.北京:中华书局,2005.

81.[东汉]许慎,著;李翰文,译注.文白对照说文解字[M].北京:九州出版社,2006.

82.[唐]杜宝,著;辛德勇,辑校.大业杂记辑校[M].西安:三秦出版社,2006.

83.[北魏]郦道元,著;陈桥驿,校证.水经注校证[M].北京:中华书局,2007.

84.塔拉,杜建录,高国祥.中国藏黑水城汉文文献[M].北京:国家图书馆出版社,2008.

85.[晋]陈寿.三国志[M].[南朝·宋]裴松之,注.上海:上海古籍出版社,2009.

86.商君书[M].石磊,译注.北京:中华书局,2009.

87.漆侠.宋代经济史[M].北京:中华书局,2009.

88.[宋]郭允蹈,撰;赵炳清,校注.蜀鉴[M].北京:国家图书馆出版社,2010.

89.[唐]韩愈,著;刘真伦,岳珍,校注.韩愈文集汇校笺注[M].北京:中华书局,2010.

90.[唐]白居易,著;谢思炜,校注.白居易文集校注[M].北京:中华书局,2011.

91.[明]徐光启.农政全书[M].石声汉,点校.上海:上海古籍出版社,2011.

92.[北魏]杨衒之,著;周祖谟,校释.洛阳伽蓝记校释[M].北京:中华书局,2013.

93.[战国]荀况.荀子[M].[唐]杨倞,注.耿芸,标校.上海:上海古籍出版社,2014.

94.[清]徐松.宋会要辑稿[M].刘琳,刁忠民,舒大刚,等校点.上海:上海古籍出版社,2014.

95.[宋]苏颂.苏魏文公集[M].苏彦铭,李伟国,点校.上海:上海辞书出版社,2014.

96.[晋]常璩,著;刘琳,校注.《华阳国志》新校注:卷三:蜀志[M].成都:四川大学出版社,2015.

97.[晋]葛洪,著;金毅,校注.抱朴子内外篇校注[M].上海:上海古籍出版社,2018.

98.[清]郝懿行.山海经笺疏[M].沈海波,点校.上海:上海古籍出版社,2019.

99.[元]苏天爵.元朝名臣事略[M].姚景安,点校.北京:中华书局,2019.

期刊:

1.张荫麟.周代的封建社会[J].清华学报,1935(7):803-836.

2.李仪祉.陕西之灌溉事业:附图表[J].陕西水利季报,1936(2):1-27.

3.侯仁之.北京都市发展过程中的水源问题[J].北大学报,1955(1):139-165.

4.金曰寿.元代的水利建设[J].历史教学,1962(10):8-13.

5.钮仲勋.芍陂水利的历史研究[J].史学月刊,1965(4):32-36.

6.王涌泉,徐福龄.王景治河辨[J].人民黄河,1979(2):73-77.

7.方宗岱.对东汉王景治河的几点看法[J].人民黄河,1982(2):62-67.

8.郭涛.潘季驯以水治沙的治河方策[J].人民黄河,1983(1):72-75.

9.王鑫义.邓艾与石鳖屯[J].安徽大学学报(哲学社会科学版),1984(2):90-95.

10.许芝祥.芍陂工程的历史演变及其与社会经济的关系[J].中国农史,1984(4):43-63.

11.王绍良,黎沛虹.任仁发及其治理太湖的理论[J].中国水利,1984(12):33-34.

12.秦新林.试论元代北方水利灌溉事业成就[J].殷都学刊,1985(3):25-29.

13.秦新林.元代南方水利灌溉事业的成就[J].殷都学刊,1986(1):20-24.

14.郭涛.16 世纪的治河工程学——《河防一览》[J].中国水利,1987(1):44.

15.周国林.关于汉代亩产的估计[J].中国农史,1987(3):25-28,24.

16.王玉璧.明代民间治水专家　白英[J].水利天地,1987(5):30.

17.汪家伦.东吴屯田与农田水利的开发[J].中国农史,1989(1):57-64.

18.吴庆洲.唐长安在城市防洪上的失误[J].自然科学史研究,1990(3):290-296.

19.曹必宏.南京国民政府时期中央主管水利机关概述[J].民国档案,1990(4):125-127.

20.林正秋.古代杭州西湖的治理[J].杭州师范学院学报,1990(5):91-96.

21.周铮.潘季驯《河防一览图》考[J].中国历史博物馆馆刊,1992:109-120.

22.王永厚.明代京畿地区治水营田的一次实践——徐贞明及其《潞水客谈》[J].中国农史,1993(3):71-74.

23.韩榕桑.唐《水部式》(敦煌残卷)[J].中国水利,1993(7):7-9.

24.梁向明.汉代治河方略试析——兼评贾让的“治河三策”[J].固原师专学报,1994(1):40-43.

25.刘光亮.略论欧阳修至和河议[J].吉安师专学报(哲学社会科学),1995(S1):51-57.

26.周魁一.潘季驯“束水攻沙”治河思想历史地位辨析[J].水利学报,1996(8):1-7,15.

27.冉苒.元代水利实学思想及其历史地位[J].中南民族学院学报(哲学社会科学版),1996(3):80-84.

28.李敏,段绍伯.吴淞江的变迁和改道[J].学术月刊,1996(7):105-107.

29.许辉.东吴政权与东南地区经济的发展[J].江海学刊,1996(2):116-121.

30.黎沛虹,李可可.水利史研究的一项开创性成果——评《潘季驯评传》[J].治淮,1997(2):48-49.

31.刘蓬春.战国秦蜀楚巴对汉中、黔中的争夺[J].成都大学学报(社科版),1998(1):24-29.

32.夏茂粹.民国时期的国家水政[J].档案与史学,1999(1):65-66,71.

33.雷震.南宋时期汉中的屯田与水利[J].汉中师范学院学报(社会科学),1999(2):13-18.

34.张剑光,邹国慰.唐五代环太湖地区的水利建设[J].南京大学学报(哲学·人文·社会科学),1999(3):114-121.

35.冯贤亮.明代江南水利简史一种——介绍《明江南治水记》[J].文献,2000(1):251-259.

36.梁旭达,邓兰.汉代合浦郡与海上丝绸之路[J].广西民族研究,2001(3):86-91.

37.谢永平.元代两淮盐业与扬州城市的繁荣[J].扬州大学学报(人文社会科学版),2002(1):93-96.

38.侯起秀.潘季驯束水攻沙理论研究——兼论21世纪“水沙分离、高效输沙”治黄设想[J].水利规划设计,2002(2):30-35.

39.刘洋.唐代黄河流域的屯田与河患[J].中国水土保持,2003(11):37-39.

40.王颋.元代的吴淞江治理及干流“改道”问题[J].中国历史地理论丛,2003(4):83-91.

41.姜念古.白英治水[J].水利天地,2004(5):16.

42.陈广恩.试论元代开发黄河[J].江苏社会科学,2004(5):232-236.

43.佳宏伟.水资源环境变迁与乡村社会控制——以清代汉中府的堰渠水

利为中心[J].史学月刊,2005(4):14-21,32.

44.刘小平.唐代寺院的水碾硙经营[J].中国农史,2005(4):44-50.

45.卞建宁.民国时期关中地区乡村水利制度的继承与革新——以龙洞—泾惠渠灌区为例进行研究[J].古今农业,2006(2):68-77.

46.李晖.吴塘陂:一千八百年前的水利工程[J].古今农业,2006(3):38-43.

47.陈晓梅,张淮范.也谈贾鲁治河[J].河南水利,2006(11):45,48.

48.庾莉萍.元明清的黄河水患及治理[J].陕西水利,2006(6):35-37.

49.葛文玲.明代治河类著述略说[J].图书与情报,2007(2):107-110.

50.张小军.复合产权:一个实质论和资本体系的视角——山西介休洪山泉的历史水权个案研究[J].社会学研究,2007(4):23-50,243.

51.谢剑荣.郭守敬与京杭大运河的建造[J].河北学刊,2007(4):53.

52.何玉红.南宋西北战区军粮的消耗以及屯田与水利建设[J].中国农史,2007(3):70-79.

53.程龙.北宋西北沿边屯田的空间分布与发展差异[J].中国农史,2007(3):57-69.

54.孙果清.潘季驯与《河防一览图》[J].地图,2007(5):106-107.

55.王荣,郭勇.清代水权纠纷解决机制:模式与选择[J].甘肃社会科学,2007(5):99-103.

56.刘小花.清前期治边思想的新突破——对广西"一府两运河"独特现象的解读[J].广西地方志,2008(4):39-42,46.

57.乔素玲.从地方志看明清广东的水权纷争及其解决[J].中国地方志,2008(9):44-48.

58.王永宽.元代贾鲁治河的历史功绩[J].黄河科技大学学报,2008(5):50-52.

59.曹旅宁.释"徒隶"兼论秦刑徒的身份及刑期问题[J].上海师范大学学报(哲学社会科学版),2008(5):61-65.

60.李恩玮.邢台:郭守敬与京杭大运河[J].中国名城,2008(S1):29.

61.刘小平.水碾与中古水权管理制度述论[J].历史教学,2009(2):37-41.

62.衷海燕.清代佛山的水事纠纷研究[J].广东广播电视大学学报,2009

(2):31-36.

63.任红.从贾让到王景:两汉治河的双子星座[J].中国三峡,2009(6):86-91,2.

64.陈陆.马臻:“功也鉴湖　泪也鉴湖”[J].中国三峡,2009(8):82-89.

65.余小满.试论宋代城市发展及其管理制度变革[J].天中学刊,2009(6):98-102.

66.李艳,谢继忠.从黑城文书看元代亦集乃路的水利管理和纠纷[J].边疆经济与文化,2010(1):121-122.

67.陈陆.姜师度:盛唐繁华背后的治水良吏[J].中国三峡,2010(4):83-87.

68.王盼.由黑水城文书看亦集乃路民事纠纷的调解机制[J].西夏研究,2010(2):41-44.

69.唐凌.论清朝大修桂柳运河的功与过[J].广西地方志,2010(3):34-38,47.

70.张亚辉.灌溉制度与礼治精神——晋水灌溉制度的历史人类学考察[J].社会学研究,2010(4):143-174,245.

71.唐凌.清朝大修桂柳运河原因探析[J].广西师范大学学报(哲学社会科学版),2010(5):84-89.

72.纪国泰.大禹“岷山导江”与“开明决玉垒”传说的历史观照[J].西华大学学报(哲学社会科学版),2010(5):73-79.

73.肖爱.清代水事纠纷解决途径及其启示[J].广西政法管理干部学院学报,2011(1):34-38.

74.陈培新.西湖三堤与三朝“西湖长”——浅析白居易、苏轼、杨孟瑛对西湖保护的历史功绩[J].杭州(周刊),2011(8):66-67.

75.李麒.观念、制度与技术:从水案透视清代地方司法——以山西河东水利碑刻为中心的讨论[J].政法论坛,2011(5):85-93.

76.张曦堃,卜风贤.关中水利发展历史浅析[J].杨凌职业技术学院学报,2011(4):35-36,43.

77.张慧,张锦秋,赵秀萍,等.蒙、汉文化影响下的元代都城建设[J].河北工业大学学报(社会科学版),2011(4):68-73.

78.郭志安,王娟.北宋水碾硙业中的官私博弈[J].安徽农业科学,2012

(2):1239-1242.

79.庄宏忠,潘威.清代志桩及黄河“水报”制度运作初探——以陕州万锦滩为例[J].清史研究,2012(1):87-99.

80.陈陆.潘季驯:明代河工第一人[J].中国三峡,2012(2):82-89.

81.刘青.禹后一人——袁应泰[J].河南水利与南水北调,2012(9):15-16.

82.孔德翊.元代亦集乃路水资源与基层社会探析[J].西夏研究,2012(2):122-127.

83.丁义娟.“刑徒”与“徒刑”——兼论秦及汉初刑罚的种类[J].兰州学刊,2012(6):183-188.

84.林源.秦、汉复道、阁道与甬道建筑考[J].建筑师,2012(3):66-70.

85.霍红霞.元代亦集乃路水利管理初探[J].农业考古,2012(4):111-116.

86.金诗灿.清代中期的河工弊政及其治理[J].华北水利水电学院学报(社科版),2012(5):23-26.

87.王资峰.中国流域水环境管理机构演变论析[J].云南行政学院学报,2012(6):85-89.

88.许博.塑造河名　构建水权——以清代“石羊河”名为中心的考察[J].中国历史地理论丛,2013(1):117-126.

89.程森.自下而上:元以来沁河下游地区之用水秩序与社会互动[J].中国历史地理论丛,2013(1):94-106.

90.牛静岩.中国乡村争水问题研究的三种视角[J].社会科学家,2013(2):46-49,54.

91.庄宏忠,潘威.清代淮河水报制度建立及运作研究[J].安徽史学,2013(2):104-114.

92.张君弘.袁应泰史迹评述[J].文化学刊,2013(2):140-145.

93.王晓龙,杜敬红.论宋朝保州地区的军事防御举措[J].保定学院学报,2013(3):52-59.

94.潘建英,谷慧香.穿越时空的《芳溪堰档案》[J].浙江档案,2013(11):44-45.

95.吴超.元代亦集乃路土地开发与利用初探[J].开发研究,2013(6):153-157.

96.余新忠.清代城市水环境问题探析：兼论相关史料的解读与运用[J].历史研究，2013(6)：71-85，191.

97.朱年志.明代山东运河与沿运水柜的形成[J].前沿，2014(Z4)：226-229.

98.胡英泽.晋藩与晋水：明代山西宗藩与地方水利[J].中国历史地理论丛，2014(2)：122-135.

99.陈诗越，吴金甲.运河水柜——南四湖与北五湖的历史与变迁[J].聊城大学学报(社会科学版)，2014(4)：15-19.

100.周勋.论千金堨与魏晋时期洛阳城水利关系[J].安阳师范学院学报，2015(1)：60-64.

101.张振旭，李可可.元末贾鲁治河工程的初步研究[J].中国水利，2015(10)：62-64.

102.刘春田.徐贞明：从《潞水客谈》到治理京畿水利[J].中国三峡，2015(7)：102-106.

103.钱克金.从时空分布与工程价值看元代太湖流域水利的整治[J].中国社会经济史研究，2015(4)：18-27.

104.冯兵.隋唐五代时期城市供水系统初探[J].贵州社会科学，2016(5)：67-72.

105.卢勇.明代刘天和的治水思想与实践——兼论治黄分流、合流之辨[J].山西大学学报(哲学社会科学版)，2016(3)：68-73.

106.冯炜玥.论苏轼疏浚西湖之奏议[J].西部学刊，2016(6)：68-70.

107.郭守敬——水利之学世师法[J].河北水利，2016(9)：34.

108.卢勇.公地悲剧：嘉道之际治水过程中利益集团的形成及影响[J].江苏社会科学，2016(5)：256-262.

109.卢勇.《问水集》价值、版本及其卷数考[J].中国农史，2016(5)：100-105.

110.庞勃，樊志民.略论唐政府对关中水碾的管理[J].安阳工学院学报，2016(6)：46-49.

111.潘季驯——四治黄河立奇功[J].河北水利，2016(11)：31.

112.马臻修建人工大湖——鉴湖[J].浙江水利水电学院学报，2016(6)：90.

113.赵彦风.元代的黄河治理——以元人治河言论为中心的考察[J].赤峰学院学报(汉文哲学社会科学版),2017(3):12-15.

114.沈世培.南宋江南圩田开发中政府公共职能探析[J].中国农史,2017(2):87-101.

115.刘志松.清代河工贪冒考论[J].社会科学辑刊,2017(3):107-113.

116.宋孝忠.《水利》期刊的创办及对水利科技的贡献[J].华北水利水电大学学报(社会科学版),2017(3):43-46.

117.王战扬.历史视阈下宋代河道水环境污染、日常维护与堤岸绿化管理[J].学术探索,2017(6):99-105.

118.孙晓丹.秦及汉初刑徒社会身份问题探析[J].江苏社会科学,2017(4):150-160.

119.陈国威.清代雷州的水权问题探析——源于雷州一块清代水利碑刻[J].农业考古,2017(4):132-136.

120.吕海涛,张凡,杨英法.论中国古代的用水秩序与水纠纷的调处机制[J].河北工程大学学报(社会科学版),2017(3):1-5.

121.郭泽杰.清代河工体制的翻阅[J].江西水利科技,2018(1):74-78.

122.唐郭伟.《谏逐客书》背后的秦国政治斗争[J].黄山学院学报,2018(1):44-49.

123.祝昊天.堰遏费水:浅析汉唐关中水利建设与农业灌溉的用水之争[J].农业考古,2018(1):215-219.

124.焦佳欣.郭守敬水利思想及其影响探析[J].华北水利水电大学学报(社会科学版),2018(2):16-19.

125.韦韩韫.广西旧志中的水利工程建设史料[J].广西地方志,2018(2):28-34.

126.郭鹏军,刘海龙,杨随平,等.唐长安城环境建设及其对当今的启示[J].海南师范大学学报(自然科学版),2018(2):226-231.

127.践行法家思想的西门豹[J].前进,2018(8):63-64.

128.鲍宗伟,张涌泉.古代“河长制”实物文献的宝贵遗存——以乾隆十七年芳溪堰告示为中心[J].浙江学刊,2018(6):174-179.

129.凌滟.从湖泊到水柜:南旺湖的变迁历程[J].史林,2018(6):69-78,215.

130.李翊.对李冰创建都江堰的不同认识[J].中国水利,2018(23):59-60.

131.宋先通.清代黄河河工问题研究综述[J].华北水利水电大学学报(社会科学版),2018(6):26-29.

132.刘亮.清代至民国南京内河水环境治理模式演变研究[J].中国地方志,2018(6):66-74,126.

133.张煜珧.周原西周水资源利用的初步认识[J].中国国家博物馆馆刊,2019(1):60-68.

134.阿风.明代大造黄册与水权诉讼——以《万历四十一年至四十三年休宁县升科水利河税事抄招》为中心[J].安徽大学学报(哲学社会科学版),2019(3):1-9.

135.谢继忠.清代至民国时期黑河流域的水权交易及其特点——以新发现的高台、金塔契约文书为中心[J].理论学刊,2019(4):161-169.

136.徐锦博.《左传》中鲧形象与鲧禹连称问题探讨[J].管子学刊,2019(4):101-108.

137.何凡能,杨朝,赵亮."潭蓬运河"的疏凿及地理位置考析[J].地理科学进展,2019(11):1684-1691.

138.侯玉婷,沈志忠.近代中国水利事业建制化研究[J].中国农史,2020(1):25-35.

139.徐日辉.《史记》载述伯鲧治水史迹的考察[J].渭南师范学院学报,2020(6):16-26.

140.凌滟.一分为三:明代运河水柜南旺湖权益分化的演变[J].中山大学学报(社会科学版),2020(4):28-36.

141.张诗阳,王向荣.都城水系营建及其对区域景观的影响——以汉魏洛阳为例[J].中国园林,2020(9):127-132.

142.郑荻.清代河工赔修制度研究综述[J].开封文化艺术职业学院学报,2020(11):13-14.

143.金城.南宋浙东地区水利事业论述——以明州为例的考察[J].学理论,2021(1):61-62.

学位论文:

1.朱思红.秦水资源利用之研究[D].郑州:郑州大学,2006.